JULES CHOPIN

(J.-E. PICHON, LECTEUR CHARGÉ DE COURS A L'UNIVERSITÉ TCHÈQUE DE PRAGUE)

L'AUTRICHE-HONGRIE
« BRILLANT SECOND »

LA PRÉMÉDITATION AUSTRO-HONGROISE.
LE MYSTÈRE DE SARAJEVO. — L'ENQUÊTE OFFICIELLE SUR L'ATTENTAT.
LA CULPABILITÉ DE L'AUTRICHE-HONGRIE.
LA CRÉATION DE L'AUTRICHE-HONGRIE — L'EUROPE CENTRALE.
LE SORT DE L'AUTRICHE-HONGRIE

Préface de M. Ernest DENIS, professeur à la Sorbonne

DEUXIÈME ÉDITION

ÉDITIONS BOSSARD
43, RUE MADAME, 43
PARIS
1917

L'AUTRICHE-HONGRIE

« BRILLANT SECOND »

JULES CHOPIN

(J.-E. PICHON, LECTEUR CHARGÉ DE COURS A L'UNIVERSITÉ TCHÈQUE DE PRAGUE)

L'AUTRICHE-HONGRIE
« BRILLANT SECOND »

LA PRÉMÉDITATION AUSTRO-HONGROISE.
LE MYSTÈRE DE SARAJEVO. — L'ENQUÊTE OFFICIELLE SUR L'ATTENTAT.
LA CULPABILITÉ DE L'AUTRICHE-HONGRIE.
LA CRÉATION DE L'AUTRICHE-HONGRIE — L'EUROPE CENTRALE.
LE SORT DE L'AUTRICHE-HONGRIE

Préface de **M. Ernest DENIS**, professeur à la Sorbonne

ÉDITIONS BOSSARD
43, RUE MADAME, 43
PARIS
1917

PRÉFACE

UNE des raisons essentielles qui expliquent pourquoi, au bout de trois ans de guerre, nous n'avons
pas encore écrasé l'Allemagne, c'est que nous avons
été trop lents à comprendre que nos adversaires
poursuivaient notre extermination complète et notre
asservissement définitif. Les idées de morale, de
droit, de justice, de paix étaient si profondément
ancrées dans nos âmes, qu'il nous a été impossible
de nous en dégager. Même après l'invasion de la
Belgique et les crimes abominables qui l'ont signalée,
après les forfaits des zeppelins et la destruction de
nos cathédrales, après les tortures infligées aux prisonniers et les déportations de nos populations du
Nord, nous n'avons pas dépouillé nos sentiments
d'humanité et nous n'avons pas senti contre nos
ennemis une haine assez farouche, assez absolue.

Le 16 décembre 1916, un neutre, M. Alexis François, professeur à l'Université de Genève, modéré,
très préoccupé des questions de morale, le constatait.

— « Les puissances occidentales, écrit-il, ont agi uniquement en forces conservatrices, — conservatrices d'elles-mêmes, de leur civilisation libérale et de leur civilisation tout court, et de ce qui, à des degrés divers, en dépend : la justice, le droit, l'humanité. » L'Allemagne avait beau avouer ses plans, étaler ses intentions : la force prime le droit, nécessité ne connaît pas de loi, plus de sentimentalité, c'est la guerre, — elles s'obstinaient à ne pas entendre le sens de ces déclarations. Pour forcer nos adversaires à *rendre leur âme empoisonnée*, il est temps qu'elles modifient leur méthode, qu'elles répondent à la brutalité par la brutalité, qu'elles ne gardent plus aucun ménagement, qu'elles opposent à la violence « la violence, effrénée, inconditionnée, illimitée... Poitrine contre poitrine, force contre force, dictature contre dictature. C'est l'instinct même qui le veut ainsi. Dans un péril extrême, tous les efforts sont tendus uniquement contre le péril, et dans une lutte à mort, tous les moyens sont bons pour ne pas périr. » (A. François, *La part du neutre*, 1917.)

A mesure que le moment approche de l'effort suprême, il est nécessaire, pour écraser la bête de proie déchaînée, que nous extirpions de nos cœurs les scrupules qui ont trop longtemps retenu nos bras. Vers nous montent les sanglots et les râles de nos jeunes filles enlevées et de nos villages incendiés. — « L'auto traverse le faubourg, écrit de Ham le correspondant du *Lokal-Anzeiger*, et se dirige vers le Sud-Est.

Soudain nous sommes dans le royaume de la mort.
De vieux arbres géants se dressaient des deux côtés
de la route, ils ont disparu. Des maisons et des fermes
bordaient le chemin, il n'en reste plus rien. Partout,
le désert... Les troupes passent avec des voitures
chargées d'ustensiles et de munitions. Ce qui n'a pu
être emporté, a été brûlé ou brisé. Des amas de ruines
où couve encore le feu sont les seuls vestiges d'un
passé évanoui. » — Les soldats teutons à ce qu'affirme
le correspondant, n'ont pas accompli sans tristesse
l'œuvre qu'on leur commandait. « Il a fallu se montrer
dur envers soi-même, comme envers ce pays et ses
habitants. » Il était nécessaire de créer un rempart à
la patrie allemande. — « Peut-être, écrit de son côté un
journal socialiste, la *Chemnitzer-Volksstimme*, les
Français auront-ils un moment de calme réflexion où
ils se demanderont sérieusement s'ils songent à reprendre tout leur territoire de la même façon. A
l'assaut de la dernière tranchée allemande sur le sol
français, leur dernier soldat trouverait sa tombe dans
un désert. »

Nous pouvons affirmer aux socialistes de la *Voix
du Peuple* que leurs bienveillantes insinuations sont
vaines. Il y a beau temps que nos réflexions sont ter-
minées et notre résolution est immuable depuis le
moment de la déclaration de guerre : notre cœur se
déchire et saigne en songeant à la dévastation de la
patrie, mais chaque blessure rend plus farouche et
plus ferme notre volonté de combattre jusqu'à la

mort. Nos ennemis, par leurs procédés sauvages,
nous arrachent nos dernières hésitations. Ils nous en-
seignent à être durs, impitoyables, féroces. Pour écraser
la barbarie, nous ne reculerons pas à notre tour devant
la barbarie. Notre but demeure le même, le triomphe
de la civilisation et de la paix. Mais, pour atteindre le
paradis de demain, nous n'hésiterons pas à passer par
l'enfer d'une guerre sans merci. Nous répondrons à
l'épouvante par l'épouvante. Pour châtier le crime,
nous n'hésiterons pas à saisir la hache du bourreau.

Nous risquerions cependant de retomber dans nos
péchés ordinaires d'oubli, de générosité et de pardon,
si nous ne nous remémorions sans cesse les forfaits
de nos adversaires. Pour tremper notre volonté de
vengeance, il est bon et nécessaire qu'on rappelle
sans cesse le crime initial, qui a été la déclaration de
guerre, et nous devons savoir gré aux écrivains qui,
comme M. Pichon, reprennent une fois de plus la
question des origines du conflit actuel.

Des deux complices, l'Allemagne et l'Autriche,
la nature des choses fait que nous nous occupons
surtout de l'Allemagne, parce qu'elle est notre ennemi
le plus immédiat et que nous souffrons le plus directement de ses excès et de ses fureurs. N'oublions pas
cependant que le signal de la catastrophe est venu
de Vienne, et que François-Joseph et Tisza ont déchaîné la tempête. Rappelons-nous que l'appui seul
de l'Autriche et, par son intermédiaire, de la Turquie
et de la Bulgarie, a permis à Guillaume de soutenir

aussi longtemps l'assaut du monde civilisé, et que la paix publique, détruite par son agression odieuse contre la Serbie, ne saurait être rétablie que par l'anéantissement de la monarchie danubienne.

C'est la thèse que M. Pichon développe dans son livre avec une remarquable vigueur et une dialectique saisissante. Il nous apporte plus que l'étude méthodique et pénétrante des documents officiels, la déposition d'un témoin qui a observé de près les événements, qui a pressenti et annoncé la tempête et qui en a observé et noté les causes directes et anciennes. Arrivé à Prague en 1901, il y était encore à la veille des hostilités. En relations avec nombre de journalistes, d'écrivains, d'étudiants, d'hommes politiques, il était en mesure d'être bien renseigné et son pessimisme clairvoyant avait depuis longtemps deviné les projets de la Hofburg. Pièces en main, il démontre sa culpabilité. Il flétrit ses procédés, il stigmatise ses mensonges. Par des documents irréfutables et des faits incontestés, il prouve que depuis plusieurs années, elle méditait son attentat. Après M. Pierre Bertrand, par d'autres arguments, aussi solides et aussi décisifs, il établit que, dans la partie liée entre les Hohenzollern et les Habsbourgs, ceux-ci n'ont pas été les moins coupables, et qu'artisans du même complot, ils en partagent également l'entière et écrasante responsabilité, sans qu'il soit possible de découvrir pour les uns ou les autres la moindre circonstance atténuante.

I

Quand on examine de près, cependant, la conduite
des Cours de Berlin ou de Vienne, la nuance des sentiments qu'elles nous inspirent, varie. Pour la première, nous éprouvons plus d'horreur, plus de dé-
goût pour la seconde. Les Habsbourgs ne sont pas
moins féroces que les Hohenzollern, ils sont plus
hypocrites. Ils ne mentent pas davantage ni avec plus
d'impudence ; ils enveloppent leurs mensonges, sinon
toujours avec beaucoup plus d'adresse, du moins
avec plus de componction et de cafardise. Papelards,
sournois, confits en dévotion, les yeux béatement
levés vers le ciel, égrenant leur chapelet, ils ont, à
défaut d'art, une méthode supérieure et une expérience ancienne. Pas plus que Guillaume, ses émules
de Vienne n'ont le moindre respect de la vérité et le
plus léger souci de la vie humaine. Ils sont plus préoccupés de dissimuler leurs desseins, de les noyer dans
une pénombre de mystère ; on dirait des moines de
la Ligue, qui dissimulent dans les manches de leur
robe le poignard que, l'occasion venue, ils enfonce-
ront d'une main dans la gorge de leur adversaire, en
faisant de l'autre le signe de la croix.

Les hommes, qui menaient la politique de la monarchie dualiste, désiraient et attendaient la guerre
depuis plusieurs années. Ils la jugeaient indispensable
pour maintenir l'État qui s'effritait peu à peu. Her-

mann Baehr, le plus brillant essayiste de Vienne, a
décrit la réception qu'un grand dignitaire de l'Empire
offrait, au 31 décembre, à ses chefs de service. La
cérémonie fut joyeuse et le festin, bien ordonné ; les
mets étaient choisis et les vins des meilleurs crus. Au
moment de se séparer, l'amphytrion porta un toast
à l'Empereur et, s'adressant ensuite à ses invités :
« Au revoir, Messieurs, à l'année prochaine... si toutefois il y a encore une Autriche l'année prochaine. »
— Ce sentiment d'inquiétude était universel. Pour
tous ceux qui connaissaient la monarchie ; elle ne se
maintenait que par habitude, par une sorte de puissance d'inertie. Combien de temps durerait encore ce
miracle ? — Personne n'en savait rien, mais l'opinion
était générale qu'elle n'en avait plus pour longtemps.
Les finances étaient en désarroi ; les budgets se sol-
daient par des déficits fantastiques, on ne faisait face
aux dépenses courantes que par des emprunts usu-
raires, et les prêteurs devenaient rares ; les impôts,
trop lourds, ne rendaient plus. Pour éviter une catastrophe, on recourait à des expédients dignes du
moyen-âge : loterie, altérations des monnaies. Cela durera bien autant que moi, — pensait François-Joseph,
— et ses courtisans, en courbant l'échine, ajoutaient
mentalement : pourvu que tu ne vives pas trop longtemps.

Les querelles ethniques, envenimées par la politique néfaste de la Cour, étaient arrivées à leur pa-
roxysme. La vie publique en était empoisonnée ; le

Parlement était un champ clos où s'affichaient et
s'attisaient les colères. Les sessions n'étaient que
des rencontres furieuses où des ennemis implacables
échangeaient les injures et les coups jusqu'au moment
où le ministère, après quelques essais inutiles pour
rétablir l'ordre, renvoyait dos à dos les adversaires.
Les diètes des royaumes les plus importants, tels
que la Bohême, ne s'étaient pas réunies depuis
plusieurs années et les affaires courantes n'étaient pas
expédiées ; les Cabinets se succédaient sans qu'on
comprît pourquoi ils étaient appelés au pouvoir ou
pour quelle raison ils avaient cessé de plaire. Anarchie, incertitude, désordre matériel et moral, haine
de tous contre tous.

A défaut de l'Empereur, incapable de se rendre
compte de ce qui se passait autour de lui et dont la
sénilité devenait toujours plus indifférente et morne,
les quelques hommes qui avaient un intérêt personnel
à la durée de la monarchie, se seraient assez peu sou-
ciés de cette exaltation fiévreuse si elle n'eût compromis l'existence même de l'Empire. Les forces cen-
trifuges, qui menaçaient de disloquer l'Autriche,
avaient été longtemps contrebalancées par l'action de
la bureaucratie et de l'armée qu'avait créées la dynastie et qui représentaient l'unité de l'État. Elles
étaient envahies à leur tour par les rivalités et les querelles qui armaient les citoyens les uns contre les
autres.

A mesure que les Slaves arrivaient à la richesse et

qu'il se constituait parmi eux une bourgeoisie, ils péné-
traient dans l'armée et dans l'administration. L'*esprit
national* se substituait peu à peu à l'esprit autrichien,
minait les assises de la monarchie, en disloquait les
vieilles murailles. Les Habsbourgs recrutaient jadis
leurs plus solides régiments parmi les Croates, les
Tchèques, les Slovaques. Ces peuples, qui auparavant accouraient avec enthousiasme à l'appel de leur
souverain, se lassaient d'un dévouement qui n'avait
jamais récolté que l'ingratitude ; ils s'étaient instruits,
s'occupaient de politique, lisaient des journaux subversifs, réclamaient leurs droits. Obéiraient-ils sans
discussion aux ordres du monarque ? Les expériences
récentes n'étaient guère rassurantes. — « *In deinem
Lager ist Œsterreich* », DANS TON CAMP EST L'AU-
TRICHE, disait le poète à Radetzky en 1848. Depuis
un demi-siècle, le tableau avait cruellement changé.
En 1909, en 1912 et en 1913, au moment de la mobilisation, des milliers et des milliers de réservistes
ne s'étaient pas présentés ; des compagnies en-
tières avaient refusé de marcher contre les Serbes.
A Zadar, à Split, à Doubrovnik, les paysans accouraient de plusieurs lieues à la ronde pour acclamer
les volontaires qui revenaient [d'Amérique à l'appel
des Karageorgevitch, les ennemis de l'Autriche ; les
plus pauvres communes de Croatie se saignaient aux
quatre membres pour envoyer des secours aux blessés
serbes, tandis que, malgré les sollicitations et les menaces des fonctionnaires, les listes des souscriptions

officielles demeuraient vides ; en Bosnie, le gouverneur demandait que l'on envoyât en toute hâte des
soldats allemands pour garder les lignes de chemin
de fer et prévenir une révolte imminente des populations. Si le sel de la terre perd sa saveur, avec quoi
la lui rendra-t-on ? — Si la bureaucratie et l'armée
n'étaient plus les dociles instruments de la dynastie
habsbourgeoise, comment réaliserait-elle ses plans de
domination ? Lui faudrait-il renoncer à ses ambitions
séculaires, se contenter d'une vie sans gloire et sans
conquête ? — Un moyen restait encore peut-être d'é-
chapper à cette humiliante abnégation, la guerre, une
guerre prompte, immédiate, avant que les éléments de
dissolution eussent achevé leur œuvre corrosive.

En 1914, comme en 1859 et en 1866, l'Autriche a
voulu et précipité la catastrophe, par effarement et
par peur autant que par ambition ; pour éviter
l'averse, elle s'est ruée dans l'égout ; elle a vu dans
un cataclysme mondial le seul moyen d'échapper à
une complète transformation intérieure qui, aux yeux
de la Cour et des classes dirigeantes, eût été une
intolérable décadence.

II

C'était l'unique espoir de salut des deux groupes,
les Magyars et les Allemands, qui, bien qu'ils fussent
en minorité dans l'Empire, exerçaient et exploitaient
le pouvoir depuis le Compromis de 1867.

Ils étaient atteints par les progrès des Slaves dans leurs intérêts, parce qu'ils étaient menacés de perdre les bénéfices matériels considérables qu'ils tiraient de leur situation privilégiée. Se nourrissant jusque-là des dépouilles opimes des peuples qu'ils exploitaient et rançonnaient, gavés des faveurs officielles, leur faudrait-il maintenant partager les charges publiques et renoncer à leurs profits scandaleux ? — Leur orgueil exaspéré fouettait les révoltes de leur cupidité.

Étrange absurdité que nous ne parvenons pas à comprendre, non seulement parce que nous sommes les enfants de la Révolution, mais parce que nous sommes imprégnés jusqu'aux moelles des doctrines rationalistes et égalitaires du xviiie siècle. Nous admettons que certaines races, placées dans des circonstances moins favorables, ont eu un développement moins rapide et qu'il nous appartient de les aider à rattraper le temps perdu. Il suffira pour cela de leur enseigner quelques vérités élémentaires, de leur révéler un petit nombre de principes, si simples que les cerveaux les plus frustes se les assimilent aussitôt, si évidents qu'on les prouve en les énonçant. Que des peuples soient condamnés par la Providence à ramper éternellement au dernier degré de l'échelle de l'humanité, tandis qu'une poignée de maîtres, mystérieusement élus, s'engraissent de leur fumier et s'épanouissent sur leurs détritus, cette conception impie et sacrilège confond notre raison plus encore qu'elle ne révolte nos instincts les plus sensibles.

**

A la pensée qu'un Slave, qu'il soit tchèque ou
serbe, ose contester leur supériorité innée ou leur
disputer le pouvoir qui leur appartient de droit divin,
les quelques milliers de magnats magyars ou de nobles
et de professeurs allemands qui gouvernent l'Autriche, éprouvaient une invincible répulsion, une révolte physique et morale, analogue à celle du prêtre
dont on souille l'hostie. On s'est étonné souvent de la
rapidité avec laquelle les Bavarois ont perdu le souvenir des brutalités prussiennes en 1866, ou de la
facilité avec laquelle l'orgueil des Habsbourgs a
accepté le désastre de Kœniggrætz. Mais Jacob
serait-il offensé d'être vaincu par l'ange? Ces querelles intestines ne laissent pas de rancunes parce
qu'elles mettent aux prises des égaux. Quand Napo-
léon III, au lendemain de 1866, rechercha l'alliance
de François-Joseph, il le trouva réservé, renfermé,
sourdement hostile : — « N'oubliez pas que je suis
un prince allemand. »

Qui recueillera le fruit de la victoire? — Les
Hohenzollern ou les Habsbourgs? — Au fond, peu
importe, pourvu que l'Allemagne triomphe. Misé-
rable et fou quiconque ose se dresser sur sa route et
lui barrer le passage. A coups de cravache et de plat
de sabre, on dispersera cette ignoble racaille servile.
Admirable mixture vraiment pour disputer aux Germains le trône de la terre que ce pot-pourri d'Albanais, de « Tartares », de Mongols et de Huns!— « Ne
sait-on pas en effet que les Slaves ne sont que les des-

cendants des pires sauvages de la grande invasion,
qui n'étaient pas encore les meilleurs de leur race,
mais des laissés pour compte, traînards, malades, criminels, parias, demeurés comme l'écume du grand
flot asiatique ? »

Ces aberrations pseudo-scientifiques, qui nous
semblent le fruit d'un cerveau détraqué, nous sommes
bien forcés de les prendre au sérieux, puisque nous
les rencontrons à chaque pas dans les livres les plus
répandus de la littérature germanique. — Les Allemands n'ont-ils pas aussi dans les veines du sang
étranger ? — Sans doute, mais qu'importe ? « Si l'on
pouvait analyser le sang des peuples, — écrit Robert
Müller [*Qu'attend l'Autriche de son jeune héritier ?*] —
on serait surpris peut-être de ne découvrir dans le
peuple allemand que des traces impondérables de
cette mystérieuse individualité primitive que nous
désignons sous le nom de Germain. Mais le sang germain pur a agi comme une essence ; une goutte peut
avoir suffi pour cristalliser la matière informe en
créant une forme déterminée et créatrice à son tour
(p. 28)... Oui, nous admettons que le Germain pur
n'existe pas. Mais son existence persiste dans le mé-
lange en tant qu'idée. — Qu'entend-on par germaniser ?
— « Germaniser, c'est construire l'idéal, c'est répandre
l'idée précise et nette d'une conception particulière
du monde » (p. 22). — Suivant Müller et la foule des
pangermanistes dans les veines desquels par une
obscure contagion se sont glissées ces vénéneuses

doctrines, le monde se divise ainsi en deux groupes,
dont l'un, anobli et sanctifié par quelques atomes
supérieurs, s'est assimilé la pensée germaine et a
acquis par là le droit de dominer le monde, tandis
que l'autre est une masse putride qui repousse cette
assimilation et qui, avouant par sa révolte son incu-
rable corruption, se condamne à une éternelle et juste
servitude. »

Depuis les Babenberg qui ont commencé la conquête de l'Autriche, les quelques milliers de Magyars
et d'Allemands qui ont fondé l'Empire et qui y ont
gardé la haute main, poursuivent sans défaillance la
mission de propager le germanisme vers l'Orient.
« L'Autriche est la forme la plus puissante de l'impérialisme allemand » (p. 20) ; par suite de son contact
avec les éléments étrangers, l'Allemand y a progressive-
ment acquis une force d'assimilation et d'expansion
prodigieuse ; c'est une édition de l'Allemand créé à
l'usage slave. « L'empereur d'Autriche, en sa qualité
de noble suprême et d'Allemand, — et considérez
que ce mot : allemand, représente déjà pour les
peuples de l'Europe un titre, une dignité, je dirais
volontiers une fonction, — est le protecteur né de
tous les efforts qui tendent à maintenir les idées qui
sont arrivées dans les régions danubiennes en même
temps que les seigneurs et les héros allemands.

« La mission propre de l'Autriche-Hongrie est de
porter la pensée allemande dans la Méditerranée et
de dégager l'empire rhénan de cette fonction qui

s'impose au Germanisme. Quand le chemin de fer de
Bagdad sera construit, par lui se fondera le grand
Empire arabe de caractère germanique, — analogue
à l'Inde anglaise, — qui continuera vers le Nord-Est
l'Empire de l'Afrique australe ; autour de l'équateur
s'étendra la ceinture de la colonisation allemande ;
par delà les possessions hollandaises de Sumatra et
de Java, elle atteindra les îles allemandes du Pacifique
qui seront, sans doute, accrues, et, à l'Ouest, comprendra, nous l'espérons, le Rio Grande do Sul et le Chili.
Alors, se réalisera la grande œuvre que nous devons
tous porter dans nos cœurs et on comprendra [pleine-
ment l'utilité de l'Autriche. Entre elle et l'Allemagne,
les deux incarnations de la pensée germanique, le
travail sera réparti. L'Allemagne, affranchie de tout
souci vers l'Est et le Sud, gouvernera le monde. » (P. 25.)

La tâche n'est-elle pas bien lourde, et le peuple
qui l'assume ne risque-t-il pas d'en être écrasé ? —
Ne vous inquiétez pas, hommes de peu de foi. De l'État
surgira la race. « Le Germain est un acte de volonté
et de création. » (P. 34). « Le Germain physiologique
peut naître de la préparation psychique. Les pensées,
les sensations, les désirs et les volontés ont la force
de fonder une race. Le père et la mère qui vivent dans
une idée déterminent le type, non seulement spirituel,
mais corporel. Les idéalistes ont des enfants blonds.
Le type teuton, aux yeux bleus, aux membres allon-
gés, peut être le résultat d'une forme de la civilisation.»
(P. 33.)

Nous secouons la tête avec une pitié mêlée d'ironie
et ces affirmations puériles ne relèvent, en effet, que
de l'aliéniste. — C'est précisément notre malheur
que nous ayons affaire à des déments, à des possédés.
L'on sait que la folie la plus caractérisée n'exclut pas
toujours la logique extérieure, et les Tisza, les Buryan,
les Tchirsky et leurs complices ont méthodiquement
préparé le plan qu'ils espèrent qui livrera le monde
à leur fantaisie dévergondée.

III

Depuis plusieurs années, ils songeaient à la guerre
et s'organisaient pour surprendre leurs adversaires.
— Elle sera déclarée brusquement, de manière à ne
pas laisser aux autres puissances le temps d'intervenir dès le début et elle sera poursuivie sans merci,
à la fois contre les ennemis du dehors et contre les
peuples de la monarchie qui n'ont pas été pénétrés
par les influences allemandes ou magyares. Il s'agit
de faire table rase une fois pour toutes, d'exterminer
les « traîtres », c'est-à-dire tous ceux qui ne subissent
pas docilement les instructions de Vienne ou de
Budapest.

Que ce plan ait été suivi avec une impitoyable férocité, nous en avons des preuves innombrables : elles
viennent encore d'être résumées dans le livre d'un
Suisse, le Dr Victor Kuhne, (*Ceux dont on ignore le*

martyre, les Yougo-Slaves et la guerre, Genève,
1917), dont on ne saurait parcourir les pages sans un
frémissement de révolte et d'horreur. — A la séance
du Parlement du 21 juin 1816, le député Stiépan
Zagorac a cité les noms de plusieurs personnes qui
ont été fusillées et qui, après leur mort, ont été re-
connues innocentes, par le tribunal. — Le 27 juin,
Vladislas Vechovitch est fusillé parce que son frère,
l'ancien ministre monténégrin, a pris la fuite. — On
conduit sur un pont de la Drina cinq otages, dont deux
prêtres, avec l'ordre de les fusiller s'il survient quelque
accident ; le passage de la troupe s'effectue sans difficulté ; les cinq Serbes n'en sont pas moins percés
de coups de baïonnette ; trois meurent sur place ; l'un
des deux survivants, Milan Houdji Voukovitch,
après sa guérison, est traduit devant le conseil de
guerre de Sarajevo pour haute trahison. — L'énu-
mération se poursuit, lugubre, pendant des pages.

Encore ces souffrances individuelles nous pa-
raissent-elles presque insignifiantes quand on songe
aux déportations en masse, aux destructions systé-
matiques qui ont réduit en déserts les admirables
plaines de la Sirmie et de la Slavonie. Ces crimes exé-
crables, que nous avaient déjà dénoncés MM. Reiss,
Hinkovitch, de Lanux, etc., et que confirme le nouveau témoignage du Dr Victor Kuhne, on ne saurait
trop en flétrir l'abomination et nous devons re-
mercier M. Pichon d'avoir eu le courage de parcourir
à son tour cet enfer.

Ce qui nous soulève le cœur, plus encore peut-être
que la cruauté des bourreaux autrichiens, c'est leur
hypocrisie, leurs mensonges éhontés, le respect sacrilège qu'ils affectent pour les formes de la justice, le
masque légal dont ils prétendent couvrir leurs bes-
tiales vengeances. Le Dr Victor Kuhne cite un article
de l'organe personnel du comte Tisza, *Az Ujsag*
(9 septembre 1916) : « Il n'y a dans la politique extérieure ni morale, ni promesses, ni parole d'honneur.
Si la guerre n'est en somme autre chose qu'une
continuation plus brutale de la politique extérieure,
celle-ci, à son tour, n'est qu'une introduction à la
guerre par des moyens plus doux. Non seulement
tout est permis en temps de guerre, mais on a le devoir
de mettre en œuvre tous les moyens susceptibles
d'assurer la victoire. Il est permis de soupçonner, de
feindre, d'induire en erreur. Naturellement, ce n'est
pas l'affaire des gentlemen. Celui qui veut rester
gentleman ne doit pas se mêler de diplomatie. »

Ces aveux, qui sont fréquents dans la presse allemande, sont plus rares en Autriche. On s'y donne
des airs de vertu, on y affiche des mines pudibondes,
on y joue les vierges effarouchées. — Qui donc oserait
soupçonner de ténébreux desseins un monarque aussi
pieux que François-Joseph, si bénin, si éprouvé par
la fatalité ; une Cour aussi pénétrée des traditions de
légitimité, si sévère de principes ; un héritier aussi
confit en dévotion, aussi tendre pour sa femme et ses
enfants que l'archiduc héritier, François-Ferdinand ?

— Que de menées perfides, nous affirme-t-on, l'Autriche n'a-t-elle pas supportées ! Que d'attaques insolentes n'a-t-elle pas laissées sans réponse ! Que de fois n'a-t-elle pas tendu à la Serbie une main fraternelle !
— A ses appels de concorde, les Karageorgevitch ont répondu par des complots et ils n'ont cessé de poursuivre la ruine de la monarchie. Ils ont soudoyé des conspirateurs, armé le bras des assassins. Pour le démontrer, les plumitifs de la Hofburg et les sicaires du Ballplatz citent des pièces officielles, des documents précis, des arrêts de tribunaux, entassent les citations, multiplient les textes. — Regardez de près cependant, — avec M. Pichon, à la suite de Steed et de Seton-Watson, de Gayda et de Ladislas Raditch : — Ces textes sont inexacts, ces documents sont faux, ces citations tronquées n'ont à aucun degré le sens qu'on leur donne, ces témoins sont des parjures, ces sentences ont été rendues par des juges prévaricateurs.
— Nous nous débattons dans un cloaque, nous nous embourbons dans une vase immonde d'où monte une odeur suffocante de pourriture. Depuis les Augustes de Tacite et de Suétone, l'histoire n'offre pas de spectacle plus sinistre et plus humiliant pour la nature humaine que le tableau de la terreur juridique que les Habsbourgs, depuis des siècles, font peser sur leurs peuples.

C'est qu'ils n'ont jamais cessé de se considérer comme campés en pays ennemi et qu'ils regardent leurs sujets comme des adversaires. Pour les réduire

à l'obéissance, aucun moyen n'est criminel et aucune
violence n'est excessive. Dans ce combat des souverains contre la majorité de leurs peuples, rapidement leur conscience s'est avilie et les idées
les plus banales d'honneur et de loyauté se sont obli-
térées. De la Cour, le ferment de putréfaction s'est
répandu dans tous les cercles qui étaient en contact
avec elle, pour y corrompre les esprits et les cœurs.

Nulle part le mensonge ne s'étale aussi triomphale-
ment qu'en Autriche. C'est l'empire du trompe-l'œil
et le royaume des apparences. — « Un Autrichien, écrivait un ambassadeur américain, John Lothrop Motley,
pourrait être à la fois Shakespeare, Galilée, Nelson et
Raphaël, il ne serait pas reçu dans la bonne société
s'il ne possédait pas seize quartiers de noblesse. »
Cette aristocratie viennoise cependant, si exclusive,
la plus hautaine et la plus fermée du monde, n'a ni
racines dans le pays, ni traditions, ni principes. — Le
clergé déroule dans les rues la pompe magnifique de
ses processions et, en 1912, au moment du Congrès
eucharistique, François-Joseph qui conduit le
cortège, entouré des membres de sa famille et des
plus hauts dignitaires, ouvre humblement la portière
du carrosse où trône le légat pontifical, Monsignor
Rossum. Mais ce même empereur inflige à la
Curie le plus sanglant outrage au lendemain de la
mort de Léon XIII, en opposant son veto à l'élection
du cardinal Rampolla, et nulle part la religion n'a
moins d'action sur les esprits et sur les âmes, n'est moins

vivante et moins respectée.] — L'étiquette [inflexible
et méticuleuse de la Cour couvre d'abominables
scandales. On lit à chaque pas sur les portes des res-
taurants et des guinguettes : cet établissement est
réservé aux familles chrétiennes, ce qui n'empêche
pas que les juifs sont les maîtres de la presse et
exercent sur l'administration une influence prépondérante. La monarchie regorge de parlements, de
diètes et d'assemblées de tout ordre et de tout rang.
Seulement, elles dépendent exclusivement du caprice
du maître. La constitution, longue, compliquée,
confère aux députés des droits étendus, — à condition
qu'ils n'en usent pas ; l'article 14 permet en effet à
l'Empereur de prendre, pendant l'absence du Reichsrat, les mesures qui lui semblent nécessaires, si bien
que l'autorité réelle reste entière entre ses mains. Le
suffrage universel a été introduit, sans modifier en
rien les coutumes anciennes. — L'*Arbeiter Zeitung*,
l'organe des socialistes, écrivait en 1907 : « Un mot
suffit pour définir la différence entre l'Autriche d'hier
et celle d'aujourd'hui : auparavant, le Parlement dépendait du gouvernement, aujourd'hui, le Parlement
est le facteur décisif. ']» Candeur [ingénue et touchante
illusion! Curieuse aussi parce qu'elle nous montre
comment, en Autriche même, les gens qui auraient
dû être le mieux renseignés sur la situation, se lais-
saient cependant tromper par les mots. — Ce Parlement, *qui est un facteur décisif*, au premier moment de
mauvaise humeur, l'Empereur le renvoie, fixe de sa

seule autorité le budget et contracte de nouveaux
emprunts. Pendant la crise de l'annexion de la Bosnie,
le ministre de la Guerre dépense en achats de munitions 275 millions de francs qui, d'après les votes du
Reichsrat, étaient destinés à construire des routes, à
canaliser les rivières, etc. ; personne ne proteste. —
En juin 1911, on lance à Trieste le premier dread-
nought autrichien : coût, 70 millions. — Qui a voté
les fonds ? Personne. Les ministres ne sont que les
agents du souverain ; il les maintient ou il les écarte
sans s'inquiéter le moins du monde du désir de la
majorité. Badeni, un des rares politiques qui aient
essayé sérieusement d'améliorer la situation, est obligé
de se retirer le lendemain du jour où il a obtenu
du Parlement un ordre du jour de confiance. —
Depuis Léopold Ier et Marie-Thérèse, deux siècles
ont passé et les procédés ont quelque peu varié, mais
la pensée maîtresse, le principe fondamental n'a pas
changé. La loi règne, — entendez la police com-
mande. Elle surveille toute pensée individuelle,
étouffe la moindre velléité d'indépendance, opprime
et supprime la conscience.

On raconte que le nonce du Pape à Munich,
l'évêque Frühwirt, averti que les moines de Kloster-
neubourg ne menaient pas une vie assez édifiante,
vint leur prêcher la morale et les exhorta à s'amender :
— « Comment conciliez-vous donc votre conduite
dit-il au prieur, avec votre vœu de chasteté ? » —
« Monseigneur, lui répondit le prieur, je n'ai contracté

mes vœux que parce que je savais que je ne serais pas
obligé de les tenir. » — Vraie ou fausse, l'anecdote
amusait beaucoup les bavards de Vienne et elle est
caractéristique pour le pays. Elle explique bien des
faits qui nous indignent. Pour les Habsbourgs, un
serment n'engage pas et la force seule compte. On
convoque un tribunal que l'on compose de renégats
et de forbans ; il écoute les dépositions de quelques
miséreux à la véracité desquels personne ne croit,
les magistrats moins que personne ; la Cour psalmodie
quelques articles de loi qui n'ont avec la question
qu'un rapport lointain. Il n'en faut pas davantage pour
rendre une condamnation légale, c'est-à-dire juste.

Il n'est pas même nécessaire que les vraisemblances
soient sauvegardées. Le célèbre procès de Zagreb,
celui de Bania-Louka depuis la guerre, l'instruction
du meurtre de François-Ferdinand sont de véritables
monstres, non seulement de mauvaise foi, mais d'in-
curie et de maladresse. A chaque pas on se heurte à
des contradictions flagrantes, à des absurdités
ahurissantes, à des impossibilités matérielles.
M. Pichon, en analysant avec beaucoup de diligence
et de pénétration le *Livre rouge*, a une fois de plus
révélé l'extravagante sottise de la police autrichienne,
ses affirmations creuses et niaises, la stupidité de
quelques-unes de ses allégations. — D'autres viendront après lui qui pourront moissonner encore, à
pleines mains, tant est riche le champ d'exploration.
A chaque ligne de ce fameux acte d'accusation contre

la Serbie pourrait s'accrocher un commentaire qui
en établirait la mauvaise foi puérile.

Est-ce la peine ? dira-t-on ; et il est vrai que l'on
s'arrête découragé ; à quoi bon mettre le nez des po-
liciers autrichiens dans leurs ordures ? Ils ne s'en
émeuvent pas autrement et s'excusent par une pi-
rouette, quand on les prend en flagrant délit. — Vous
invoquez le témoignage d'un ministre serbe, le
Dr Vojislav Bélimarkovitch ; nous avons feuilleté
les annuaires et nous n'y trouvons aucun ministre de
ce nom. — Vous croyez ; si ce n'est lui, c'est donc
un autre. — Comment expliquez-vous que deux
rapports, également officiels d'après vos affirmations,
également dignes de foi, nous donnent des renseignements précis et absolument divergents sur la route
qu'ont suivie les meurtriers de François-Ferdinand ?
— Cela prouve combien nous sommes riches en
renseignements et quelle est notre modération,
puisque nous aurions pu fournir d'autres explications
au choix. — Vous écrivez (*Livre rouge*, p. 38) que la
Narodna Odbrana est une association défensive, une
société privée sans rapports avec l'État ; vous avouez
(p. 33) que vous ne possédez « sur ce qui se passe dans
ses réunions que des affirmations confidentielles et
difficilement contrôlables. Comment alors l'identifiez-
vous plus tard avec le gouvernement serbe au point
qu'il suffit d'avoir entretenu avec elle des rapports passagers et lointains pour mériter le dernier supplice ?
— Vétilles sans importance, et qui donc pendrait-on

si l'on y regardait de si près ? C'est la guerre. — « Il
faut employer en Croatie », disait, il y a quelques
semaines au Parlement de Budapest le député magyar
Szmrecsany, « les mesures de répression qui ont
si bien réussi en Bohême et contre les Ruthènes.
Pourquoi ne pas agir aussi radicalement en Croatie
qu'en Bosnie, où les autorités civiles et militaires ont
mené à bonne fin un nettoyage fondamental ? Le devoir
de l'État consiste à écraser l'ennemi aussi bien au-
dedans qu'au dehors. » Le comte Tisza et la majorité
ne sont pas moins ardents que le député Szmrecsany ;
ils le blâment seulement de crier les choses sur les
toits et de ne pas ménager l'opinion qui ne demande
qu'à se laisser tromper. — Il est bien entendu
d'ailleurs que l'on découragera les curiosités indiscrètes. Quand M. Sazonof demande à l'ambassadeur
autrichien qu'on lui permette d'examiner le volumi-
neux réquisitoire dressé contre la Serbie, le comte
Berchtold proteste ; cette prétention saugrenue le
scandalise : — Voilà le dossier, nous vous le remet-
tons, à condition que vous n'y touchiez pas. — Il
eût suffi de le feuilleter, en effet, pour que l'inanité
prodigieuse du système péniblement échafaudé par
le Ballplatz sautât aux yeux et qu'apparût en pleine
lumière toute la fantasmagorie de ses inventions. Les
Hongrois l'avouent eux-mêmes. « La publication du
Livre rouge est une honte, disait le député Gabor
Hugron, le 19 septembre 1916. Il ne peut avoir été
rédigé que par un écrivain détraqué. »]

IV

On prête à Bismarck un propos cynique : « L'Autriche est une vache qu'il faut mettre au vert dans
les Balkans. Quand elle sera à point, nous la mangerons. » En 1914, elle a cru le moment venu de s'ébattre
dans les gras pâturages que lui avait montrés le Chancelier, et elle a foncé sur la petite Serbie qui lui fermait
la route. Sur qui retombe la plus lourde responsabilité du crime ? — L'Autriche a donné le signal de
l'attaque par son odieux ultimatum du 22 juillet. Elle
a lancé la première déclaration de guerre, elle a tiré
les premiers coups de canon. Ce ne sont pas des dates
indifférentes. — Il n'est pas discutable d'autre part
qu'elle ne se serait jamais lancée dans une pareille
entreprise si elle n'avait été couverte par l'Allemagne
et son armure étincelante. On discutera longtemps,
probablement toujours, la question de savoir si
Guillaume II a toujours songé à la guerre, ou si, après
une période pacifique, en 1906, en 1909 ou en 1911,
il s'est rallié, de lui-même ou sur les suggestions d'un
parti de Junkers, d'officiers et de grands métallurgistes, aux solutions belliqueuses. Sur un point, aucun
doute n'est possible : depuis son avènement, il a
toujours poursuivi l'Empire universel, soit qu'il espérât l'obtenir de l'adhésion plus ou moins libre des
peuples, soit qu'il dût leur imposer sa volonté le
casque en tête et la lance à la main. Aurait-il si

complaisamment donné cours à ses rêves s'il n'eût
été sûr de l'appui empressé des Habsbourgs et si leur
rapacité n'eût encouragé et réchauffé son orgueil ?
Tour à tour les deux complices s'entraînent mutuellement et s'encouragent, sans qu'il y ait vraiment moyen
de savoir chez qui naît la pensée du crime et quelle
volonté a guidé le poignard. Les Habsbourgs sont
plus patients, plus dissimulés, plus secrets ; les
Hohenzollern plus tumultueux, plus exubérants,
plus brutaux. Ceux-ci sont les fanfarons du crime, et
l'attaque brusquée est leur méthode favorite ; ceux-là
prennent des airs de victimes innocentes et revêtent
volontiers l'hermine du juge pour dissimuler l'âpreté
de leurs désirs et la persistance de leurs convoitises.
Les uns sont plus emportés et plus farouches ; les
autres, plus retors et plus mielleux. Bethmann-
Hollweg ment autant que Buryan et Tisza, mais il
met dans ses mensonges plus d'ingénuité et moins
d'enveloppement, plus de cynisme et moins de mô-
merie. Quand, à la tribune, il pose la main sur son
cœur pour prouver que jamais son maître n'a combattu l'établissement d'un régime libéral en Russie
et que Tirpitz et Cie ne méritent vraiment pas les
anathèmes du président Wilson, il prête à rire, malgré
l'infinie tristesse de l'heure. Un frisson d'épouvante
nous court à travers les épaules quand nous entendons
Tisza dire à la tribune que dans aucun pays les nationalités ne trouvent un terrain aussi favorable à leur
développement qu'en Hongrie. Dans un éclair, dé-

***

file devant nos yeux l'infinie théorie des victimes
qu'a égorgées l'orgueil magyar et une odeur de sang
nous prend à la gorge.

N'essayons pas de répartir les torts ; nous n'y par-
viendrions pas. L'Autriche ne vaut pas mieux que
l'Allemagne. Robert Müller n'avait décidément pas
si tort : le Germain est une idée, une idée qui porte
avec elle la folie et qui engendre le crime. Il faut que
les Habsbourgs, qui l'ont incarnée depuis dix siècles,
disparaissent, et avec eux leur œuvre de haine, ci-
mentée par le sang et les larmes, l'Autriche.

Et dire qu'ils avaient entre les mains une si belle
partie ! Le monde entier s'unissait pour les maintenir ;
les ennemis de l'Allemagne, qui s'acharnaient à voir
en eux les gardiens de l'équilibre européen contre les
projets des Hohenzollern, n'étaient pas moins ardents
à les défendre que les légions de trembleurs que
tracassait la peur du panslavisme et qui comptaient
sur eux pour protéger l'Europe contre la Russie. Ils
n'avaient pas d'adversaires. L'Italie, qu'ils avaient si
longtemps dépouillée et opprimée, oublieuse de ses
anciennes rancunes, renonçait à ses légitimes revendications pour solliciter leur alliance. L'Angleterre
conservait pour eux de vieilles complaisances, et la
France accueillait avec une exubérante gratitude leur
plus banales avances. La nature leur avait prodigué ses
trésors, un sol riche et varié, des fleuves magnifiques,

des ports excellents, des forêts merveilleuses et des
mines abondantes. Il ne leur a manqué que le don
d'user de' ces biens incomparables. Ils n'ont pas entendu la voix de leurs peuples et ils se sont bouché
les oreilles aux appels de l'avenir. Leur politique a
tenu en deux mots, réaction et violence. Par là, ils
sont devenus en Europe un élément de désordre et
de crime! Aujourd'hui leur rôle est fini. Le monde
nouveau a soif de liberté, de justice et de paix. Tant
que régnera la race des Habsbourgs, sa sécurité sera
menacée par leurs ambitions folles et leur cynique
mépris du droit. Les démocraties qui demain gou-
verneront le monde n'auront ni pardon ni pitié pour
cette dynastie qui n'a jamais représenté que l'oppression et le mensonge.

Les livres comme celui de M. Pichon servent à
préparer le réquisitoire qu'entendra le congrès prochain. Il est de meilleur aloi que ceux que sont habitués à entendre les prétoires de Vienne et de Prague,
de Budapest et de Zagreb. Les pièces peuvent en être
examinées à loisir, elles ne sont pas truquées. Les
documents ne sont pas falsifiés ni les textes détournés
de leur sens naturel. Peut-être, — tout arrive, — se
trouve-t-il encore çà et là quelques partisans attardés
des Habsbourgs et, empêtrés dans les souvenirs
d'une vieille liaison ferment-ils les yeux à la lumière.
Nous souhaitons pour eux qu'ils lisent le livre de
M. Pichon et qu'ils essayent de répondre aux quelques
questions qui s'en dégagent.

L'Autriche a-t-elle, oui ou non, délibérément voulu et préparé la guerre ?

A-t-elle, oui ou non, déployé vis-à-vis de ses sujets la férocité la plus implacable ?

A-t-elle déshonoré la justice par ses procédés ignobles ?

A-t-elle humblement accepté le joug de l'Allemagne pour satisfaire ses convoitises ?

Et dans ces conditions, le maintien de l'Autriche peut-il se concilier avec nos intérêts et nos principes ?

Quel que soit le tribunal chargé de prononcer la sentence, il n'apercevra aucune circonstance atténuante et son verdict sera impitoyable pour le coupable dont M. Pichon nous énumère les crimes.

E. DENIS.

Mai 1917.

ORTHOGRAPHE ET
PRONONCIATION DES NOMS SLAVES

Ne pouvant conserver à tous les noms slaves leur orthographe originale, nous avons adopté, au lieu des signes particuliers au tchèque, la forme polonaise qui évite les lettres accentuées. Voici donc la prononciation des signes qui diffèrent du français :

c = ts ou tz, comme dans *tzigane*.
cz = tch, comme dans *tchèque*.
ch = kh guttural (en tchèque) équivalent au j espagnol.
g = gu, comme dans *guerre*.
h — est fortement aspiré.
j = ill ou ï mouillé, comme dans *famille*.
rz = rj ou rge, comme dans *large*.
s = ss ou s dur, comme dans *soir*.
sz = ch, comme dans *chien*.
u = ou, comme dans *ouvrier*.
sz = j, comme dans *jour*.

En tchèque *n* suivi de *i* se prononce *gn* ; *d'* se prononce à peu près comme *di* dans *diable*. Le *d* est toujours adouci de la même façon devant un *i*.

1

CHAPITRE PREMIER

MOTIFS BELLIQUEUX
DU « BRILLANT SECOND »

L'AUTRICHE-HONGRIE. — LA LUTTE DES NATIONALITÉS. —
LA SITUATION FINANCIÈRE. — LES ASPIRATIONS DE
L'ARCHIDUC FRANÇOIS-FERDINAND.

L E « brillant second », dit-on fréquemment, avec une certaine ironie, en parlant de l'Autriche-Hongrie et de son rôle dans la guerre actuelle. Pourquoi « second »? Pourquoi laisser croire ainsi que l'empire de l'aigle double n'est, dans ce terrible drame, qu'un comparse ? C'est que, connaissant mal l'Autriche, et ses gouvernants, on la croyait à la remorque du militarisme prussien. C'est qu'on la croyait entraînée, presque malgré elle, à travailler pour le roi de Prusse. C'est que, ne voyant en cet État qu'un [assemblage hétéroclite de peuples aux tendances opposées, nous le croyions incapable d'avoir des visées personnelles. Pourtant, ce manque d'homo-généité est, selon nous, la cause de tout le mal. Les

Habsbourgs n'avaient qu'un moyen d'unir tous ces peuples divers, le moyen qu'ils ont employé à travers toute l'histoire : la germanisation en Autriche et la magyarisation en Hongrie.

Ce n'est pas, comme certains le croient, sa défaite de 1866 ni la politique de Bismarck au congrès de Vienne en 1878, qui poussèrent l'Autriche vers les Balkans ; ce n'est pas la politique prussienne qui a, en quelque sorte, imposé à l'Empire danubien l'occupation de la Bosnie-Herzégovine. Ce désir de pénétrer dans les Balkans est si visible chez les Habsbourg qu'en 1856, au traité de Paris, sans pourtant avoir pris part à la guerre de Crimée, l'Autriche trouvait déjà le moyen de se faire accorder le protectorat des chrétiens de Bosnie-Herzégovine. La politique germano-magyarisatrice des Habsbourgs seule poussait donc l'Autriche-Hongrie vers l'Orient slave. Pour germaniser et magyariser les Serbo-Croates et les Slovènes du sud de l'Autriche et de la Hongrie, il fallait, de toute nécessité, conquérir et germaniser leurs congénères des Balkans. La main-mise sur deux provinces turques peuplées de Serbes permettrait, plus tard, par contre-coup, d'atteindre la Serbie elle-même.

La marche de cette colonisation germanique apparaît très nettement, et ses trois étapes conduisent directement au conflit actuel. En 1856, l'Autriche obtient un protectorat partiel ; en 1878, elle se fait octroyer un droit d'occupation et d'administration ; en 1908, elle décrète l'annexion et, en 1914, elle se rue sur la Serbie, devenue trop forte et dont la conquête est le but final.

Car, malgré l'opinion courante, nous sommes persuadé que l'Autriche, autant, sinon plus que l'Allemagne, voulait la guerre dont le gouvernement austro-hongrois avait le plus pressant besoin. Elle lui était nécessaire d'abord pour permettre aux Habsbourgs d'accomplir leurs deux tâches fortement compromises par le progrès des idées modernes : la germanisation de l'Autriche et la magyarisation de la Hongrie. Une guerre aurait, d'autre part, contribué à améliorer ou, tout au moins, à masquer l'état précaire des finances. Elle favorisait enfin la réalisation des aspirations ambitieuses de l'archiduc François-Ferdinand, qui méritait fort peu la pitié dont on entoura son assassinat. Telles sont les trois raisons qu'un long séjour, tant en Cisleithanie qu'en Transleithanie, nous a fait découvrir et que nous voudrions analyser.

∞

Il faut, en effet, pour bien connaître l'Autriche-Hongrie, avoir vécu longtemps dans la double monarchie et s'y être mêlé à la vie des peuples. Il est surtout nécessaire de parler au moins les principales langues des populations pour comprendre ce qu'est cette tour de Babel qui, selon un publiciste, « fait le bonheur du philologue et le désespoir du politique ». L'Empereur lui-même est incapable de se reconnaître dans le maquis des idiomes de son État (¹). Il est vrai

---

(¹) Nous pourrions citer à ce sujet une anecdote typique. Lors d'un de ses rares voyages à Prague, ville tchèque, François-Joseph devait inaugurer le grand égout collecteur puis, prononcer un dis-

qu'il parle à contre-cœur une autre langue que l'allemand. Lui et son gouvernement sont, de fait, germa-
nisants par essence. François-Joseph n'a-t-il pas
naguère déclaré à un représentant de la France : « Je
suis un prince allemand »? Les Habsbourgs ont de
tout temps cherché à imposer aux habitants de l'empire un centralisme germanique qui n'hésitait devant
aucune oppression.

Tout d'abord, pour favoriser l'hégémonie des Allemands, il fallait fausser les statistiques. Les recense-
ments de la population eussent été défavorables aux
Germains si on les avait faits sur la base des nationalités ou si même ils avaient porté sur la langue maternelle. On chercha donc et l'on trouva un moyen terme.
On demanda à chaque habitant quel est l'idiome qu'il
emploie dans ses relations habituelles (*Umgangssprache*). L'allemand étant considéré comme usuel
dans tout l'empire, les Germains peuvent partout
mentionner cette langue comme leur *Umgangssprache*.
Les Slaves et les Latins, par contre, s'ils vivent dans
des régions réputées purement allemandes, ou s'ils
sont employés par des Allemands, ne peuvent avoir
que l'allemand comme *Umgangssprache*. Ainsi en
décident les commissions de recensement (¹). Je les
ai vues à l'œuvre. Appelé en 1910, à Prague, à fournir

---

cours sur les terrains destinés à de nouveaux locaux universitaires.
Quelle ne fut pas la surprise des assistants lorsque, dans le grand
égout ils entendirent, en mauvais tchèque, l'empereur parler du
flot de civilisation qui, de là, devait se répandre sur toute la nation.
François-Joseph avait, sans s'en apercevoir, confondu ses deux
harangues.

(¹) Voir Appendice I-1, page 261.

des renseignements sur mon humble personne, je
déclarai avoir deux *Umgangssprachen* : le français et
le tchèque. Je fus, quelques jours après, mandé devant
un commissaire. « Vous ne pouvez avoir deux langues
usuelles, me dit cet homme aimable ; et, du reste, le
français n'est pas une des langues parlées en Autriche.
— Je vous demande bien pardon, fis-je, beaucoup de
gens le parlent et je ne me sers que de cette langue
avec eux ; avec les autres, je parle tchèque. — Mais
avec les Allemands ? — Il en va de même ; et s'ils ne
parlent ni tchèque ni français, je ne m'entretiens pas
avec eux. » Procès-verbal fut dressé de mes déclarations. Je serais curieux aujourd'hui de savoir quelle
nationalité me fut, sur ces données, attribuée. Car
ayant ainsi recensé la population sur la base d'une
langue usuelle, le gouvernement établit, comme
conclusion, une statistique des nationalités qui, naturellement, profite aux Allemands. « Les députés slaves,
écrit M. J. Dürich, député tchèque, dans la revue
la Nation tchèque, ont énergiquement réclamé une
modification de la loi sur le recensement. Non seulement les députés des partis allemands s'y sont toujours opposés, mais le gouvernement s'est prononcé
pour le *statu quo*. Il déclarait hypocritement qu'il ne
pouvait être tenu pour responsable des imperfections
de la loi, qu'elle était fondée sur le *traité international
du recensement* qui ne pouvait être changé unilatérale-
ment par une mesure législative nationale, sans l'assentiment de tous les contractants. » Telle quelle cependant, cette statistique menteuse est instructive.
Celle de 1910 donne pour la Cisleithanie les chiffres

suivants : Tchèques, 6.436.000, Polonais, 4.968.000 ;
Ruthènes, 3.519.000 ; Croates et Slovènes, 2.036.000
— soit un total de 16.959.000 Slaves, plus
1.044.000 Latins (Italiens, 769.000, et Roumains,
275.000) contre 9.950.000 Allemands. Malgré cette
disproportion officiellement constatée, les Allemands
doivent dominer. Ils ne le peuvent que par l'injustice.
En dehors du moyen préconisé par le fameux historien Mommsen, qui voulait que l'on fît entrer à coups
de crosse la culture allemande dans les crânes
tchèques, cette injustice se manifeste de différentes
façons. Les deux plus courantes sont la germanisation
de la jeunesse et la spoliation des droits politiques.

Pour germaniser la jeunesse, le gouvernement autrichien refusa d'abord de créer des écoles non allemandes. Lorsqu'il s'y vit obligé, il en créa le moins
possible. Il mit même toutes sortes d'obstacles à
l'établissement d'écoles libres dues à l'initiative privée
de ligues scolaires. On vit, par exemple, fermer
à Vienne, où le recensement officiel compte
102.712 Tchèques (¹), une école ouverte par l'*Association Coménius* et préalablement autorisée. On refusa
longtemps des écoles secondaires aux Slovènes. On
finit pourtant par leur en accorder deux, dont l'une
est à demi allemande. Il est vrai que, d'autre part, ces
Slovènes, pas plus que les Italiens, ne possèdent d'uni-

(¹) D'après M. J. Dürich, député au Reichsrat, la ville de Vienne
compte en réalité 400.000 Tchèques, en chiffres ronds. « Vienne
est la plus grande des villes tchèques, sans en excepter Prague. »
Tel est le mot d'un homme politique allemand. Nous pouvons le
croire.

versité. Les 3.519.000 Ruthènes de la Galicie et de la
Bukovine, eux, sont mieux partagés : ils ont à Czer-
nowitz une université — mais allemande. D'autre
part, 6.436.000 Tchèques, à cause du veto allemand,
ne peuvent obtenir une seconde université, celle de
Prague, qui compte plus de 5.000 étudiants, étant
notoirement insuffisante. Par contre, des écoles allemandes sont établies partout. On a même vu de telles
écoles maintenues dans certaines communes slaves
bien qu'aucun élève n'y fût inscrit. Il est rare cependant que ce fait se produise, car un *Schulverein*, sub-
ventionné par le gouvernement de Berlin, est chargé
de recruter des élèves slaves, dont il peuple ces écoles
germanisantes. Il faut le dire néanmoins, cette ini-
quité n'a guère profité aux ambitions germaniques.
Beaucoup des élèves ainsi recrutés et instruits dans
une langue étrangère pour eux sont restés slaves.

Les Allemands n'ont pas gagné davantage au régime
politique qu'ils firent longtemps (de 1861 à 1907)
peser sur l'Autriche et qui devait assurer leur hégémonie. *Reichsrat* et diètes locales étaient organisés de
façon à étouffer les majorités slaves sous les minorités
allemandes. « Ce régime substituait à la représentation
des États celle des intérêts ; il admettait trois curies
d'électeurs : les grands propriétaires, les bourgeois des
villes et les paysans des campagnes. La grande pro-
priété qui appartient à des familles inféodées à la
dynastie, les villes où, même en pays non allemand, il
y a de nombreuses colonies germaniques, étaient
particulièrement favorisées. Les circonscriptions
étaient réparties de la façon la plus arbitraire : en

Bohême, par exemple, les villes slaves avaient un
député pour 12.020 électeurs, tandis que les villes
allemandes en avaient un pour 10.315. Dahs les circonscriptions rurales, les Slaves avaient un député
par 52.200 habitants, tandis que les circonscriptions
allemandes en avaient un pour 40.800 électeurs (¹). »
Les députés slaves, pour ne pas laisser écraser leur
pays par une artificielle majorité allemande, furent
obligés plus d'une fois de recourir à une *obstruction*
systématique qui rendait tous travaux parlementaires
impossibles.

Cependant cette constitution ne mécontentait pas
seulement les non-germains, si peu représentés au
Parlement, mais encore toute la classe ouvrière qui
en était absolument exclue. Or, le parti socialiste-
démocrate commença, vers 1900, à s'organiser pour
une campagne en faveur du suffrage universel. Dans
ce but des manifestations eurent lieu dans toute l'Autriche. Rigoureusement réprimées, elles furent pré-
sentées à l'étranger comme des révoltes slaves, comme
les effervescences du mouvement panslaviste. Le fait
est que, nous l'avons vu de nos propres yeux, les provocations de la police surent, dans les villes slaves,
transformer ces dignes démonstrations de la volonté
du peuple en véritables émeutes. Dès que les ordres
de répression eurent été levés, les manifestations re-
prirent, silencieuses, imposantes ; et le gouvernement,
qui avait d'abord essayé de donner le change, fut bien

(¹) LOUIS LÉGER, *Histoire de l'Autriche-Hongrie*, Paris, Ha-
chette et Cⁱᵉ.

obligé de tenir compte d'une volonté si nettement
exprimée. François-Joseph accorda donc le suffrage
universel. C'était, à vrai dire, un suffrage universel
boiteux ; mais, malgré une « géométrie électorale »
qui rendait les circonscriptions favorables aux Allemands, leur accordant 233 mandats sur 516 (¹), c'était
une victoire slave. Les Germains en furent profondément affectés. Ils sentaient que, sans un coup de
force, leur règne était fini. Ce coup de force devait
être une guerre contre les Slaves représentés par la
Russie et la Serbie.

En Hongrie, la suprématie magyare n'était pas
en meilleure posture. Elle voyait se dresser contre
elles les revendications des nationalités opprimées,
encouragées par la victoire des peuples balkaniques. Ces revendications étaient nombreuses, car les
10.051.000 Magyars du recensement officiel, c'est-à-
dire menteur, qui se représentaient volontiers aux
yeux de l'étranger comme un peuple chevaleresque,
refusaient à peu près tout aux 10.836.000 autres habitants de la Transleithanie. C'est ainsi que, sous prétexte que *kasa nem étel ; Tot nem ember* (le Slovaque
n'est pas plus un homme que la purée n'est un mets
— proverbe magyar), ils n'accordèrent jamais aucune
école à 2.000.000 de Slovaques, pas plus du reste
qu'aux 2.950.000 Roumains de la Transylvanie.
« Toutes les manifestations de la vie nationale sont

(¹) Cette transformation parlementaire laissait aux Slaves et
Latins un pouvoir d'autant plus restreint que, suivant la constitution, aucune motion ne peut être adoptée par le *Reichsrat* si elle
n'a pas réuni au moins les 2/3 des suffrages des députés.

réprimées chez les Serbes, les Slovaques, les Roumains, les Ruthènes, les Saxons, dit M. Louis Léger ;
ces divers peuples sont à peine représentés au Parlement de Budapest (¹). Pour diminuer le nombre des
Slovaques et augmenter celui des Magyars, on a
même imaginé d'enlever les orphelins slovaques et de
les transférer dans des comitats purement hongrois. »

C'est que, pour les Magyars, aucune nation autre
que la leur n'existe. En 1848 Louis Kossuth, esprit
pourtant libéral, feignait de ne pas trouver la Croatie
sur la carte et, en 1875, Coloman Tisza déclarait
devant le Parlement qu'il n'y a pas de nation slovaque.
Cet état d'esprit n'a fait qu'empirer depuis. Il a atteint, sinon dépassé la mégalomanie germanique. « La
nation magyare est destinée à devenir la première du
monde », assurait il y a quelques années un des plus
influents députés hongrois. Aussi comprenons-nous
le programme successivement tracé, en différentes
circonstances, par les présidents du Conseil hongrois.
« Ce pays, proclame Coloman Széll en 1908, doit en

(¹) C'est ainsi que les Slovaques (2.000.000) n'ont que 3 députés.
Nous avons vu les élections dans le comitat de Poszony (Presbourg),
en partie slovaque. Des gendarmes, fusil en main, y surveillaient
le vote des électeurs. Or, les élections sont publiques et orales. On
peut donc imaginer l'inqualifiable pression que le gouvernement
magyar fait subir aux électeurs. M. Scotus Viator (Seton-Watson),
qui fut témoin de ces pratiques, en donne des exemples typiques
dans un livre qu'il publia en 1908, *Racial Problems in Hungary*,
que les Magyars ne lui ont pas pardonné et qui devrait bien être
traduit en français. En 1911, il compléta ce premier ouvrage par
une étude plus édifiante encore : *Corruption and Reform in Hungary*:
a Study of Electoral Practice. Malgré leurs efforts, les gouvernants
hongrois n'ont jamais pu nier la véracité des faits cités par ce
témoin impartial de leur corruption.

tout premier lieu conserver son caractère de *pays magyar.* » « Les intérêts hongrois, ajoute le baron Banffy, demandent son établissement sur les bases du plus extrême chauvinisme ». D'après le comte Stephen Tisza, premier ministre actuel, les autres nationalités peuvent jouir de leurs droits, mais à la condition expresse de « reconnaître sans réserves que l'État hongrois est un État magyar. » C'est sur ce principe que le comte Tisza se basait en 1910 pour refuser tout compromis avec les Roumains de la Transylvanie « car, du moment qu'ils se réclamaient de leur nationalité, c'est qu'ils déniaient l'unité politique de la nation magyare ». Il faudra lutter pour le droit des nationalités, ajoutait-il, « et si nous triomphons, il nous faudra le détruire. » ([1])

Nous pourrions, pour montrer comment sont appliquées ces théories des hommes politiques magyars, faire appel au témoignage désintéressé d'un certain nombre d'étrangers. M. Seton-Watson, en particulier, nous apporte une abondance de faits précis et indéniables. Nous préférons cependant en appeler contre les Magyars à un autre Magyar. Dans un livre qu'il publia en 1912, M. Oscar Jaszi, l'un des sociologues les plus écoutés de la Hongrie, traçait de l'oppression des nationalités non-magyares un tableau qui suffit à nous édifier. « Toute la pression du féodalisme agraire, écrit-il, pèse autant sur les autres nationalités que sur les Magyars eux-mêmes. Cette pres-

---

([1]) Cf. R. W. Seton-Watson, *German, Slav, and Magyar* (London, Williams and Norgate, 1916), p. 29 et *passim*.

sion consiste en une administration asiatique, des
impôts injustes, de mauvaises écoles et une usure
économique de toute forme ; mais l'oppression des
nationalités est beaucoup plus lourde que celle que
subissent les Magyars. Le « junker » magyar, enivré
par la haine des nationalités, considère à peine comme
un homme le paysan non-magyar. L'administration
et la justice, qui se font dans une langue étrangère,
lèsent encore plus le peuple, et l'école magyarisatrice
maintient les nationalités dans un état inférieur de
civilisation. La situation se trouve donc ainsi établie :
aux souffrances communes à tous les peuples de la
Hongrie, s'ajoutent les souffrances particulières des
nationalités. C'est ce « plus » qui cause la question des
nationalités. En voici quelques exemples :

Ce ne sont pas seulement les paysans des nationalités qui sont opprimés, mais encore leurs intellectuels lorsqu'ils ne se font pas les mercenaires de la
classe dirigeante et qu'ils persévèrent dans leur fidélité aux aspirations intellectuelles et politiques de
leur nation. L'intellectuel non-magyar ne peut pas
devenir fonctionnaire de l'État ; il n'est pas admis
dans les associations ; il est l'objet de toutes sortes de
brutalités pendant les élections ; il doit soutenir
d'éternels procès, et il est toujours mis au rancart
par la société.

La situation faite aux nationalités et l'oppression
qu'elles subissent ne sont pas les mêmes que la situation des Magyars et leur oppression. Que celui qui
prétend prouver le contraire réponde à ces questions :
Quand a-t-il vu un Magyar se plaindre de ce qui suit :

qu'un gendarme ait tiré sur lui parce qu'il portait un
emblème national ; qu'un fonctionnaire (szolgabiro)
l'ait chassé parce qu'il ne savait pas le magyar ; qu'un
juge l'ait injustement condamné parce qu'un interprète corrompu a mal traduit sa plainte ; que ses
enfants ne sachent ni lire ni écrire, parce que le temps
qu'ils passent à l'école est employé à emmagasiner,
sans les comprendre, des poèmes ou des récits étrangers ; que l'administration ne tolère pas ses sociétés
chorales ou ses associations littéraires parce que leur
langue n'est pas celle de l'État ; qu'il ne puisse élire
ses frères de race comme députés, comme jurés,
comme greffiers, leur langue maternelle n'étant pas
le magyar ; que toute sommation, tout avis, toute
affiche officielle soient pour lui un secret d'État, parce
qu'il ne comprend pas la langue dans laquelle ils sont
imprimés ? » (¹)

Le violent réveil des nationalités commençait pourtant à effrayer les chevaleresques descendants d'Attila.
Des manifestations nombreuses, à Budapest même,
en faveur du suffrage universel faisaient craindre une
prochaine défaite magyare et la fin d'un régime peu
conforme aux idées modernes.

Pour réagir, les gouvernants magyars s'allièrent
aux gouvernants pangermanistes de la Cisleithanie
dans la lutte contre les nationalités. Toute autre arme
ayant raté, il ne leur en restait plus qu'une : fournir
à la Triplice le prétexte d'une guerre où, grâce à

(¹) OSZKAR JASZY , *A nemzeti allamok kialakulasa es a nemze-
tiségi Kérdés*, Budapest, 1912, p. 478.

l'appui de l'Allemagne, triompheraient le *Deutschtum*
et la magyarisation. Dans ce but, se basant sur des
documents fabriqués à la légation autrichienne de
Belgrade, ou d'ailleurs, ils intentèrent des procès
retentissants où ils impliquaient les gouvernements
serbe ou russe (procès antiserbes d'Agram, — affaire
Friedjung, de Vienne, — procès anti-russe de Marmaros-Sziget). Ils escomptaient l'intervention de la
Serbie et de la Russie ainsi provoquées, et la possibilité d'un conflit. Ils ne réussirent qu'à se couvrir de
honte. Enfin l'archiduc François-Ferdinand alla chercher en Bosnie le prétexte souhaité. Il y trouva la
mort. Le surlendemain même, 30 juin 1914, la *Mili-
tarische Rundschau*, de Vienne, porte-parole du ministère de la Guerre, lança le mot d'ordre dans un article
intitulé : *A Belgrade* ! et qui était plus qu'une provocation. « Ce n'est pas nous qui poussons ce cri, écrivait
la revue ; ce sont les journaux bourgeois, qui repré-
sentent les intérêts de la population civile et sont
accoutumés à faire de la paix à tout prix la base du
bonheur bourgeois... A Belgrade ! Ce n'est pas nous
qui jetons cet appel, c'est un organe du libéralisme,
le *Neues Abendblatt* (¹) de Budapest, qui, énumérant
toutes les faiblesses du gouvernement de la Bosnie,
toutes les audaces des nationalistes, juge qu'il n'y a
pas lieu d'être surpris si de tous les cœurs, de toutes
les lèvres, jaillit un seul et même cri : A Belgrade !
Écoutera-t-on enfin la voix de la raison ? Nous l'espé-

(¹) Organe officieux magyar publié en langue allemande pour
les relations avec la Cisleithanie.

rons, car *nous avons reçu hier d'un haut fonctionnaire des déclarations qui nous ont donné l'espoir.* Nous avons le strict devoir d'imposer à la Serbie une enquête approfondie et de nous faire livrer les promoteurs du crime. A la moindre tentative de nier ou de tergiverser, notre seule réponse doit être enfin, enfin, la marche sur Belgrade ! »

Oui, enfin, la guerre allait, pensait-on, permettre au germanisme autrichien et au magyarisme hongrois de triompher à la faveur d'une prompte victoire de l'invincible Allemagne. C'est si vrai que le gouvernement autrichien n'attend même pas l'issue de cette lutte. Profitant de succès passagers, il a imposé à tout l'empire l'usage de la langue allemande et supprimé, après les hommes politiques, les principales institutions slaves.

∞

Mais tout s'enchaîne, et cette première raison qui poussait à la guerre en fit naître une autre, plus pressante encore. L'œuvre d'oppression germano-magyare, qui oblige à créer d'inutiles fonctions, à entretenir d'inutiles écoles, coûte fort cher. L'alliance avec l'Allemagne, qu'il faut suivre dans ses armements, la fiévreuse préparation d'une croisade antislave, coûtent plus cher encore. Toutes ces dépenses pesaient lourdement sur un État pauvre comme l'Autriche, deux fois, en 1811 et 1874, ruiné au cours du XIXe siècle. Un développement économique considérable ne suffisait pas à combler les vides, aussi la dette publique,

2

déjà très élevée, s'était-elle encore largement accrue
en ces dernières années de déficits sans cesse grossissants. Le dernier budget que nous connaissions, celui
de 1914, laissait prévoir un déficit de 1 /2 milliard.

Les ouvrages spéciaux publiés par des économistes
autrichiens reconnaissent implicitement, malgré leur
partialité, le marasme des finances de l'Empire (¹).
« Avant la guerre déjà, écrit la Nation Tchèque (²), la
monarchie était accablée de dettes énormes, dont les
intérêts menaçaient sans cesse l'équilibre du budget.
Les marchés faits par l'État, ainsi que les autres dépenses publiques, furent, pendant les derniers temps,
couverts par de nouveaux emprunts. Ainsi les rele-
vés officiels soumis aux Chambres prouvent que
dans l'espace de sept années, depuis 1907, l'Autriche a emprunté 4.500 millions de couronnes, plus
de 4.700 millions de francs, *pour couvrir le déficit de
l'État.* Il manquait annuellement plus de 640 millions
de couronnes pour les dépenses courantes; le déficit
annuel se montait donc environ à 675 millions de
francs. » Il est à noter d'ailleurs que depuis le début
de la guerre la Banque d'émission austro-hongroise
n'a pas publié un seul bilan ni fourni aucun rensei-
gnement sur la réserve d'or.

Mais les faits nous semblent plus éloquents encore.
Ils montrent plus clairement la misère du trésor au-

(¹) Cf. M. REINTZE, *Das œsterreichische Staatschuldenwesen*
(Stuttgart,1913) et FR. HEISEL und SPIETHOFF : *Œsterreichs Finan-
zen und der Krieg,* Munich, 1915.
(²) *La Nation tchèque,* 1ʳᵉ année, nᵒ 14, p. 219.

trichien et les expédients dont le gouvernement usait
pour essayer d'y remédier (¹).

Le régime fiscal lui-même est un aveu de pauvreté.
La principale contribution directe est l'impôt pro-
gressif sur le revenu, qui frappe — à partir d'un
maigre revenu de 1.200 couronnes — surtout le commerce et l'industrie. Commerçant ou industriel paye
un premier impôt, le plus élevé, sur le chiffre de ses
recettes brutes ; puis un second sur son revenu net.
Il doit donc payer deux fois sur ses bénéfices et une
fois sur les dépenses nécessitées par son entreprise.
Cette injustice se double d'une autre, plus caractéristique encore : ce double impôt est payable à l'avance.
Il faut, au 1er janvier, s'acquitter de l'impôt pour
l'année qui commence, de l'impôt sur un revenu... à
venir. Ne discutons pas. Contentons-nous de constater que chaque année l'Autriche est ainsi obligée
de manger son blé en herbe.

L'État a même un appétit qui le rend égoïste et
l'oblige à garder pour lui seul la presque totalité des
impôts, dont il accapare à peu près tout le rendement, forçant les pays et les villes à prélever des
centimes additionnels dans d'incroyables proportions.

A part la ville de Vienne, sciemment favorisée, et
qui se contente de 57 o/o, aucune autre cité ne pré-
lève moins de 100 o/o (Prague 121 o/o ; Lwow-
Lemberg (²) 128 o/o ; — Brno-Brünn 147 o/o ; —

(¹) Voir Appendice I, n°2, page 262.
(²) Faisons remarquer, en passant, que nous avons peine à com-

— Innsbruck 156 o/o, pour n'en citer que quelques-
unes). La contribution particulière des pays elle-
même, du reste, aurait bientôt fini par passer dans les
caisses de l'État. Le gouvernement s'était déjà, par
exemple, approprié celle de la Bohême, la région la
plus riche de l'empire. Il y a quelques années l'empereur ayant trouvé un prétexte pour suspendre la Diète
du royaume de Bohême, l'État autrichien s'enrichit
des impôts établis par elle. C'était simple et pourtant
insuffisant encore. Le gouvernement songea alors à
remanier l'impôt sur le revenu. Il présenta donc en
1913 au *Reichsrat* un projet qui, après de longues discussions, fut enfin voté. Il permettait de pressurer un
peu plus le contribuable en le taxant davantage et en
lui imposant l'inquisition du contrôle de la compta-
bilité.

Si les contributions directes augmentaient, il y
avait plusieurs années que le rendement des contributions indirectes avait dû être renforcé. On avait
ainsi été jusqu'à doubler le prix des tabacs, à frapper
les allumettes d'un impôt impopulaire, à surélever
les tarifs postaux. On alla même jusqu'à faire payer
le moindre formulaire, dont on rendit l'emploi obli-
gatoire, destiné à l'envoi des colis postaux, déclarations en douane, télégrammes, avis téléphoniques, etc.
Mieux encore, on tarifa, en sus du timbre, le papier
de la carte-lettre ordinaire.

----

prendre pourquoi nos géographes et cartographes continuent à
désigner par des noms allemands des villes polonaises, tchèques,
serbes, etc., qui n'ont cependant rien de germanique. Espérons
que l'on remédiera sous peu à cet état de choses trompeur.

Mais vendre du papier rapporte peu. On trouva mieux. On dépouillait déjà les classes pauvres et superstitieuses par la loterie à 4 sous (20 hellers). Pourquoi ne pas continuer dans cette voie en s'attaquant aux classes plus riches ? L'Autriche, suivant l'exemple plus ancien de la Hongrie, créa donc la loterie d'État où les billets, coûteux, peuvent être achetés par fractions. De nombreuses protestations s'élevèrent de toutes parts contre cette institution. On faisait ressortir que le gouvernement, qui interdisait comme immoraux les jeux de hasard et les loteries étrangères, était inconséquent. Les journaux ou brochures à ce sujet furent impitoyablement saisis. Y a-t-il quelque chose d'immoral pour un État aux abois qui ne recule pas même devant l'altération des monnaies ?

Car c'est un des faits les plus graves et, chose curieuse, le fait le moins remarqué, que la spéculation hasardeuse à laquelle l'Autriche s'est livrée sur sa propre monnaie. Elle possédait naguère comme unité le florin, dont le change était de 2 fr. 45 à 2 fr. 50. Brusquement elle décréta que l'unité serait la couronne, qu'elle venait de créer et qui ne valait que de 1 fr. 04 à 1 fr. 05. Elle décida en outre que le florin continuerait à circuler avec une valeur de deux couronnes. L'État gagnait donc environ 20 o/o au change. Il ne s'en contenta pas. La pièce d'un florin pèse 12 gr. 5 et contient pour environ 1 cour. 70 d'argent. La pièce d'une couronne pèse 5 grammes et, étant d'un faible titre, ne contient que pour environ 0,40 hel. de métal fin. Il résulte de là un bénéfice

considérable pour le Trésor. A titre égal, il eût pu
faire de 2 florins (= 4 couronnes) cinq pièces d'une
couronne. La différence de titre lui permet de transformer 4 pièces d'un florin en 17 pièces d'une couronne. Il réalise ainsi à son profit une différence de
9 couronnes, c'est-à-dire 112,50 o/o.

Le double impôt sur le revenu, l'augmentation du
prix des tabacs, l'élévation des tarifs postaux, la vente
des petits papiers, des billets de loterie, l'altération
des monnaies, tout cela, et bien d'autres choses encore, n'arrivait pas, malgré tout, à combler le gouffre
du déficit. Il était si profond, ce gouffre, qu'il devenait
impossible de le dérober à la vue des populations. On
ne pouvait même plus faire face aux dépenses nécessaires et prévues. Des projets en voie d'exécution
durent être abandonnés, faute d'argent, telles la
construction du canal de l'Elbe au Danube ou l'édification, à Prague, des nouveaux locaux universitaires. Le gouvernement aux abois chercha alors à
contracter des emprunts : l'archiduc François-Ferdinand devait, en 1913, lors de son voyage en Angleterre, tâter le Royaume-Uni à ce sujet. Il fut même
question qu'au retour il passerait par la France pour
essayer de l'apitoyer sur le sort financier de l'Autriche. N'ayant pas réussi dans cette entreprise, le
gouvernement de Vienne chargea celui de Budapest
d'une nouvelle tentative. On comptait que la propagande faite par les Magyars pour gagner nos sympathies assurerait le succès de l'entreprise. La France
refusa nettement de se prêter à cette comédie. L'Autriche se voyait donc réduite à chercher un prêteur

« à la petite semaine ». C'est ce qu'elle fit. Une certaine banque américaine consentit à lui prêter la modique somme de vingt-cinq millions — une goutte d'eau dans la mer — à un taux qui, en tenant compte du cours d'émission et du change, atteignait à peu près 10 o/o.

Cet emprunt onéreux faisait ressortir plus encore la détresse financière de la monarchie danubienne. La crainte d'une banqueroute nouvelle s'exprimait partout. Un ancien ministre autrichien, emprisonné peut-être depuis la guerre, et que je ne nommerai pas pour ne pas aggraver son cas, m'affirmait un jour que cette pénible détresse forcerait l'Autriche à faire la guerre. « C'est, disait-il, le seul remède. Il est radical, mais sûr. Vaincue, l'Autriche rendra la guerre responsable de sa ruine. Vainqueur, et elle compte sur l'appui de la solide Allemagne pour la victoire, elle espère qu'une indemnité lui permettra de remettre de l'ordre dans ses finances compromises. » La prédiction de cet homme clairvoyant s'est réalisée.

∽

Il fallait moins de clairvoyance pour savoir que l'archiduc François-Ferdinand, l'héritier présomptif, voulait cette guerre. Tout le monde en Autriche-Hongrie connaissait l'esprit belliqueux du futur empereur, mais personne n'était d'accord sur les raisons qui le poussaient. Nous croyons pourtant, de ce que nous avons vu et entendu, surtout des confidences qui nous ont été faites par des gens de l'en-

tourage même de Ferdinand d'Este, avoir dégagé
ces raisons : c'était un bigotisme intransigeant doublé
de folie et une ambition démesurée à laquelle la compagne du prince n'était pas étrangère.

A part Joseph II, le despote libéral, comme il s'appelait lui-même, les Habsbourgs ont toujours été les
fermes soutiens du catholicisme, François-Joseph,
empereur apostolique, ne manqua jamais d'assister,
plein de toute l'humilité conciliable avec la pompe
impériale, aux processions publiques de sa capitale.
La piété de François-Ferdinand était plus étroite
encore. On sentait toujours en lui l'ancien élève de
l'évêque Marschall. Les leçons de ce précepteur
dominèrent toute la vie du prince, gravées au plus
profond d'un esprit morbide. Elles furent renfor-
cées encore par la dévotion exagérée et intransi-
geante de la comtesse Chotek, duchesse de Hohenberg, — allemande de cœur si tchèque de nom, soit
dit entre parenthèses, — qui exigeait de tous ses
gens et de tous les fonctionnaires attachés à la personne de l'Archiduc qu'ils assistassent régulièrement
aux offices religieux.

L'élève de l'évêque Marschall prit plus tard pour
confesseur, confident et conseiller, un moine allemand,
le P. Alban, grand prieur des Bénédictins de l'abbaye
d'Emmaus, à Prague. Il trouva en ce moine intelligent et instruit non seulement un guide spirituel
pour sa vie privée, mais un guide politique pour sa
vie de futur monarque. Ce fut ce confesseur qui
traça à François-Ferdinand sa ligne de conduite vis-
à-vis de la Bosnie-Herzégovine et des Serbes en gé-

néral. C'est lui qui lui conseilla de soutenir Mgr Stadler, archevêque de Sarajevo, et les Serbo-croates
catholiques en lutte contre les Serbes orthodoxes.
C'est lui qui le poussa à demander la création d'un
royaume d'Albanie catholique qui s'opposerait à la
Serbie orthodoxe. Les mauvaises langues disaient
même que ce P. Alban voulait ambitieusement qu'un
pays portât son nom. Quoi qu'il en soit, l'Autriche
argua alors hypocritement en faveur du pays nouveau du droit des nationalités, méconnu en Autriche
même, et des intérêts catholiques.

L'idéal mystico-politique inculqué ainsi à l'Archiduc
par son éducation et son entourage, d'autre part son
origine et ses sentiments germaniques, firent que
François-Ferdinand ne s'attacha qu'à un seul parti
politique, au parti social-chrétien. Le programme de
ce parti fut le sien et il finit par confondre la religion
et la patrie, l'Autriche et le catholicisme. Le cerveau
déséquilibré qui, à Konopisztje, lui faisait tuer des
mouches à coups de revolver ou cravacher sans raison
l'avocat qu'il venait d'appeler (¹), poussait peu à peu
l'héritier de François-Joseph, devenu chef des armées de l'empire, à une croisade contre tout ce qui
n'était ni allemand ni catholique. Pour cet esprit ma-
lade, en effet, tout ce qui n'était ni allemand ni catholique était un danger pour l'Autriche. « Les enne-

---

(¹) Le quotidien tchèque *Cas*, de Prague, consacra un jour un
article à la démence d'un prince autrichien qu'il ne nommait pas.
Le numéro fut saisi par la police. Des exemplaires circulèrent
néanmoins sous le manteau et, aux traits cités, chacun reconnut
sans peine qu'il s'agissait de l'archiduc François-Ferdinand.

mis de l'Église sont les ennemis de notre patrie, »
proclama-t-il un jour. On s'explique donc sa haine
pour la Russie et la Serbie orthodoxes, qu'il craignait
de voir bientôt convertir à l'orthodoxie tous les
Slaves de son État (¹). On comprend aussi, disons-le,
l'antipathie qu'il ne cachait pas à l'égard de la France.
Il la croyait ennemie de la religion, et par conséquent
de sa patrie, parce qu'elle avait séparé l'Église et
l'État.

Les aspirations austro-catholiques, pour ainsi dire,
de Ferdinand d'Este, correspondaient parfaitement
aux visées de son ambition personnelle et aux intimes
désirs de sa morganatique épouse. Il ne se résignait
que difficilement à devenir empereur et roi sans avoir
à ses côtés une impératrice et reine. Il ne se résignait
pas du tout à songer qu'aucun de ses enfants ne pourrait lui succéder sur son double trône. Pour vivre
heureux, vivons cachés, dit le proverbe. Il vécut
caché au fond de ses châteaux pour échapper à la
rigoureuse étiquette de la Cour, qui eût froissé
l'amour-propre de la comtesse Chotek, et pour faire
en même temps oublier à son vieil oncle le désap-
pointement d'une mésalliance. D'autant plus que la
comtesse gagnait à être entrevue de loin, plongée
dans les bourgeoises douceurs d'une vie familiale et
dévote. Elle y gagna d'abord l'estime du monarque
et, bientôt, le titre et les prérogatives de duchesse.

(¹) Le concordat conclu en 1914 entre la Serbie et le Saint-Siège,
et qui fut une défaite morale pour l'Autriche-Hongrie, ne contribua
sans doute pas peu à pousser à l'action François-Ferdinand et ses
acolytes.

Elle eût pu, plus tard, à la mort de François-Joseph, obtenir un titre plus élevé avec une place sur un trône. Les Magyars, en effet, connaissaient l'ambition de l'Archiduc. Plus libres dans leur constitution et secrètement poussés par leur désir de séparatisme, ils laissèrent maintes fois comprendre que le renoncement de François-Ferdinand ne s'appliquait pas au royaume de Hongrie. C'était pour la comtesse Chotek, duchesse de Hohenberg, l'espoir d'être reine, et pour l'Archiduc la certitude de voir un de ses fils devenir l'héritier d'un trône. La perspective était douce mais dangereuse, car elle eût déchaîné, tôt ou tard, une guerre entre les deux États de la double monarchie. Elle était donc loin de satisfaire François-Ferdinand.

Ce qu'il lui fallait, c'était faire l'Autriche-Hongrie germano-magyare grande et forte, s'y rendre indispensable, et en devenir le maître absolu. Qui eût alors osé mettre obstacle aux désirs d'un monarque si puissant ? Quel parlement eût été assez hardi pour refuser à un tel souverain d'effacer ses promesses passées ? Pour arriver à ce résultat, il fallait deux moyens : l'alliance d'un pays fort, et une puissante armée. L'un existait, l'alliance austro-allemande ; il fallait créer l'autre. François-Ferdinand se mit courageusement à l'œuvre. Il sut efficacement remanier les cadres, non seulement de l'armée, mais encore du gouvernement. Il mit partout des gens habiles, généralement peu scrupuleux, mais dévoués à sa cause. Lorsqu'il jugea son œuvre à point, il songea à utiliser pour une guerre les moyens ainsi obtenus. Cette guerre devait lui permettre d'abattre les ennemis du catholicisme, qu'il croyait les ennemis de sa patrie, de confondre les adversaires de son ambition d'époux et de père, en même temps qu'elle permettrait à l'Allemagne de se débarrasser de la France. « Ce n'est un mystère pour personne, écrivait un journal magyar, le *Pesti Naplo*, au lendemain du meurtre de Sarajevo, que François-Ferdinand voulait consolider et renforcer la monarchie par une guerre. »

En 1908, il commença donc à chercher noise à la Serbie et à la Russie. Sa première tentative fut l'annexion de la Bosnie. Elle fut suivie de beaucoup d'autres dont nous aurons l'occasion de parler. Son futur complice Guillaume II, moins pressé que lui alors, fut même, dit-on, obligé de le rappeler à l'ordre lors d'une entrevue qu'ils eurent au couronnement du roi de Bavière (1911). « Ne fais donc pas tant de bruit avec mon sabre, » lui aurait-il signifié. L'Archiduc patienta jusqu'en 1913. Il ordonna alors une mobilisation qui coûta beaucoup d'argent et beaucoup d'hommes (¹), mais n'eut aucun autre résultat. Force fut donc d'attendre un an. En juin 1914, tout étant prêt, François-Ferdinand convia Guillaume II à une partie de chasse au château de Konopisztje. L'amiral de la flotte autrichienne, Montecucolli, et celui de la flotte allemande, von Tirpitz,

---

(¹) La *Canadian Pacific Railway Company* créa en Autriche des bureaux d'émigration qui devinrent de véritables bureaux de désertion. On s'aperçut en haut lieu que, grâce à eux, plus de 200.000 jeunes gens slaves, par crainte de la guerre, avaient pu quitter l'Autriche et échapper à la conscription.

furent de la partie. Entre deux coups de fusil l'affaire
fut réglée. A quelques jours de là, le chef du grand
État-major allemand, Moltke, et celui du grand État-
major autrichien, Conrad von Hoetzendorf, réunis
à Carlsbad, la mettaient définitivement au point. Il
ne restait plus qu'à provoquer le conflit. L'Archiduc
s'en chargea. Dans ce but il alla, malgré les avertisse-
ments de la légation serbe, avoués par la presse autrichienne, à cause d'eux peut-être, présider en Bosnie,
en plein pays de nationalité serbe, à des grandes
manœuvres militaires. Il y trouva la mort, et l'on sait
le reste : son âme belliqueuse lui avait survécu.

On s'est étonné en Autriche même, et l'on s'éton-
nera sûrement partout, qu'un tel rêve, qui entraînera
la monarchie vers sa perte, ait pu germer dans le
cerveau d'un Habsbourg. Car, vaincue, l'Autriche
court les plus grands dangers et, vainqueur aux côtés
de l'Allemagne, elle deviendra la proie de son alliée.
Mais c'est là le raisonnement d'un esprit bien équi-
libré. François-Ferdinand, et ceux qu'il avait grisés
de son rêve, voyaient les choses autrement. Pour eux
l'Autriche-Hongrie sortait de la lutte plus forte et
plus allemande. D'autre part, une victoire de l'Autriche catholique sur la Russie et la Serbie orthodoxes
laissait entrevoir dans l'avenir la résurrection possible du Saint-Empire romain germanique. « J'ai, dit
M. Ernest Denis (¹), entendu en Croatie et en Pologne exprimer ces idées par des hommes qui avaient

---

(¹) ERNEST DENIS, professeur à l'Université de Paris : *La Guerre*
Librairie Delagrave, Paris, p. 223.

approché le prince. » Loin alors d'être enchaînée à l'Allemagne, l'Autriche entraînait celle-ci à renouveler l'ancienne confédération germanique où les Habsbourgs,
comme chefs de l'État allemand catholique le plus
important, auraient repris leur place prépondérante.

Quelles qu'aient été néanmoins les pensées intimes de l'Archiduc, il apparaît nettement que tout
le poussait à la guerre. Il avait, comme nous le montrerons, minutieusement préparé jusqu'aux détails
sa belliqueuse entreprise. Le gouvernement qu'il
avait mis à la tête des destinées de son futur empire,
et qui sut entraîner le vieux François-Joseph, avait
trop de raisons pour ne pas reculer. Il est donc bon
que l'on sache, pour s'en souvenir en temps utile,
sur qui doivent retomber les responsabilités.

Il est clair que le conflit, qui devait profiter aux
Germains et aux Magyars, sauver le gouvernement
imprévoyant d'une formidable banqueroute et relever, avec leur puissance, le prestige des Habsbourgs,
n'engage pas tous les peuples de la monarchie. Les
Slaves et les Latins sont d'autant moins responsables
que cette guerre s'est faite malgré eux. Le gouvernement avait eu soin, pour n'être pas gêné par leur
majorité, de suspendre le *Reichsrat* en juillet 1913.
Il a pu ainsi, sans consulter ses peuples, déclarer une
guerre à laquelle la majorité slavo-latine se serait
opposée. Il peut aujourd'hui s'accorder sans scru-
pule des crédits qui lui seraient sûrement refusés.
C'est donc au seul gouvernement austro-hongrois
et à la minorité germano-magyare qui le soutient,
qu'il faudra, l'heure venue, demander raison.

CHAPITRE II

LA PRÉMÉDITATION AUSTRO-HONGROISE

LA PRÉPARATION DE L'AUTRICHE-HONGRIE A LA GUERRE.
— PROCÈS D'ORDRE DIPLOMATIQUE. — PRÉPARATION
POLITIQUE. — MESURES D'ORDRE MILITAIRE.

NOUS avons montré quelles impérieuses raisons poussaient à la guerre le gouvernement austro-hongrois. Nous voulons maintenant exposer une nouvelle preuve de la préméditation de son geste brutal. Il nous semble que l'on n'a pas, de notre côté, prêté une attention suffisante aux mesures diverses prises sur les bords du Danube, ni même à des faits d'ordre intérieur, en apparence, mais que les circonstances actuelles éclairent d'un jour tout autre.

Pour tous ceux qui, comme nous, ont vécu sous l'emprise des serres de l'aigle double, c'est un sujet d'étonnement de constater que nos agents diplomatiques n'avaient pas su voir de quelle façon les complices de François-Ferdinand organisaient l'agres-

sion qu'ils méditaient. Il suffisait pourtant de noter
les faits, d'enregistrer les paroles et de les rappro-
cher. La lumière alors se faisait, pleine et entière,
sur le but poursuivi. Il est vrai que nos diplomates,
malgré toutes leurs qualités, connaissaient aussi mal
l'Autriche-Hongrie que nous la connaissons tous,
en général. La lutte des nationalités, dont le rôle fut
si important, semble les avoir laissés à peu près indif-
férents. Cependant, s'ils avaient voulu, quels renseignements elle leur aurait suggérés, quelle arme
elle aurait pu nous fournir dans cette guerre atroce
que sournoisement et méticuleusement l'Autriche-
Hongrie préparait.

Nulle part cette préparation n'était aussi difficile
et ne demandait autant de soin qu'en Autriche-
Hongrie. La guerre qu'il s'agissait d'entreprendre
était, nous l'avons dit, une véritable croisade germano-magyare contre les Slaves. Comment forcer
cette majorité de Serbo-Croates, de Tchèques, de
Polonais, de Ruthènes, de Slovaques, qui sont les
peu dociles sujets des Habsbourgs, non seulement
à ne pas mettre obstacle à la lutte, mais encore
à y prendre part sous les drapeaux austro-hongrois ?
Comment duper l'Europe de façon à lui faire croire
que la double monarchie, loin de songer à une agression, était malgré elle réduite à se défendre contre
les empiètements de ses ennemis extérieurs ? Le problème était ardu.

Il ne suffisait pas, pour le résoudre, de posséder,
comme l'Allemagne, une armée nombreuse et bien
organisée. Cette puissance militaire eût été vite an-

nihilée si l'on n'avait pas eu soin au préalable de subjuguer l'opinion publique et de contenir les oppositions certaines. D'autre part le corps des hommes de troupe et le cadre des officiers subalternes, qui comprenaient beaucoup de ces Slaves au loyalisme douteux, risquaient de se voir bientôt dégarnis si l'on n'eût trouvé un moyen pratique de les regarnir. Le gouvernement austro-hongrois ne se laissa pas rebuter par la difficulté et, dès 1907, se mit à la besogne. Il prit à l'intérieur des mesures qui, sans donner l'éveil, sans jeter la suspicion sur ses visées, devaient lui permettre de mener à bien diplomatiquement, politiquement et militairement le guet-apens qu'il préméditait. Il va de soi que pour jouer cette comédie aux yeux de l'Europe, le grand régisseur, François-Ferdinand, et son collaborateur, le ministre des Affaires étrangères, restèrent dans la coulisse — du moins tant qu'on ne les força pas à se montrer. Ils recoururent tout d'abord aux bons offices des tribunaux.

∞

« Les procès politiques, dit le Dr H. Hinkovitch, député à la Diète croate et délégué au Parlement de Budapest ([1]), et la manière dont ils sont instruits sont une spécialité austro-magyare. Lorsqu'on croit avoir des raisons d'État de supprimer des politiciens gê-

---

([1]) *Procès politiques contre les Yougoslaves*, dans le *Régime politique d'Autriche-Hongrie en Bosnie-Herzégovine*, Imprimerie Nouvelle, Annemasse, 1916, p. 73.

3

nants, vite on soudoie des agents provocateurs, on
achète de faux témoins, on forge des documents accusateurs, on désigne des juges domestiqués — et le
résultat ne peut manquer.

« Depuis qu'il y a une Autriche, elle a commis
des crimes contre ses peuples et elle a la hantise,
venant de sa mauvaise conscience, de se voir ma-
nacée par des conspirateurs parmi ses opprimés. De
là, des procès de haute trahison, dont abonde l'histoire autrichienne ». « Faire un complot artificiel pour
se débarrasser d'hommes oppositionnaires, dit un
Memorandum adressé en 1907 au deuxième Congrès de la Haye par des Bosniaques, cela se pratique
tous les jours. »

Pour ne pas remonter plus loin dans cette histoire
sinistre, nous voyons, dès le commencement du
XIXe siècle, des Slovènes poursuivis sous prétexte
qu'ils sont payés par la Russie pour fomenter un
complot contre l'État. En 1840, Ljudevit Gaï, qui
voulait unir les Sud-Slaves sous le nom d'Illyriens,
est emprisonné comme coupable de haute trahison.
« En 1870, ce sont de nouveau les rapports avec la
Russie et la Serbie qui sont invoqués ([1]) » contre les
Yougoslaves en général et le professeur Jagitch en
particulier. En 1871, c'est une insurrection à Rako-
vica, qui suscite une affaire semblable. En 1872, des
Tchèques, leur chef Rieger en tête, vont être jugés
sur la foi de pièces écrites prouvant qu'ils ont organisé des associations « panslavistes » contraires à la

---

([1]) L'*Unité Yougoslave*, Plon-Nourrit et Cie, Paris, 1915, p. 31.

sécurité de l'Empire, lorsque — coup de théâtre — l'agent salarié qui avait fabriqué les documents, poussé par sa conscience, avoue sa supercherie.

Dans sa marche vers la guerre cherchée, le gouvernement austro-hongrois resta donc fidèle à ses traditions et sa première étape, le procès de Zagreb (Agram), rappelle, en plus odieux, l'affaire ratée de 1872. C'était en 1908. L'Autriche venait, premier acte d'hostilité contre la Serbie et la Russie, de décider l'annexion de la Bosnie-Herzégovine. Cette conquête facile faisait d'ailleurs prévoir un danger : sur les 1.898.044 habitants qu'elle apporterait, elle ajouterait 1.822.564 Serbo-Croates aux 4.975.907 Yougoslaves que comptait déjà la monarchie. Il n'y avait guère à craindre que la petite Serbie réclamât ces 6.798.471 individus de sa race, de sa nationalité. Il y avait à craindre, par contre, que toute cette population, pour peu qu'elle s'unifiât, — ce qu'elle était en train de faire, — ne songeât à faire retour à la vieille mère patrie, la Serbie. Il importait d'empêcher cela à tout prix. Le meilleur moyen était d'abord d'appliquer à l'intérieur le principe de Machiavel, *divide et impera*, et puis, si possible, d'écraser la Serbie. Le procès de Zagreb devait offrir ce double moyen.

Vers la fin de juillet 1908 donc, un certain Georges Nastitch avait publié à Budapest une brochure intitulée *Finale*. Il y prétendait que, à l'instigation du club *Slovenski Jug*, sous l'égide du roi de Serbie et de son fils, le prince Georges, qui fournissaient les fonds, un certain nombre de Yougoslaves se livraient à une propagande anti-autrichienne dans le but d'unir les Serbo-Croates à la Serbie.

« Nastitch, dit le professeur Masaryk, député, dans son interpellation des 14 et 15 mai 1909 au *Reichsrat* de Vienne ([1]), se donnait comme étudiant en philosophie. En décembre 1906, avoue-t-il, il se rendit à Belgrade avec des intentions révolutionnaires. Avec l'assistance de plusieurs personnes, il put publier à Belgrade une brochure intitulée *les Jésuites en Bosnie...* Grâce à ce pamphlet, il réussit à se faire un certain renom dans la société de Belgrade. Il entra dans le *Slovenski Jug*, où il pouvait prétend-il, exposer ses idées révolutionnaires, car il trouva là beaucoup de gens aux opinions aussi révolutionnaires que les siennes. Il appelle le *Slovenski Jug* une agence de la Cour, surtout du roi Pierre, du prince héritier Georges,... et de beaucoup d'autres. Il assure que plusieurs conférences y furent tenues. Lui-même se rendit à Kragujevac, à l'arsenal royal, y chercher des bombes pour ce club révolutionnaire. Il reçut en effet, paraît-il, les bombes qui devaient être employées contre le Monténégro. Seulement, il n'admettait pas que des bombes fussent utilisées contre le Monténégro, aussi écrivit-il son *Finale* et dévoila-t-il toute l'affaire pour sauver le prince Nicolas de l'attentat qui le menaçait... » En réalité, Nastitch, né à Sarajevo d'un père mouchard au service de la police austro-hongroise, n'était lui-

---

([1]) T. G. MASARYK, *Tak zvany velezradny proces v Zahrebe.* V. Praze, 1909, Knihovnicka « Casu », N° 51, p. 19.

même qu'un agent provocateur à la solde de Vienne
et de Budapest ou, ce qui revient au même, du baron
Rauch, alors ban de Croatie. Son récent passé, qui
le montre poursuivi à Vienne pour vol ou à Sarajevo
pour cris séditieux, ne le recommandait guère pour
d'autres fonctions. « Cet individu, écrivait dans la
Neue Freie Presse, de Vienne, le professeur Friedjung, qui d'ailleurs travaillait à la même besogne
antiserbe, et dont nous parlerons plus loin, cet individu, auquel on ne pourrait toucher qu'avec des
pincettes, fut certainement, pour trahir ses camarades, payé par le prince de Monténégro ; et s'il
prétend ne pas avoir été soudoyé par le baron Rauch,
le croie qui voudra. »

Le moins, en tout cas, qu'on puisse affirmer de
Nastitch est ce qu'en pensait M. Masaryk. « Il ne
dit pas la vérité, il dénature les faits ; je peux même
avancer, et j'en ai les preuves, qu'il ment... Il dit,
par exemple, et il essaie de le prouver dans son
Finale, que tout le mouvement qui visait le prince du
Monténégro, et particulièrement l'attentat terroriste (1907), avait été organisé par le roi de Serbie
et la dynastie Serbe. Comme un de ses amis lui laissait à ce sujet toute responsabilité, il lui écrivait, le
15 juillet 1908, une lettre dans laquelle il affirmait
n'avoir jamais avancé de telles choses au sujet du
roi. Et cependant on peut lire cela, noir sur blanc,
dans le *Finale*. En un mot, c'est un individu absolument indigne de foi, un menteur ([1]). »

([1]) Interpellation, *op. cité*, p. 21.

C'est pourtant sur la foi de cet homme indigne de
foi, sur son témoignage intéressé, que l'on arrêta
53 Serbo-Croates et qu'on les fit comparaître devant
le tribunal de Zagreb sous l'inculpation de crime
de haute trahison. La Cour, triée sur le volet et digne
du principal témoin, donnait toutes garanties que
l'on pouvait compter sur elle pour un résultat propice aux projets gouvernementaux. « Le président,
affirme M. Masaryk (¹), s'était vu, pour un délit
commis en état d'ivresse, infliger une enquête disci-
plinaire... On a publiquement accusé des pires mé-
faits l'un des juges assesseurs ; le juge d'instruction
a été puni à Varazdin (Varaszd), où il avait été juge,
pour falsification de procès-verbaux... »

Devant ce singulier tribunal qui, comme on pouvait s'y attendre, se montra d'une révoltante partialité, les débats traînèrent sept mois. Ils se termi-
nèrent par la condamnation de 31 accusés. L'affaire
fut portée devant la Cour de cassation (table des sep-
temvirs) qui cassa le jugement « à cause, dit-elle, des
doutes considérables sur la véracité des faits pris
comme base de l'arrêt. »

Entre temps, le coup semblant ne pas avoir réussi
comme l'espérait le gouvernement, une affaire connexe surgit. Un de ces historiens dont la Kultur
s'enorgueillit, le professeur Dʳ Friedjung, de l'Université de Vienne, lança dans la *Neue Freie Presse* du
25 mars 1909, une nouvelle accusation contre les
Serbo-Croates et leurs chefs politiques, prétendant

(¹) Interpellation, *op. cité*, p. 9.

posséder des preuves éclatantes de leur culpabilité. Il fut soutenu dans sa campagne notamment par la *Reichspost*, organe de l'archiduc François-Ferdinand, et par la *Danzer's Armeezeitung*, inspirée par l'État-major général. Les hommes politiques ainsi pris à partie traduisirent leurs accusateurs devant les tribunaux de Vienne.

Là, le professeur Friedjung fit état de ses fameux documents parmi lesquels figuraient les procès-verbaux de compromettantes réunions secrètes des clubs serbes *Narodna Odbrana* (Défense Nationale) et *Slovenski Jug*, les discours prononcés en la circonstance par le président de cette dernière association, le Dr Bojo Markovitch, professeur de droit à l'Université de Belgrade, signataire des procès-verbaux. Ces différentes pièces démontraient l'existence du complot organisé à Belgrade et devaient confondre et les hommes politiques serbo-croates d'Autriche-Hongrie, et le gouvernement serbe de Belgrade. Le professeur Friedjung prétendait « tenir ces documents d'une source confidentielle, mais tellement haut placée que toute contestation serait inadmissible. Tout le monde savait que cette allusion, répétée à chaque instant avec ostentation, visait le ministère des Affaires étrangères et l'archiduc François-Ferdinand lui-même (1). »

La contestation était cependant à tel point admissible que M. Markovitch, appelé à témoigner, vint prouver au tribunal que, aux jours et heures portés

---

(1) Dr H. HINKOVITCH, *op. cité*, p. 90.

sur les soi-disant procès-verbaux signés de sa main, il se trouvait à Berlin, à un congrès où les autorités allemandes et des savants allemands reconnurent eux-mêmes l'avoir vu. Alors apparut M. Baerenreu-ther, ancien ministre, confident et émissaire de l'ar-chiduc François-Ferdinand. « Le prestige de la mo-narchie est en jeu, dit-il aux plaignants ; votre devoir est donc de ne pas vous opposer à un arrangement amiable de l'affaire. » Le professeur Friedjung et le rédacteur de la *Reichspost* en furent réduits à pro-clamer publiquement ce qu'ils appelaient leur er-reur, moyennant quoi le procès fut arrêté.

Tout pourtant n'était pas fini. M. Masaryk dé-montra encore devant les Délégations (1910 et 1911) que les documents dont s'était servi le professeur Friedjung avaient été fabriqués de toutes pièces à la légation austro-hongroise de Belgrade par un cer-tain Vasitch, sur l'ordre du ministre austro-hongrois Forgach et de son drogman Swientochowski. Les faussaires, du reste, avouèrent leur fait : le gouver-nement dans une note de la *Neue Freie Presse* du 24 décembre 1910 ; Swientochowski dans une lettre au député serbo-croate Supilo ; et Vasitch devant le tribunal de Belgrade où il avait comparu pour faux, usage de faux et chantage (1911). Ce Vasitch fut con-damné à 5 ans de détention. Ce fut, du reste, le seul résultat juridique de tous ces procès, car celui de Zagreb lui-même, bien que cassé, ne fut jamais re-visé. L'empereur François-Joseph ne contenta d'en abolir la procédure.

Par contre les principaux juges furent, comme il

convient, récompensés par un avancement. Le comte Forgach, ministre austro-hongrois à Belgrade, fut de son côté, promu ministre plénipotentiaire à Dresde, puis appelé comme premier chef de section à Vienne, où il devait collaborer à l'ultimatum de 1914. C'est qu'en effet ces gens peu scrupuleux avaient rendu à l'État un signalé service en organisant toutes ces louches affaires dont les tendances apparaissent nettement.

Les premiers mots de l'acte d'accusation de Zagreb montrent clairement le but initial poursuivi. « Les Serbes, y est-il dit, sont les plus grands ennemis des Croates. » Il s'agissait donc de réveiller parmi les Yougoslaves la vieille haine suscitée jadis par la politique des Habsbourgs. Il fallait faire croire aux populations de la Slavonie, de la Croatie, de la Dalmatie, qu'elles appartenaient à deux nations différentes : les Serbes et les Croates, et que ces deux nationalités, malgré leurs efforts, ne pourraient s'entendre puisque l'une était tout naturellement l'ennemie de l'autre.

La seconde tendance qui se manifestait dans toutes ces affaires connexes était tout aussi évidente. Le procès de Zagreb, comme celui de Vienne, visait surtout le gouvernement serbe. On le montrait comme un noir conspirateur attaché à soulever contre la débonnaire Autriche-Hongrie de paisibles populations yougoslaves qui ne demandaient qu'à vivre heureuses sous le sceptre bienveillant des paternels Habsbourgs. On chargeait la Serbie des plus sombres projets, des plus ténébreux forfaits, en vue de montrer aux Austro-Hongrois d'abord, et à toute l'Europé ensuite, que le châtiment qu'on lui réservait était des mieux mérités. Pour opérer ce châtiment plus facilement, on cherchait même, l'accusation portée dans le *Finale* de Nastitch à propos de bombes données par l'arsenal de Kragujevac contre le prince Nicolas en est la preuve, à détacher le vaillant Monténégro de son alliée la Serbie. On fût ainsi plus facilement venu à bout de l'un et de l'autre, ce qui était la fin des fins et ce dont on ne se cachait pas. « Le conflit avec la Serbie et le Monténégro, écrivait par exemple la *Danzer's Armeezeitung* (¹), est iné- vitable ; plus tard il éclatera, plus cher il nous coû- tera. Il est nécessaire que la Serbie et le Monténégro disparaissent ; *non seulement nous ne pouvons éviter le conflit avec ces deux pays, mais nous devons l'appeler et le provoquer.* »

Malgré tous les efforts, la guerre que l'on souhaitait tant sur les bords du Danube n'éclata pourtant pas. Il apparut même clairement que les armées de Fran- çois-Joseph trouveraient devant elles une Russie relevée de la crise russo-japonaise. Il devint donc nécessaire de faire contre la grande puissance de l'est ce que l'on avait fait contre le petit État du sud. Le moyen classique fut mis en œuvre : des arrestations eurent lieu tant en Cisleithanie qu'en Transleithanie, et de nouveaux procès de haute trahison furent ou- verts.

Nous nous sommes étendu sur l'affaire des Yougo-

(¹) Article cité par M. Ernest Denis dans son intéressant livre *La Guerre*, Librairie Delagrave, Paris.

slaves pour montrer la façon d'agir de la justice austro-hongroise. Nous nous contenterons donc, pour
les poursuites anti-russes, d'exposer sommairement
les faits. Vers la fin de 1913 deux complots furent
découverts, l'un en Transylvanie, l'autre en Galicie.
En Transylvanie, on accusait un moine orthodoxe,
Kabaljuk, d'avoir, pour le compte de la Russie, fo-
menté un soulèvement des Ruthènes ou Petits-Rus-
siens contre la monarchie austro-hongroise. Kabaljuk
fut arrêté ainsi qu'environ 70 de ses complices, de
braves paysans ruthènes. Tous furent traduits devant
le tribunal hongrois de Marmaros-Sziget, en janvier 1914. Divers témoins, et notamment le comte
Vladimir Alexeïovitch Bobrinsky, qui vint de Russie
pour la circonstance, prouvèrent que le pauvre moine
n'était coupable que de prosélytisme. Son seul crime
était de même ordre que celui des Jésuites ou des
missions catholiques dont le gouvernement austro-
hongrois inonda la Bosnie-Herzégovine et l'Albanie :
il avait travaillé à propager sa religion. Son malheur
fut d'avoir eu du succès et d'avoir fait trop d'adeptes
parmi les paysans. Ce succès-là, il le paya, lui et
quelques-uns de ses prosélytes, de nombreuses
années de prison. Bandasjuk, en Galicie, pour un
délit du même genre et pas plus prouvé que l'autre,
fut également condamné par le tribunal de Lwow
(Lemberg).

En condamnant ainsi des innocents, les Basiles de
la justice habsbourgeoise avaient une fois encore
bien mérité de la patrie : ils avaient réussi à mettre
aux prises les Slaves de l'est, Ruthènes et Polonais,

en faisant croire à ceux-ci que ceux-là étaient les
affidés de la Russie, donc leurs ennemis. Ils avaient,
en même temps, acquis des pièces juridiques qui
montreraient à l'Europe la dangereuse perfidie de
l'Empire des Tzars à l'égard de la pacifique monarchie danubienne. La fameuse affaire Prochaska en
1912, qui fit tant de bruit, avait ouvertement montré
que la calomnie est l'arme favorite des diplomates
du Ballplatz. On voit quel usage ils en ont su faire
pour la préparation diplomatique, à l'intérieur même
de l'Empire, du conflit tant espéré.

∞

La calomnie servit également à la préparation politique, tâche qui apparaissait très délicate et qui
n'était pas sans danger. C'est qu'en effet, les Slaves
étant la majorité, on risquait fort de les voir s'élever
et dans les Diètes locales et au Parlement, contre
toute politique ouvertement antislave. Depuis longtemps déjà le gouvernement était en lutte contre ses
sujets tchèques, serbo-croates, slovènes, ruthènes et
autres.

Depuis qu'il lui avait fallu octroyer le suffrage
universel pour les élections au Parlement de Vienne,
sa situation avait encore empiré. Pour s'assurer une
aléatoire majorité dans les grandes questions essentielles, il ne pouvait compter que sur les Allemands
et souvent aussi sur les Polonais, à qui il accordait
de nombreuses concessions et que leur haine pour la
Russie poussait également à se faire les alliés des

Germains. La précarité de cet état de choses obligeait donc les gouvernants à constituer des ministères bureaucratiques et non parlementaires, ministères qui pouvaient continuer à fonctionner malgré même l'antagonisme du *Reichsrat*. Rappelons, par exemple, qu'Æhrenthal, convaincu de faux dans les procès yougoslaves dont nous avons parlé, n'en resta pas moins au pouvoir. L'austrophile Theodor von Sosnowsky lui-même s'en étonnait dans son ouvrage *Die Balkanpolitik Œsterreich-Ungarns* (¹) disant que partout ailleurs, après une telle défaite, un ministre aurait démissionné. Mais les ministres bureaucrates d'Autriche sont les valets des Habsbourgs et, dame ! il leur arrive, comme à tous les valets, d'essuyer parfois les rebuffades et même pire, sans broncher. Leur seul but est de plaire au maître en exécutant ponctuellement ses volontés.

Or la volonté des Habsbourgs, en ces troubles années, était que les Slaves fussent divisés et, partant, impuissants. Nous avons vu l'effort fait pour jeter la discorde parmi les Serbes et les Croates ou pour mettre aux prises, en Galicie, les Polonais et les Ruthènes. En ce dernier pays les procès n'avaient été que le couronnement de l'œuvre. On avait auparavant suscité entre les deux nationalités des jalousies dangereuses et des suspicions. On était sûr, en effet, qu'en favorisant comme on le faisait les Polonais au détriment des Ruthènes, on mécontenterait ces derniers qui se tourneraient contre les favorisés. D'autre

---

(¹) Tome II, chap. ɪɪ, *Der Friedjung-Process*, p. 221 et *passim*.

part, nous l'avons dit, en faisant passer les Ruthènes
pour des suppôts de la Russie on ameutait contre eux
les Polonais russophobes. On déchaîna enfin une in-
terminable querelle en 1913 en proposant une réforme électorale à la Diète de Galicie. C'était le
moyen de paralyser cette diète. C'était mieux encore,
car sur ces Slaves se dévorant entre eux, les Allemands unis par le pangermanisme pouvaient dominer
sans peine.

En Bohême et en Moravie, où l'on ne pouvait opposer des Slaves à d'autres Slaves, on jeta les Allemands sur les Tchèques. Le combat fut particulièrement rude en Bohême, où se concentre toute l'activité des Tchèques. Les Germains avaient affaire là
à des adversaires d'une énergie, d'une prudence et
d'une habileté consommées, qui surent plus d'une
fois déjouer leur fourberie et leur déloyauté, et qui,
peu à peu, gagnaient du terrain. Aussi le gouvernement jugea-t-il absolument nécessaire d'abattre à
tout prix ces Slaves trop nombreux et trop habiles.
Il s'attacha, en ces dernières années, à vaincre leur
résistance, susceptible de contrecarrer ses projets.
La calomnie fut, comme toujours, l'arme employée.
Elle devait arriver d'abord à discréditer la nation
tchèque, puis à la réduire à l'impuissance en lui fer-
mant toute tribune publique et en la jetant dans d'in-
quiétantes luttes de partis.

En été 1913, — nous citons ici un fait personnel
pour mieux faire ressortir le procédé des calomnia-
teurs de Vienne, — le congrès international de la
statistique venait de clore ses travaux dans la capitale

de la double monarchie. Les congressistes, sur l'invitation de la municipalité de Prague, vinrent en grand
nombre visiter la Bohême. Nous fûmes choisi pour
être un des guides de la délégation française. Nos
aimables et savants compatriotes ne se contentèrent
pas de regarder les belles choses qu'on leur montra.
Ils voulurent s'informer plus amplement sur la si
hospitalière nation qui les recevait. Ils nous prièrent
donc de leur dire en toute franchise, puisque nous
étions entre Français, ce que nous pensions des
Tchèques. Ils furent surpris des éloges que nous fai-
sions de ce petit peuple énergique et laborieux.

« Mais, dit l'un des statisticiens, ce que vous
avancez ne concorde guère avec ce qui nous fut dit à
Vienne. Des gens autorisés, de hauts personnages
même, nous ont avoué ne pas comprendre les sympathies de la France pour les Tchèques. C'est, nous
affirmèrent-ils, une nation sans caractère et sans
fond. Elle se prétend fort avancée en tout, elle rêve
d'indépendance et n'est même pas capable de jouir de
son autonomie, de régler ses finances et d'administrer
son pays. C'est ainsi que la dette publique de la Bohême s'est, en quatre ans, accrue de plus de 126 millions de couronnes et que cet État, si riche en ressources de toutes sortes, court, par la faute des
Tchèques, à la ruine la plus désastreuse. Voilà ce qui
nous fut dit. N'est-ce pas vrai ?

— Il est indiscutable, répondîmes-nous, que le
déficit est très élevé, que la Bohême subit une crise
financière très sérieuse, mais il est injuste d'en rendre
les Tchèques responsables. Depuis 1908 les députés

allemands, qui sont naturellement en minorité à la
Diète de Bohême, rendent, par une obstruction systématique, les travaux de cette assemblée absolument
impossibles, si bien qu'il a fallu la suspendre. Il en
résulte que le budget ne peut être établi régulièrement et que le Comité exécutif de la Diète ne peut
faire face aux difficultés. Lorsque ce comité voulut
s'adresser au gouvernement de l'Empire pour contracter un emprunt qui lui permît de remédier au
plus pressé, il trouva devant lui l'irréductible opposition allemande.

— Mais quel but poursuivent donc les Allemands
en agissant ainsi ?

— Ils voudraient obliger les Tchèques à consentir
au partage de la Bohême en deux pays distincts : la
Bohême proprement dite, où les Tchèques et leur
langue seraient tolérés, et le *Deutschbœhmen* qui serait
absolument allemand. Prague, la capitale, quoiqu'elle ne compte que 8 o/o d'Allemands à peine,
serait ville mixte. Ils demandent donc, ni plus ni
moins, la germanisation presque totale du pays et
voudraient obliger les Tchèques à y souscrire. Ils
visent, tout simplement à faire de la nation tchèque
une guillotinée par persuasion, et le gouvernement
favorise leur entreprise — qui est la sienne. »

Si nos savants statisticiens ont, après avoir quitté
la Bohême, suivi de près la politique austro-hongroise, ils ont dû voir combien nous avions raison.
Bientôt en effet les événements sont venus éclairer
les visées des gouvernants germano-magyars et
mettre brusquement et brutalement fin à cette crise

suscitée ou soigneusement entretenue par le cabinet Bienerth d'abord, par le cabinet Stürgh ensuite. Le 16 juillet 1913, le vieux François-Joseph, habitué, longtemps avant Bethmann-Hollweg, à considérer les promesses les plus solennelles et les plus strictes conventions comme des chiffons de papier, rendit une ordonnance par laquelle la Diète de Bohême était dissoute et son Comité exécutif remplacé, contrairement à la constitution, par un Comité administratif dépendant du ministère impérial de l'Intérieur, représenté par un commissaire du gouvernement. C'est en vain que les principaux corps constitués s'élevèrent contre l'illégalité de cet acte. C'est en vain que le 21 août une délégation fut envoyée à Vienne. Les Tchèques se virent privés d'un de leurs organes. Ils étaient ligotés. La première étape était franchie (¹).

Il fallait aller plus loin encore, car les Tchèques possédaient assez de députés pour faire entendre leur voix au *Reichsrat*. Sous prétexte donc que leur opposition rendait impossible les travaux du Parlement, la Chambre fut ajournée *sine die* et l'application de l'article 14 de la Constitution, qui permet à l'Empereur de gouverner à coups d'édits ayant force de lois, rétablit l'absolutisme nécessaire aux tentatives hasardeuses et impopulaires.

(¹) Il nous semble intéressant de noter une mesure antislave prise contre la Bohême en cette même année 1913. L'Académie tchèque des Arts et des Sciences avait cru devoir élire comme membre étranger le savant archéologue russe Uspenski. Sans donner aucun motif valable, les cercles dirigeants annulèrent cette élection comme ils avaient annulé celle de Tolstoï. N'est-ce pas **caractéristique** de leur état d'esprit ?

4

Malgré ce coup, les députés restaient députés, c'est-à-dire gens libres, influents et partant dangereux. Ces élus des Tchèques étaient d'autant plus à craindre que les divers partis politiques — trop nombreux à notre sens — s'étaient, devant le danger, groupés en deux camps selon leurs affinités électives. Autour des Jeunes-Tchèques, plutôt opportunistes, s'étaient assemblés les agrariens, les Vieux-Tchèques, et même les socialistes démocrates. Aux socialistes nationaux, plus radicaux, s'étaient joints les réalistes et les partisans du droit d'État. On sentait que, dans les grandes questions d'intérêt national, ces deux groupes se fondraient en un seul, nombreux et puissant, avec lequel un gouvernement, si absolu soit-il, devrait compter. Nécessité fut de réagir, et l'on réagit comme toujours par la calomnie.

A la fin de 1913, une certaine dame Voldanova, Allemande d'origine, mais qui avait épousé un Tchèque, lança l'affaire. Elle était alors employée à la préfecture de police. Elle vint donc trouver les chefs du parti Jeune-Tchèque et, poussée, prétendait-elle, par son amour pour la nation tchèque, leur révéla que le député Sviha, vice-président du comité socialiste national, n'était qu'un mouchard au service de la police gouvernementale. L'organe jeune-tchèque, les *Narodni Listy*, commença aussitôt une campagne ardente contre celui que le parti considérait comme un traître. Une polémique vigoureuse, virulente, énervante, s'ensuivit et, en mai 1914, se termina par un procès rentensissant. M. Sviha traduisit devant la Cour d'assises de Prague le rédacteur en chef et le gérant des *Narodni Listy*. Le ministère de l'Intérieur et la préfecture de police appelés à témoigner en faveur du député se récusèrent. La déposition de Mme Voldanova permit de prouver la bonne foi du journal et d'acquitter les journalistes. Grâce à cette Allemande salariée par la police le gouvernement avait atteint son but. Il avait jeté parmi les Tchèques le brandon de la discorde. Il avait provoqué une émotion plus intense que celle que provoqua chez nous l'affaire Caillaux. Il avait suscité des querelles de partis si ardentes qu'elles étaient à peine éteintes lorsque la guerre austro-serbe, comme un coup de foudre, éclata et surprit la nation tchèque désemparée, désorganisée et incapable de réagir.

Cette première affaire n'était pas même réglée qu'une autre, aussi grave, éclatait. En mars 1914, les *Narodni Listy* accusaient un rédacteur du *Tcheské Slovo*, organe du parti socialiste national, du crime de concussion. Ce journaliste aurait offert au gouvernement de faire cesser, moyennant la somme de 350.000 couronnes, une obstruction organisée par son parti. Les *Narodni Listy* se prétendaient, à ce sujet, informés de bonne source. Un procès intervint. Il fut jugé le 2 juillet 1914, mais cette fois, la situation semblant sans doute trop grave, l'affaire fut réglée à l'amiable ; ce qui ne l'empêcha pas, du reste, d'augmenter le trouble dans lequel le procès Sviha avait jeté la nation tchèque.

On voit avec quelle fourbe habileté le gouvernement austro-hongrois avait travaillé. Il avait par ses procès et ses calomnies abattu les Serbo-Croates et

les Slovènes, mis aux prises les Polonais et les Ruthènes, divisé les Tchèques, et assuré ainsi la pré-
pondérance des Allemands et des Magyars, seuls
soutiens du gouvernement pangermanique et du parti
de la guerre à tout prix. L'Autriche-Hongrie, en
1914, était prête politiquement.

∞

Nous savons qu'elle était prête aussi militairement. Depuis longtemps, par exemple, la Bosnie-
Herzégovine avait été organisée pour servir de base
aux opérations contre la Serbie. En 1907 un Memorandum (¹) signalait le fait au deuxième congrès de
La Haye. « Les routes et les lignes de chemin de fer,
y était-il dit, sont établies non pour servir les besoins
du commerce, du transport et les nécessités économiques, mais uniquement en vue de servir les plans
stratégiques en cas de guerre. En voyageant à travers
la Bosnie-Herzégovine et en découvrant les forteresses
qui garnissent toutes les montagnes et qui entourent
toutes les villes, on croirait vraiment se promener
sur les bords du Rhin au Moyen âge, à l'époque du
règne de Rodolphe Habsbourg Ier. »

Ce que l'on sait moins en Europe ce sont les mesures sournoises prises peu à peu pour mettre au
point l'imparfaite machine guerrière d'un pays aussi

(¹) Memorandum présenté à la deuxième Conférence de la paix
à la Haye par les Emigrants de Bosnie et Herzégovine, 1907, publié
par la *Revue Slave* dans son numéro de juillet-août 1907.

hétéroclite que l'Autriche-Hongrie. Elles tendaient tout d'abord, comme nous l'avons dit, à s'assurer du concours même des Slaves suspects.

Pour bien tenir en main toute la population de la double monarchie, le gouvernement fit, le 20 décembre 1912, voter une loi peu remarquée à l'étranger, et pourtant d'un intérêt capital. C'est, d'ailleurs, la seule mesure ouvertement militaire dont nous parlerons ici. Cette loi stipule, entre autres choses, que, en cas de guerre ou même de simple menace de guerre, tout homme âgé de 17 ans au moins et de 50 ans au plus, peut être, *bien que dégagé de toute obligation militaire*, astreint à toutes sortes de prestations, et que, dans cette circonstance, il sera soumis à la discipline militaire et justiciable des conseils de guerre. La simple réflexion fait comprendre la portée de cette terrible loi. Ainsi donc tout homme apte par son âge, sinon par sa force physique, à agir d'une façon quelconque, appartient à l'armée qui peut disposer de lui à son gré. Le gouvernement germanomagyar allait posséder ainsi un immense réservoir d'hommes et augmenter d'une façon insoupçonnée ses effectifs de guerre. C'est ce qui explique pourquoi l'Autriche-Hongrie dont, d'après les calculs les plus pessimistes, les contingents devraient être depuis longtemps épuisés, continue à faire face sur tous ses fronts. Cela explique aussi pourquoi aucun soulèvement des Slaves, prévu et escompté partout, n'a pu avoir lieu. Tous les hommes susceptibles de se révolter ont été enrôlés de force dans les services militaires de prestations, soumis à la juridiction martiale,

et, en grand nombre, pendus ou fusillés à la moindre
suspicion.

L'autorité militaire avait la haute main sur presque
toute la population mâle et, néanmoins, elle ne se
jugeait pas encore satisfaite. L'armée nombreuse
qu'elle constituait par cette voie détournée ne lui
opposerait-elle pas ce qui, en Autriche-Hongrie, a
souvent remplacé les grèves, la « résistance passive »,
cette forme de résistance qui consiste à obéir strictement aux ordres et prescriptions, mais sans zèle ni
initiative ? On pouvait le redouter de Slaves à qui le
patriotisme autrichien faisait défaut et qui savaient
fort bien à quelle besogne antislave et pangermanique on les appelait. Pour remédier à ce mal, on se
tourna d'abord vers les associations sportives exis-
tantes. On tâta ainsi la Fédération des *Sokols*, sociétés
slaves de gymnastique bien connues en France. Au
congrès général de 1912, tenu à Prague, le ministère
de la Guerre se fit, pour la première fois, représenter
officiellement et adressa au président de flatteuses
félicitations pour la façon admirable dont les Sokols
préparaient d'excellents soldats aux armées de la
patrie. C'était un premier acte de rapprochement intéressé. Il aurait sans doute été suivi d'autres si,
quelques semaines après, pendant la guerre balkanique, les Sokols n'avaient franchement montré, par
les secours qu'ils apportèrent aux Serbes et aux Bulgares (¹), leur sincère attachement à la cause slave,

---

(¹) Malgré les difficultés que leur suscita le gouvernement autrichien, ils organisèrent pour les Slaves des Balkans un service sani-
taire complet, qui coûta plus de deux millions de couronnes.

c'est-à-dire anti-autrichienne. Pourtant, comme nous le montrerons plus loin, d'autres vains efforts furent faits ultérieurement pour attirer les *Sokols* de Bosnie.

Le ministre abandonna donc les Tchèques, les Slovènes, les Serbo-Croates et les Ruthènes du congrès des *Sokols* — auquel les Polonais avaient refusé de participer — pour se tourner vers la Galicie. Là il eut plus de chance. Leur russophobie, exacerbée encore par une sourde propagande officieuse, eut vite fait oublier aux Polonais le sort de leurs malheureux congénères de Posnanie. Un Galicien polonais, et non des premiers venus, ne nous déclarait-il pas un jour qu'il préférerait cent fois être sous le joug de la Prusse que sous celui de la Russie ! Il n'est pas extraordinaire que ces Slaves, aveuglés par la haine des Tsars, se soient faits les inconscients ouvriers de la cause germanique, les bénévoles collaborateurs de l'État-major autrichien, en organisant des légions armées en vue de la guerre à venir. Ils le firent avec une telle conviction que Maximilien Harden ayant, en décembre 1914, représenté les Polonais comme des ennemis des puissances de l'Europe centrale, le corps des volontaires polonais au service de l'Autriche lui fit répondre par une lettre ouverte. Cette missive, publiée par les journaux austro-hongrois, vantait les exploits accomplis par ces volontaires dans la lutte contre la Russie. Voici, d'autre part, ce qu'un Polonais écrivait le 14 février 1915 dans les *Basler Nachrichten*, N° 81, sur l'origine de ce corps : « Les *Légions polonaises* qui, au cours de la guerre actuelle, ont accompli tant d'actions héroïques et qui ont, devant le monde entier, montré avec évidence les traditions guerrières de la Pologne, sont une organisation relativement jeune. Les premières démarches en vue de leur création ont été faites au moment où d'inquiétants nuages apparaissaient à l'horizon politique de l'Europe et où les relations entre la Russie et l'Autriche subissaient une tension telle que tôt ou tard une guerre entre ces deux puissances était jugée inévitable. » En d'autres termes, les *Légions polonaises* furent organisées à l'instigation des autorités autrichiennes pendant l'hiver de 1912, au moment de la première guerre balkanique.

« C'est sous cette impression, continue le Polonais des *Basler Nachrichten*, que la jeunesse de Galicie, qui comptait dans ses rangs un nombre considérable de Polonais russes, se souvenant du vœu des ancêtres de continuer, à la vie et à la mort, la lutte contre la Russie, entreprit la formation de petites fédérations et de petites sections dont la tâche était de hâter la préparation militaire de façon, lors d'une occasion favorable, à opposer au tsarisme détesté des corps de volontaires instruits et exercés.

« Cette idée servit de base aux *organisations de tireurs*, qui comprenaient toutes les classes de la société. Les fédérations *sokoles* mêmes ne purent rester en dehors du mouvement et bientôt *tous leurs groupements avaient pris un caractère nettement militaire*. »

L'auteur de cet article ne dit pas explicitement la part prise dans tout ce mouvement par le gouvernement autrichien, mais elle ressort clairement du fait que cette organisation avait « un caractère nettement

militaire ». Il fallait, pour cela, que toutes les associations eussent été spécialement autorisées par les
cercles dirigeants ; or, nous savons que l'on a toujours refusé aux autres *Sokols* slaves de se livrer à
des exercices de tir ou au maniement d'armes quel-
·conques. Pourquoi donc avoir permis aux Polonais
ce qui était interdit aux autres? Tout simplement
parce que tout ce mouvement était l'œuvre des gouvernants. Il ressort, d'ailleurs, des débats d'un procès
jugé en novembre 1915 à Banjaluka (Bosnie) que le
gouvernement militaire s'efforça d'armer les sociétés
slaves de gymnastique. L'un des accusés de ce procès, le député Vojislav Besarovitch, fonctionnaire d'un
groupement de *Sokols* bosniaques, se défendit en disant : « Le procureur reproche à nos Sokols leur entraînement militaire qui n'aurait eu pour but qu'un
soulèvement insurrectionnel. Mais c'est justement
le commandant du 15e corps (1) de Sarajevo qui nous
offrit des fusils en vue d'exercices de tir. Nous re-
poussâmes cette proposition précisément parce que
nous ne voulions pas donner à notre institution un
caractère militaire. » La rédaction des *Basler Nachrichten*, que l'on ne saurait pourtant accuser de trop
de sympathie pour notre cause, ne s'y est pas trom-
pée. Commentant le 2 décembre 1915, dans son
No 611, le passage relatif à la légion polonaise et que
nous venons de citer, elle écrit : « Puisque l'*Autriche
s'est permis de telles choses*, elle est mal venue à décla-
mer des tirades morales contre la Serbie pour avoir

_____

(1) Il s'agit du général Appel.

agi comme elle ([1]), et cela surtout au moment où le
corps de l'adversaire gît sur le sol. » Enfin la meilleure
preuve que ces légions étaient bien une organisation
officielle, c'est que, le jour même où la guerre fut déclarée contre la Russie, « tous les membres qui étaient
convenablement instruits et *équipés* partirent pour
les champs de bataille... Le 6 août 1914, la première
division de tireurs polonais, sous les ordres d'un des
chefs les plus méritants du mouvement militaire, le
général de brigade Joseph Pilsudzki, franchissait la
frontière russo-polonaise. » Ces tireurs avaient donc,
avant la guerre, été armés, équipés, et un chef leur
avait même été désigné. Par qui, sinon par le ministère de la Guerre et le grand État-major ?

Le même procédé fut, du reste, employé en Bosnie-
Herzégovine, à la veille même du conflit, pour constituer une équipe de soi-disant « volontaires croates ».
La nuit qui suivit le meurtre de Sarajevo, le général
Potiorek, alors gouverneur civil et militaire, Appel,
commandant le 15e corps, et Frangesch, chef de
section du gouvernement, se réunirent chez l'archevêque de Sarajevo, Mgr Stadler, pour établir un plan
d'action. Ils décidèrent d'employer la police à provoquer des « démonstrations » loyalistes. Dans ce but,
des gens sans aveu, musulmans et catholiques mêlés,
furent recrutés, groupés en bandes et armés.

« Les premiers éléments de ces bandes, disent

([1]) Il est fait allusion ici à l'existence du *Slovenski Jug* et de la
Narodna Odbrana, associations que l'Autriche-Hongrie prétend
avoir été créées contre elle par le gouvernement serbe.

MM. Pierre de Lanux et Milan Toplitza ([1]), furent
fournis par la populace de Sarajevo, rassemblée par
la police en vue de la destruction des maisons serbes.
Quand la guerre fut déclarée, la police confia la direction de ces bandes volontaires à Adem-Aga Me-
chitch, de Sarajevo, et Mony-Aga Komadina, de
Mostar, « principaux organisateurs ». A chaque
homme on promettait la nourriture, l'habillement et
trois couronnes par jour... D'ailleurs la police avait
demandé qu'on se présentât volontairement, sous
peine d'être incorporé de force et sans salaire. De la
sorte, on rassembla en Bosnie-Herzégovine 2.000
hommes, qui s'armèrent et s'exercèrent aussitôt. »

Outre que ces « légions » contribuaient à renforcer
les troupes régulières, leur création répondait à un
autre besoin aussi important : rompre la résistance
passive des réfractaires. Ces « légionnaires » slaves
devaient être les entraîneurs des autres Slaves. Ils
devaient servir aussi à montrer au monde l'enthousiasme que les Slaves mettaient « spontanément » à
défendre la bonne cause de l'Autriche-Hongrie. On
faisait ainsi d'une pierre deux coups.

Ce n'était point assez. Le cadre des officiers subalternes risquait, comme nous l'avons exposé, de
se désagréger rapidement. Comment l'alimenter en
toute sûreté ? Le moyen fut vite trouvé. On sait qu'en
Autriche, comme en Allemagne, du reste, tous les
jeunes gens ayant fait leurs études secondaires ou

([1]) *L'Autriche-Hongrie en guerre contre ses sujets*, article paru
dans la *Revue hebdomadaire* du 4 septembre 1915.

subi avec succès les épreuves d'une *Intelligenzprüfung*, ne font que dix mois de service en qualité de *Freiwilliger* (volontaires). Au bout de six mois, ils deviennent *Offizierstellvertreter* (adjudants), et au bout de dix mois, à la suite d'un examen, sous-lieutenants de réserve. Le ministère de la Guerre songea à profiter de cette réglementation pour transformer les écoles secondaires en véritables pépinières d'officiers. Il procéda graduellement en se cachant derrière le ministère de l'Instruction publique.

Dès 1910, le programme des cours de gymnastique dans les gymnases (enseignement classique) et les écoles réales (enseignement moderne) fut remanié. On y fit une part moins grande aux exercices physiques habituels, pour y introduire dans de vastes proportions des exercices purement militaires. A côté de cela, on institua des cours de tirs. L'enseignement, à la fois théorique et pratique, y était donné deux heures par semaine, soit, où la chose était possible, par un professeur officier de réserve — qui en recevait l'ordre du ministère de la guerre, — soit, lorsque l'établissement ne possédait pas dans son personnel de professeur officier de réserve, par un capitaine de l'active, remplacé plus tard par un lieutenant. Si l'instructeur était un professeur officier de réserve, on lui adjoignait — par mesure de prudence, sans doute, — un officier de l'armée active.

Ces cours de tir étaient, en théorie, facultatifs, et ne devaient avoir lieu que si, dans chaque école, 20 élèves au moins y étaient inscrits. Dans les écoles allemandes on compta les inscriptions par centaines.

Dans les écoles slaves, ce fut tout autre chose, et nombre d'établissements ne purent organiser de cours. La bonne volonté faisant défaut, le ministère de l'Instruction publique, poussé par celui de la Guerre, se montra énergique. Il fit pression sur les directeurs d'écoles pour obliger ceux-ci à faire pression sur les élèves. C'est ainsi que les chefs d'établissements furent tenus de fournir un rapport dans lequel ils devaient faire connaître en détail les raisons du refus des élèves. Si ces raisons étaient jugées insuffisantes, le directeur se voyait infliger un blâme. Pour engager les élèves à assister à ces cours, on finit par leur offrir d'appréciables avantages. On promettait, par exemple, aux participants que, lors de leur année de présence sous les drapeaux, ils seraient exemptés de certains services ; que, s'ils postulaient pour un emploi de l'État, ils jouiraient de notoires faveurs en présentant le certificat de tir que l'on venait de créer pour la circonstance et qui, ainsi que les prix obtenus, leur était solennellement remis par les autorités militaires lors d'une cérémonie à laquelle prenait part une musique militaire. On finit, à l'aide de ces diverses concessions, par assurer le succès de l'entreprise.

Ce succès encouragea et, quelque temps après, on alla plus loin. Le ministère de la Guerre fit compléter les cours de tir par des exercices en campagne, qu'il dénomma *Feldspiele*. Ces exercices, faits eux aussi sous l'égide d'un officier, consistaient dans l'appréciation des distances, l'interprétation des signaux, la lecture des cartes d'État-major, des visites commen-

tées aux champs de bataille les plus rapprochés, si
possible, et en une foule d'autres leçons pratiques.
Tout cela se faisait à la militaire. Le capitaine emme-
nait une section d'hommes de troupe en armes. Il
faisait placer ses soldats à des distances variées et
ordre leur était donné de tirer. Les élèves devaient
évaluer la distance à laquelle les tireurs se trouvaient.
Ou bien, au moyen de petits drapeaux et d'un code
hectographié dont chacun était muni, les élèves devaient apprendre à faire des signaux et à les comprendre. Ces exercices remplaçaient une partie des
promenades et des jeux habituels. De plus, le ministère ordonna de supprimer, les jours où ils avaient
lieu, les devoirs scolaires. Etre dispensés de devoirs
et jouer aux soldats ne pouvait manquer de plaire aux
écoliers.

La réforme ainsi accomplie sembla insuffisante
encore. Les pédagogues du ministère de la Guerre,
trouvant que les cours d'histoire s'occupaient trop
de la civilisation et pas assez de l'art de tuer son prochain, remédièrent à ce grave défaut. Ils créèrent
dans les écoles secondaires un cours spécial d' « histoire de la guerre », euphémisme pour « tactique et
stratégie ». Ces leçons, qui furent inaugurées à la
rentrée de 1914, étaient, il va de soi, faites par un
officier.

Les lycées et collèges s'étaient donc, peu à peu,
transformés en véritables écoles militaires (¹), et

_____

(1) Selon une revue bien informée, *la Nation Tchèque*, que dirige
avec autorité M. Ernest Denis, professeur à la Sorbonne, cette mi-

l'État-major autrichien était sûr de trouver, le moment venu, des sous-lieutenants déjà exercés et aptes
à remplacer au pied-levé ceux qui manqueraient. Il
est vrai que les dirigeants autrichiens nourrissaient
depuis longtemps le rêve d'enrôler dans l'armée tous
les intellectuels. Il nous souvient, à ce propos, d'un
mot typique. En 1912, un nouveau cours de chimie
devait être ouvert à l'école technique de Brno
(Brünn). Faute d'argent il ne put commencer et les
étudiants inscrits envoyèrent une délégation à Vienne.
Les délégués, reçus par le chef de cabinet de M. Hus-
sarek, ministre de l'Instruction publique, entendirent
cette étonnante réponse : « Mais pourquoi, Messieurs,
vous obstinez-vous à suivre des cours de chimie ?
C'est insensé. Vous feriez une plus brillante carrière
dans le métier des armes, croyez-moi. » (¹) .

A défaut de l'armée, on savait trouver un emploi
pour les intellectuels : l'État-major, s'abritant derrière le ministère de l'Instruction publique, naturellement, leur confiait une mission à l'étranger. Nous
avons vu opérer ainsi des envois d'espions dans les

---

litarisation continue. Voici, en effet, ce que nous relevons dans le
Nº du 15 mai 1916 : « L'Académie tchécoslovaque de commerce
à Prague a été transformée, par ordre ministériel, en institut de
préparation militaire. Les professeurs sont obligés de diriger les
exercices de leurs élèves. Le 11 mai, un défilé de 400 élèves de
cette école, conduits par leurs professeurs, a eu lieu à Prague,
devant le général Max, baron Sanlèque. » Il est bon de noter qu'il
s'agit là d'une institution libre, simplement soumise au contrôle de
l'État. Le fait prouve surabondamment que le système a dû donner
d'excellents résultats dans les lycées et collèges puisqu'on l'applique maintenant aux écoles libres.
(¹) Voir appendice II-1, p. 264.

Balkans. Voici, par un exemple, comment on procé-
dait. Nous avions fait, il y a quelques années, la
connaissance d'un pauvre diable de docteur en philosophie spécialisé dans l'étude des langues orien-
tales. Marié et miséreux, il était obligé pour vivre de
donner des leçons d'allemand — sa langue maternelle,
— d'écrire sur les pays d'Orient, qu'il avait visités
étant étudiant, d'interminables romans-feuilletons, ou
de corriger les élucubrations de tiers. Un beau jour
que nous le savions sans emploi, il vint nous annoncer
que le ministère de l'Instruction publique l'envoyait
comme boursier dans les Balkans. Il devait pendant
six mois — c'était au début de 1913 — visiter l'Albanie, la Grèce, que sais-je encore... en compagnie de
sa femme. Comme complément à la bourse de voyage
du ministre de l'Instruction publique, le ministère
de la Guerre lui confia des cartes d'État-major des
pays qu'il devait parcourir, un excellent appareil
photographique et divers accessoires nécessaires à un
bon et savant informateur soucieux de connaître,
pour les besoins de la science et de la *Kultur*, les
mœurs, coutumes et opinions des habitants. Le docteur en question nous écrivit de Salonique, de Mo-
nastir et autres lieux — où son adresse était le consulat austro-hongrois, — nous faisant savoir qu'il
était fort heureux de son sort. Il faut croire qu'il s'y
trouvait bien en effet, que la mission fut bien remplie
et que la bourse fut souvent renouvelée, car, parti
pour six mois, notre homme n'était pas revenu lors
de la déclaration de guerre... Il attendait probablement l'arrivée des armées de S.M. François-Joseph.

8

Cet espion ne pensait pas, d'ailleurs attendre si longtemps. C'est en 1913 que l'Autriche-Hongrie, se croyant déjà suffisamment prête, devait se lancer à l'attaque. Nous avions nous-même, en compagnie d'un ingénieur français, surpris un acte de mobilisation secrète. Un jour de l'été de 1913 (vers la fin de mai pour être plus précis), un *Oberbaurat* des chemins de fer de l'État autrichien nous avait avoué que, la nuit précédente, des trains chargés de troupes bavaroises avaient traversé la Bohême pour se rendre en Silésie, à la frontière russe. D'autre part, un officier bien placé pour être informé, nous avait révélé quelques détails du plan de campagne : envoi des troupes slaves d'Autriche en Allemagne, occupation de la Bohême par des soldats prussiens et violation de la neutralité belge. L'article naguère publié par le leader des conservateurs démocrates roumains, l'ancien ministre Take Jonesco, dans son organe la *Roumanie*, ne nous a pas étonné. Il y révélait que le gouvernement austro-hongrois avait fait faire, par son représentant à Bucarest, une compromettante démarche auprès du gouvernement roumain. Dans le courant de mai 1913, en effet, la légation austro-hongroise avait avisé les autorités roumaines que, dans le cas où la Bulgarie attaquerait la Serbie, l'Autriche-Hongrie se rangerait du côté des traîtres de Sofia et les « soutiendrait les armes à la main ». La révélation de M. Giolitti disant au Parlement italien que le gouvernement autrichien avait, le 9 août 1913,

5

prévenu l'Italie qu'il allait entrer en campagne ne nous a pas surpris davantage ([1]).

Nous avions suivi tous les sourds préparatifs du « brillant second ». Nous l'avions vu immobiliser tous ses sujets slaves, tromper l'Europe sur ses intentions tout en cherchant querelle à ses voisins. Nous savions donc qu'il n'attendait qu'une occasion de déchaîner le conflit, *son* conflit. Tout ce que nous avons exposé prouve, croyons-nous, abondamment que la guerre atroce que nous subissons est l'œuvre de l'Autriche-Hongrie. Non seulement, comme nous l'avons montré, la monarchie des Habsbourgs avait intérêt à faire la guerre, mais encore, on le voit, elle avait longuement préparé et machiné son coup de main.

Si les preuves que nous venons de donner ne suffisaient pas, nous pourrions y ajouter l'aveu d'un député magyar. A la séance du Parlement hongrois du 5 septembre 1916, le comte Tisza fut violemment interpellé parce que le gouvernement n'avait pas pris des mesures défensives suffisantes en Transylvanie, renouvelant ainsi les fautes commises au début de la guerre et qui valurent aux armées austro-hongroises de cuisants échecs en Serbie. « Pour expliquer la lenteur des opérations au commencement de la guerre, le comte Tisza rappela que la monarchie avait toujours eu de très faibles effectifs de paix et qu'elle ne pouvait attaquer la Serbie qu'après avoir achevé la mobilisation. A ces paroles le député Szmrecsanyi

---

([1]) Voir Appendice II-2, p. 265.

(un Magyar) se leva et déclara à haute voix : « *On
« savait quatre semaines d'avance que la monarchie dé-
« clarerait la guerre à la Serbie* ([1]). » Le ministre Tisza
ne trouva rien à répondre et, comme dit le proverbe,
« qui ne dit rien consent ».

([1]) *La Serbie*, N° 21, Genève, dimanche 24 septembre 1916.

CHAPITRE III

LE MYSTÈRE DE SARAJEVO

LES HYPOTHÈSES SUR LE DRAME DE SARAJEVO. — L'ARCHI-
DUC FRANÇOIS-FERDINAND ET LA SERBIE. — L'ENTRE-
VUE DE KONOPISZTJE. — QUI A TRAMÉ LE COMPLOT ?

C E serait là un titre attrayant pour un mélo-
drame si ce n'était déjà celui d'une tragédie, la
plus sanglante depuis la tragédie napoléonienne.
L'attentat de Sarajevo avec, comme dénouement,
l'une des guerres les plus horribles qu'ait connues
l'humanité, offrira aux Shakespeares de demain plus
qu'un titre sensationnel. Lorsque l'histoire aura fait
la pleine lumière sur cette affaire, il est sûr qu'elle
fournira aux auteurs une matière que l'imagination
oserait à peine concevoir. Mais il faudra, pour éclairer ce drame dans tous ses détails, le recul des temps
qui ouvrira l'accès des archives et élargira l'horizon
encore voilé d'ombre. En attendant, pourtant, les
moyens nombreux que la presse et le parlementa-

risme mettent aujourd'hui à notre disposition permettent de jeter quelques rayons dans cette ombre.
A leur lueur, des esprits curieux ont déjà entrevu la
vérité, ou plutôt une part de la vérité.

C'est ainsi que, dernièrement, une haute personnalité serbe laissait entendre que l'on sera surpris
lorsqu'on connaîtra les dessous du crime de Sarajevo. Le leader des Roumains de la Transylvanie
hongroise, M. Locali, prêtre uniate, fixé aujourd'hui
en Roumanie, affirme de son côté posséder des documents qui montreront la part prise dans le complot
par certains Hongrois, par le comte Tisza, entre
autres. En attendant que ces révélations soient faites,
les hypothèses vont leur train. L'hypothèse la plus
sérieuse nous vient d'Angleterre. Un journaliste
généralement bien informé, M. H. W. Steed, directeur de la politique étrangère au *Times*, voit (¹) avec
raison dans l'attentat de Sarajevo autre chose que
l'œuvre néfaste de nationalistes exaltés. Selon lui, la
mort de l'archiduc François-Ferdinand serait due,
comme beaucoup de crimes commis autour du
double trône austro-hongrois des Habsbourgs, à de
louches intrigues de Cour, à de basses et cupides jalousies. L'auteur anglais étaye ses conclusions d'in-
téressantes considérations que nous ne croyons pas
cependant d'irréfutables preuves. Quelques-uns des
faits mêmes dans lesquels M. Steed voit des présomptions nous semblent, comme nous aurons l'occasion

(¹) Articles parus dans l'*Edinburgh Review* d'octobre 1915 et
dans le *Nineteenth Century and After* de février 1916.

de le montrer, plutôt tourner contre sa thèse. La froideur enfin que témoigna aux dépouilles de l'Archiduc la camarilla de Vienne, et qu'il note comme symptomatique, ne prouve pas grand'chose. Elle montre seulement que François-Ferdinand n'avait pu regagner les faveurs que son mariage morganatique lui avait fait perdre. Elle montre aussi que le grand-maître des cérémonies de la Cour, le prince de Montenuovo, descendant de . Marie-Louise et de Neipperg, en appliquant aux obsèques toutes les rigueurs d'une étroite étiquette, tirait de l'Archiduc, qui l'avait ouvertement détesté, une vengeance posthume et mesquine.

Si donc nous sommes d'accord avec M. Steed sur un point, à savoir que le meurtre est le résultat non d'un complot nationaliste serbe, mais d'une intrigue politique nouée dans les milieux austro-hongrois, nos vues diffèrent totalement sur la cause initiale et, partant, sur les auteurs du crime. Notre conviction, basée sur une étude approfondie de faits certains et de présomptions graves, est que le complot de Sarajevo a été tramé par celui-là seul qui devait en profiter, mais qui n'en eut pas le loisir puisqu'il en fut la victime, par l'archiduc François-Ferdinand lui-même.

∞

L'archiduc héritier d'Autriche-Hongrie avait en effet le plus grand intérêt à ce qu'éclatât une affaire compromettante pour la Serbie. Depuis que son oncle François-Joseph lui avait confié le pouvoir effectif, et surtout laissé la haute main sur l'armée,

François-Ferdinand préparait l'Autriche-Hongrie à
une guerre. L'ami du fameux Dr Lueger, jadis bourgmestre de Vienne et chef du parti socialiste chrétien,
parti purement allemand, le « protecteur » du germanisant *Schulverein* (ligue scolaire allemande) ne songeait, comme tous les Habsbourgs, qu'à s'appuyer
en Autriche sur les Allemands et en Hongrie sur les
Magyars. Or le germanisme en Cisleithanie s'effritait sous les coups des Slaves ; et le magyarisme en
Transleithanie commençait à subir l'assaut des Serbo-
Croates et des Roumains. François-Ferdinand devait,
par une guerre anti-slave déchaînée contre la Serbie
et, par contre-coup, contre la Russie, assurer le
triomphe de ceux qu'il considérait comme les soutiens
naturels de son trône futur.

Il savait, d'autre part, les finances de l'État fortement obérées. Il n'ignorait pas qu'une formidable
banqueroute était imminente. La guerre permettrait,
en cas de victoire, d'obtenir des indemnités qui bou-
cheraient les trous ; en cas de défaite, elle pourrait
servir d'excuse à la ruine financière.

Enfin les ambitions paternelles de François-Ferdinand seraient faciles à réaliser à la suite d'un triomphe.
Personne alors ne serait assez puissant pour s'opposer
à ce que fussent annulées les promesses faites par
l'Archiduc lors de son mariage morganatique. Sa
femme pourrait donc être impératrice et reine, et son
fils aîné archiduc héritier. « La gloire militaire, écrit
le baron Beyens (¹), ancien ministre de Belgique à

(¹) *Revue des Deux-Mondes,* N° du 1er juin 1915, p. 481.

Berlin, le prestige conquis sur les champs de bataille,
l'Archiduc en avait besoin pour asseoir sans opposition sa compagne sur le trône impérial et faire de ses
enfants les héritiers des Césars. » Nous avons déjà
exposé ici ces trois causes. Nous les répétons briève-
ment, parce qu'elles expliquent toutes les tentatives
belliqueuses — mais avortées — de François-Ferdinand avant 1914.

C'est d'abord, en 1908, l'impudente annexion de
la Bosnie-Herzégovine. Elle se produit quinze jours
après que l'Autriche-Hongrie a promis à la Russie
de ne pas modifier la situation dans les Balkans sans
la prévenir assez longtemps à l'avance. Elle se produit à l'heure même où l'Allemagne suscite au Maroc
l'affaire des déserteurs de Casablanca. La Serbie
proteste contre l'action de l'Autriche-Hongrie dans
les Balkans. La Russie la soutient. Mais la Triple-
Entente prise dans deux affaires, ne peut tenir le
coup. Force est donc d'accepter le fait accompli.

En 1912, la Serbie lutte avec ses alliés contre la
Turquie pour la libération des Balkans. L'Autriche-
Hongrie en profite pour imaginer une affaire scanda-
leuse. Elle accuse les Serbes d'avoir odieusement
mutilé un de ses représentants, le consul Prochaska.
La presse reptilienne de Vienne porte au monde entier ses protestations et ses lamentations. Le gouvernement austro-hongrois exige, pour l'insulte qu'il
prétend lui avoir été faite, une réparation que la
Serbie accepte de fournir pour avoir la paix. Un
rapport officiel constate cependant que le consul
Prochaska n'a jamais été maltraité.

Pas plus que la machiavélique annexion de la Bosnie-Herzégovine la sournoise provocation Prochaska n'avait donc réussi à amener une guerre. Cette guerre devenait pourtant plus nécessaire que jamais, car la Serbie venait de s'agrandir considérablement. Elle allait même s'émanciper entièrement, car l'accès à la mer lui était ouvert. Cela ne faisait guère l'affaire de l'Autriche-Hongrie qui s'empressa d'obtenir, par un ultimatum au Monténégro, en mars 1913, l'abandon du port de Scutari et de soulever la question albanaise. Cette fois le *Ballplatz*, s'appuyant sur le droit des nationalités, réclamait l'Albanie pour les Albanais. L'Europe, qui aurait pu, avec plus de raison, réclamer la Bohême pour les Tchèques, la Pologne pour les Polonais, les Italiens du Trentin pour l'Italie et les Roumains de la Transylvanie pour la Roumanie, engagea la Serbie à céder une fois encore.

L'Autriche pourtant, que François-Ferdinand avait mobilisée à grands frais, voulait à toute force trouver dans l'imbroglio balkanique un prétexte à conflit. Elle poussa donc la Bulgarie, ou plutôt le fourbe Ferdinand de Cobourg, à attaquer la Serbie épuisée. C'est alors (mai 1913) que le *Ballplatz* fit savoir à la Roumanie (¹) que l'armée autrichienne soutiendrait les armes à la main la mauvaise cause du traître de Sofia. L'Europe semble avoir ignoré cette velléité belliqueuse de la bicéphale monarchie ; ce ne fut donc point elle qui empêcha le conflit général d'écla-

---

(¹) Révélations de M. Take Jonesco, ancien ministre roumain, dans son journal *la Roumanie*.

ter. La paix fut due aux agences de désertion établies
en Autriche et à la trahison d'un officier du grand
État-major, Redl. Les agences enlevèrent à l'armée
plus de 200.000 hommes qui, munis de faux papiers,
gagnèrent le Canada. Redl, qui, pour éviter un procès
dangereux, fut discrètement « suicidé » dans un hôtel
de Vienne, avait vendu à la Russie les plans de campagne et empêché la réussite du coup que l'on préparait sur les rives du Danube. L'État-major en fut
réduit à rétablir l'équilibre des forces de l'Empire et
à dresser de nouveaux plans. Il le fit en hâte, car, en
août 1913, croyant être de nouveau prête à agir, la
diplomatie autrichienne, préméditant une attaque,
cherchait à mettre l'Italie dans son jeu (¹). L'Italie
s'étant récusée, François-Ferdinand guetta, pour envoyer à la Serbie une nouvelle sommation, quelque
événement propice. « Aussi, écrit M. Ernest Denis (²),
le 17 octobre (1913), nouvel ultimatum de l'Autriche
à la Serbie qui, pour arrêter les incursions des pillards
albanais, a été obligée d'occuper quelques points
stratégiques : — Qu'elle retire immédiatement ses
troupes ; faute de quoi l'Autriche agira aussitôt. —
En dépit de l'empressement avec lequel la Serbie
satisfait à sa sommation et de la visite de M. Pachitch
qui est accouru à Vienne apporter des paroles de
conciliation, le comte Berchtold, dans un discours

(¹) Déclarations de M. Giolitti au Parlement italien dont nous
avons parlé dans notre précédent chapitre.
(²) *La Guerre*, par M. ERNEST DENIS, professeur à l'Université
de Paris, Librairie Delagrave, éditeur, p. 219.

inqualifiable et qui, entre deux États de force sensiblement égales, eût été considéré comme une déclaration de guerre, critique avec une injurieuse acri-
monie le traité de Bucarest et l'annexion à la Serbie
d'une partie de la Macédoine.

« De vastes territoires, habités par une nationalité
homogène, ont été placés sous les lois d'États de même
race, mais dont les sujets ne parlent pas la même
langue, — et les méthodes sommaires d'assimilation
paraissent de nature à produire une excitation peu
favorable au maintien de la paix. »

La Serbie, et pour cause, ne releva pas le défi. Il
ne fut plus désormais possible à Vienne de trouver
un prétexte plausible à la guerre. Le calme le plus
parfait régnait dans les Balkans. Seule la créature de
la diplomatie danubienne, le royaume d'Albanie,
faisait des siennes. Il était difficile pourtant d'accuser
les Serbes d'avoir poussé les Albanais à se battre entre
eux. La première moitié de 1914 s'écoula donc sans
que rien pût donner prise à la malignité des Machia-
vels de Vienne. Ce calme ne faisait guère l'affaire de
François-Ferdinand qui, ayant vu tous ses plans
déjoués, n'attendait qu'une occasion. Puisqu'elle ne
venait pas, il fallait la faire naître. Il s'y employa de
son mieux.

Pour réussir, il lui fallait d'abord prendre l'avis de
son puissant voisin et allié, Guillaume II, et s'assurer
de sa collaboration pleine et entière. Il était certain,
en effet, que soulever un conflit avec la Serbie c'ét1
amener des complications graves. La Russie se dresserait forcément pour défendre sa protégée. La

France, à son tour, serait entraînée par le jeu des
alliances. François-Ferdinand ne pouvait risquer la
partie sans en avoir sérieusement réglé les détails.
Une politesse en vaut une autre, et l'Allemagne ne
refuserait certainement pas de prêter la main au
« brillant second » de l'affaire du Maroc. Elle refuserait d'autant moins que le concours de l'Allemagne
était assuré depuis les premières tentatives de 1908
et que le mauvais coup, s'il était bien exécuté, permettrait à Guillaume II de réaliser enfin son projet
de *Weltpolitik,* son rêve de domination universelle.

Mais, pour bien préparer ce mauvais coup, il fallai
de la discrétion. François-Ferdinand en mit. Il ima-
gina donc d'inviter le Kaiser à une partie de chasse
qui aurait lieu au château de Konopisztje, près de
Prague. Afin de donner le change, il lança dans la
presse viennoise du 2 juin 1914 l'information suivante :

VISITES DE MONARQUES A KONOPISZTJE. — L'empereur d'Allemagne *et le roi de Suède* feront ce mois-ci, à Konopisztje, une
visite de quelques jours à l'héritier du trône d'Autriche, François-
Ferdinand. L'empereur d'Allemagne Guillaume II y viendra le
12 juin et y restera jusqu'au lendemain soir. *Le roi de Suède Gus-
tave est attendu à Konopisztje en même temps que l'empereur d'Allemagne.*

Il serait curieux de savoir aujourd'hui si réellement
le roi de Suède a été invité à cette partie de chasse et,
si oui, pour quelle raison il n'y est pas venu. Quoi
qu'il en soit, cette note était fort habile. Elle tendait
à enlever à l'entrevue de Konopisztje tout caractère
politique. Comment en effet les deux alliés auraient-

ils pu s'entretenir de leurs affaires politiques en présence d'un tiers ? Le public était donc prévenu que la rencontre serait une simple visite de politesse, et rien de plus.

Nous ne savons pas très exactement ce qu'elle fut, cette visite, mais ce que nous savons, c'est qu'elle fut autre·chose que ce qu'on voulait faire croire. Bien habile sera le diplomate qui nous démontrera que l'étiquette des Cours exige que, dans de telles circonstances, l'hôte et son invité soient accompagnés de leurs grands amiraux. Il sera plus habile encore s'il nous explique pourquoi la politesse exigeait que, dès le départ de Guillaume II, François-Ferdinand fît appeler le comte Berchtold, ministre des Affaires étrangères. Tout cela nous ferait peut-être comprendre le sens de la rencontre à Carlsbad, quelques jours après, des chefs d'État-major d'Allemagne et d'Autriche-Hongrie ([1]).

M. Steed, d'après un correspondant bien placé, prétend qu'un pacte fut conclu à Konopisztje. « La Russie, assure-t-il, serait provoquée en vue d'une guerre pour laquelle l'Allemagne et l'Autriche étaient prêtes. Quelques coups énergiques réduiraient la France à l'impuissance. L'abstention de l'Angleterre

---

([1]) Cela nous éclairerait peut-être aussi sur le sens d'une information apportée par la *Liberté* du 21 avril et par *la France de Bordeaux* du 22 avril 1916. Selon cette information venue de Bucarest, le Dr Kramarz, député tchèque récemment condamné à mort par la Cour de Vienne pour crime de haute trahison, ayant été interrogé par le président du tribunal sur le but d'un voyage qu'il fit à Belgrade en juin 1914, répondit qu'il ne pourrait parler que si la haute personnalité gouvernementale (Berchtold) qui l'avait envoyé le déliait du serment qu'il avait fait de ne rien dire.

était considérée comme certaine. Le but principal
de la visite à Windsor, en novembre 1913, de François-Ferdinand et de la duchesse de Hohenberg avait
été d'établir des relations personnelles d'amitié avec
la Cour britannique. Grâce à la neutralité, bienveillante ou non, de l'Angleterre, la victoire semblait
assurée. Elle devait amener le remaniement de la
carte de l'Europe. L'ancien royaume de Pologne,
comprenant la Lithuanie et l'Ukraine, la Pologne des
Jagellons de la mer Baltique à la mer Noire, serait
reconstitué. Ce serait la part de François-Ferdinand,
l'héritage qu'il léguerait à son fils aîné ; le cadet re-
cevrait, sous la direction de son père, un royaume
comprenant la Bohême, la Hongrie, la plupart des
pays slaves du sud de l'Autriche, la Serbie, la côte
slave de l'Adriatique et Salonique. François-Ferdinand voyait ainsi ses fils à la tête de deux puissants
États, et Sophie Chotek serait la mère de deux rois.

« L'empereur Guillaume offrait à la future Pologne la restitution d'une partie du duché de Posen,
et s'indemnisait par l'introduction dans son empire
de l'Autriche allemande, augmentée de Trieste, avec
l'archiduc Charles-François-Joseph comme souverain. Il obtenait ainsi l'accès tant convoité à l'Adriatique.

« Une étroite et perpétuelle alliance militaire et
économique devait unir l'empire allemand ainsi
agrandi, le nouvel empire de Pologne, et le royaume
tchèque-magyar-yougoslave. Cette alliance deviendrait l'arbitre de l'Europe, dominerait les Balkans et
la route de l'Orient. »

∞

On ne prête qu'aux riches, et le correspondant de
M. Steed prête à l'ambitieux Kaiser plus d'ambition
encore qu'il n'en a. Il est certain que l'entrevue de
Konopisztje avait un tout autre but que celui d'échan-
ger des politesses et de mettre à mal le gibier des
parcs archiducaux. Nous avons pourtant des raisons
de croire que François-Ferdinand, même dément,
n'était point assez fou pour démembrer ainsi l'Empire
des Habsbourgs. Il était d'ailleurs trop allemand
pour songer à créer de nouveaux États slaves. Et puis,
d'autre part, si ce démembrement avait été une condition *sine qua non* de la complicité de Guillaume II,
comment se fait-il que ce pacte n'eût pas été conclu
auparavant, lors des provocations de 1908, 1912 et
1913, alors que s'offrait un prétexte à la guerre ?

Nous croyons plutôt que le seul objet de l'entrevue
de Konopisztje était justement de trouver le prétexte
qui manquait en 1914, et de minutieusement régler
la marche diplomatique et militaire de toute cette
entreprise belliqueuse. Le pacte établissant « les buts
de la guerre », comme on dit en Allemagne, était depuis longtemps conclu, non pas seulement entre
Guillaume II et François-Ferdinand, mais encore
avec les chefs du parti Jeune-Turc (¹) et Ferdinand,

(¹) Une mission turque avait été, à grands frais, reçue en Autriche et en Allemagne à la fin de 1913. Elle avait, disait-on, un but
commercial et visita plusieurs grandes villes ; mais sait-on quel
était son but réel ?

roi de Bulgarie. Les renseignements que nous tenons
de diverses sources austro-hongroises, corroborés par
la simple logique des faits, nous permettent d'assurer
que le pacte ne visait point, au contraire, à diminuer
ou à affaiblir l'Empire des Habsbourgs. Le *Pesti
Naplo* du 29 juin, que nous avons déjà cité, ne faisait
que résumer cette opinion, courante dans la presse
austro-hongroise, lorsqu'il disait que François-Ferdinand « voulait consolider et renforcer la monarchie
par une guerre ».

Mais ne fait pas la guerre qui veut. Bismarck a
montré à ses successeurs qu'il faut une habileté consommée et une intelligente hypocrisie pour déclarer
une guerre et avoir pour soi l'opinion publique. Or
l'Allemagne, qui savait fort bien ce qu'on pensait
d'elle, de ses ambitions pangermaniques, de ses formidables armements et des discours à « la poudre
sèche » de son Kaiser, tenait avant tout à ce que le
monde crût que la guerre lui était imposée par la
force même des choses. Le mieux sembla donc de
mettre en scène un acte d'une gravité exceptionnelle,
qui révoltât toutes les consciences et parût à tous une
provocation directe, provocation qui méritât un châtiment à main armée.

Il s'agissait d'abord de s'assurer le concours de la
douteuse Italie. Elle n'était liée à l'Autriche et à l'Allemagne que par un traité d'alliance défensive : en
attaquant, on se l'aliénait — ce dont on s'était déjà
aperçu. Si, au contraire, on pouvait être attaqué ou
tout au moins provoqué comme il convient, la Triple-
Alliance subsistait, puissante et invincible.

Il y avait encore une opinion à ménager en Europe, celle de l'Angleterre. Les Anglais sont fort susceptibles. Le développement de la flotte allemande les avait justement alarmés. On leur fit d'abord, aussi bien du côté allemand que du côté autrichien, de nombreuses amabilités dans l'espoir d'annihiler le rapprochement franco-anglais. Guillaume II visite l'Angleterre en 1908. En 1913, von Tirpitz annonce au Reichstag que les armements maritimes de l'Allemagne ne dépasseront pas la proportion suggérée par M. Winston Churchill, ministre de la marine anglaise. En cette même année 1913, François-Ferdinand allait à son tour faire visite au roi d'Angleterre. La récente expérience du Maroc avait nettement établi que le gouvernement britannique ne laisserait pas se régler sans lui les questions coloniales. On avait vu, par contre, lors des derniers froissements européens, que la question austro-balkanique semble n'intéresser que médiocrement l'Angleterre. « Sir Ed. Grey n'a cessé de répéter que l'opinion publique ne comprendrait pas et n'admettrait pas une guerre qui aurait pour cause l'affaire serbe, et qu'il n'interviendrait pas, tant que les cabinets de Vienne et de Belgrade seraient seuls en cause (¹). »

Il semblait même, au contraire, que le gouvernement britannique n'eût pas changé d'avis depuis qu'au congrès de Berlin (1878) lord Salisbury prétendait « qu'il ne fallait pas penser annexer la Bosnie-Herzégovine aux principautés voisines et de même

---

(¹) E. DENIS, *ouvrage cité*, p. 19.

6

race, étant donné le danger qui résulterait de la fusion
de plusieurs États slaves dans la Péninsule balkanique. »

François-Ferdinand et Guillaume II en conclurent
que c'était à la Serbie qu'il fallait s'en prendre, et ils
songèrent à agir en conséquence.

On était ainsi, semble-t-il, engagé dans la bonne
voie : on localisait le conflit ; on dégageait la responsabilité de l'Allemagne et de l'Autriche et on leur
assurait une facile victoire. L'Archiduc n'avait plus
qu'à rechercher dans les récentes archives, ou mieux
dans sa mémoire, pour trouver un bon moyen de faire
peser sur la Serbie la responsabilité dont on se dé-
chargeait. Il suffisait à François-Ferdinand de se
rappeler l'affaire Nastitch ourdie en 1907 par le baron
d'Æhrenthal et destinée à désunir le Monténégro et
la Serbie. « Le prince Georges de Serbie, encouragé
par le ministre de Russie, aurait voulu, affirmait-on,
faire sauter le palais où se trouvaient le prince Nicolas,
son grand-père, et sa propre sœur, la princesse Hé-
lène ([1]). » Le prétendu complot avait été découvert
grâce aux aveux de Nastitch, fils d'un mouchard
austro-hongrois, à la solde lui-même du ban de
Croatie, et qui soutenait avoir reçu les bombes à l'arsenal de Kragujevac. Malgré tous les efforts, l'affaire n'avait pas eu alors le résultat désiré. Elle était
conçue pourtant selon un procédé cher aux collaborateurs des Habsbourgs, et qui, habilement mis en
œuvre, ne pouvait manquer de porter des fruits. On

([1]) E. DENIS, *ouvrage cité*, p. 12.

trouverait facilement, car l'Autriche-Hongrie en regorge, des mouchards et des agents provocateurs
prêts à exécuter la besogne et à témoigner, le cas
échéant, que cette tâche leur avait été commandée
par le gouvernement serbe. Les nombreux procès
anti-slaves dont est pleine l'histoire de la double monarchie, et notamment les scandaleuses affaires de
Zagreb (Agram), de Vienne (procès Friedjung), de
Marmaros-Sziget et de Lwow (Lemberg), dont nous
avons parlé, prouvent que les gouvernants austro-
hongrois sont passés maîtres dans l'art de fomenter
de faux complots.

François-Ferdinand et Guillaume II ont donc
consacré les deux jours de chasse dans les solitudes
de Konopisztje à mettre au point le plan à suivre pour
que : 1º la Serbie parût incontestablement la provocatrice ; 2º les diplomaties allemandes et autrichiennes agissent immédiatement et de concert ;
3º les armées d'Autriche et d'Allemagne fussent
prêtes au moment voulu. Il fut décidé que des manœuvres auraient lieu en plein pays de nationalité
serbe, en Bosnie-Herzégovine ; que l'Archiduc, chef
suprême des armées austro-hongroises, irait, le
26 juin, y présider en personne et inspecter les
troupes ; que le 28 de ce même mois, au jour où les
Serbes, aussi bien d'Autriche-Hongrie que de Serbie,
fêtent le *Vidov dan*, anniversaire de la bataille de
Kossovo, François-Ferdinand visiterait la ville de
Sarajevo et que, à cette occasion, éclaterait l'affaire
qui devait mettre le feu aux poudres.

Le but agressif de ce voyage archiducal en Bosnie-

Herzégovine apparaissait d'autant mieux que les journaux allemands de toute l'Autriche-Hongrie ne se cachaient pas pour l'avouer. « Nos soldats, écrivait par exemple le *Budapester Tagblatt* du 27 juin en parlant des manœuvres, doivent acquérir l'habitude et les avantages naturels que possèdent les Serbes, et surtout les Monténégrins, comme soldats de montagnes. Dès que nos soldats connaîtront le terrain et les habitudes *de l'ennemi*, les avantages que celui-ci en retire disparaîtront. » L'organe officieux de François-Ferdinand lui-même, la *Reichspost*, de Vienne, avouait ingénument — ou peut-être astucieusement — que cette parade militaire constituait « une menace pour au-delà de la frontière ».

Le jour de départ de l'archiduc approchait. Tout était préparé pour le coup projeté. Il faut croire pourtant que la préparation n'avait pas été faite avec la plus grande circonspection, car, du côté serbe, on avait surpris certains mouvements suspects. Le *Neues Pester Journal* et, après lui, toute la presse, annonçait le 29 juin un fait qui le prouve. D'après ce journal M. Jovanovitch, ministre de Serbie à Vienne, s'était, quelques jours avant l'attentat de Sarajevo — huit jours, précisent d'autres feuilles, — présenté au Ballplatz. Ayant constaté des mouvements inquiétants, déclara-t-il, le gouvernement serbe conseillait que, pour sa sécurité, l'Archiduc n'accomplît pas son voyage. Le ministre des Affaires étrangères prit acte de cet avertissement et le fit connaître à François-Ferdinand, mais celui-ci prétendit avoir de bonnes raisons pour diriger en personne les manœuvres de

Bosnie ; d'autre part, les préparatifs du voyage
étaient si avancés qu'il ne pouvait y renoncer sans
provoquer des commentaires. Cette information passa
entre les mains de la sévère censure autrichienne qui
n'y trouva rien à redire. Elle se contenta, dans le
Vidensky Dennik, journal tchèque de Vienne, du
1ᵉʳ juillet 1914, que nous avons sous les yeux, de supprimer une ligne qui ne change rien au sens. Une dépêche de l'*Agence des Balkans*, datée de Belgrade
26 juin, corrobore d'ailleurs le fait que le complot
était connu. Ce télégramme annonçait que la police
de Mostar avait arrêté un voyageur suspect et parlait
de la découverte par les autorités bosniaques d'un
complot tramé contre la vie de l'archiduc héritier.
Enfin le 3 juillet on lisait dans le journal hongrois *Az
Est* : « L'étudiant serbe Jean Grecar a fait à la direction de la police une déposition relative au complot
serbe et a déclaré que, *deux semaines auparavant* (donc
vers le 20 juin, — note de l'auteur), il avait informé le
gouvernement bosniaque que cet attentat se préparait. Personne ne l'avait cru. Au lieu de prendre des
mesures de précaution, on avait arrêté Grecar. »
Cette nouvelle de l'*Az Est* ne fut pas plus censurée
ni démentie que les précédentes, bien qu'on la trouve
reproduite dans une bonne partie des journaux austro-
hongrois.

On pourrait croire que, connaissant le danger qui
le menace, François-Ferdinand, au moment où il
part, a pris des mesures en conséquence. Il n'en est
cependant rien. Il refuse absolument de se faire garder par la police. « Le voyage en Bosnie de l'archiduc

héritier, écrit l'officieux *Fremdenblatt* après l'attentat, était une affaire exclusivement militaire. L'exclusivisme allait si loin que le voyage ne fut pas même annoncé par un seul mot au ministère bosniaque (ministre commun des finances). Tous les préparatifs en ont été exécutés par les autorités militaires. C'est à elles qu'incombaient également les mesures de sécurité que l'on prend habituellement lors du déplacement de hautes personnalités. » Dans le discours qu'il prononça le 9 juillet à la Chambre hongroise, en réponse à une interpellation, le comte Tisza, ministre, confident de François-Ferdinand, s'exprima en des termes à peu près identiques : « L'archiduc héritier, dit-il, considérait son voyage en Bosnie comme une inspection militaire, de sorte que ni l'un ni l'autre des gouvernements n'en fut informé. Le ministre commun des finances lui-même ne reçut aucune communication relative au programme et aux détails du voyage de l'archiduc héritier. » François-Ferdinand, chef suprême des autorités militaires, prévenu d'une conspiration, n'a donc pas jugé à propos d'assurer sa sauvegarde ni celle de sa femme. Il faut nécessairement en conclure ou bien que l'héritier du trône des Habsbourgs était d'une impardonnable légèreté en jouant ainsi sa vie ; ou bien qu'il savait à quoi s'en tenir sur le peu de danger du complot qui se préparait.

L'importance de l'entrevue de Konopisztje et les menaces proférées contre la Serbie par la presse militariste qu'il inspirait montrent surabondamment que François-Ferdinand n'était point assez léger pour compromettre les beaux projets qu'il mûrissait depuis si longtemps. La deuxième hypothèse apparaît par conséquent comme la seule admissible. L'archiduc ne craignait pas la conspiration qui le menaçait. Il semble même qu'il voulait que rien, et surtout la police, n'y pût mettre obstacle.

∞

Si nous en jugeons par les récits officiels transmis à la presse par le *K. K. Korrespondenz-Bureau* (¹), le drame put en effet se dérouler sans entraves. La première relation est du 28 juin, jour même de l'attentat. Elle comprend deux dépêches ainsi conçues : « Sarajevo, 28 juin. — L'archiduc héritier François-Ferdinand et la duchesse de Hohenberg ont été, au moment où ils quittaient l'hôtel de ville, grièvement blessés de plusieurs coups de revolver par un lycéen originaire de Grahovo. » C'était, comme on le voit, assez vague. Le second télégramme fut lancé le même jour. Il était plus précis : « Lorsque ce matin l'archiduc François-Ferdinand se rendait avec sa femme, la duchesse de Hohenberg, à la réception de l'hôtel de ville, il fut lancé contre l'automobile *une bombe que l'archiduc repoussa du bras*. Lorsque l'automobile fut passée, la bombe éclata. Le comte Boos-Waldeck et le lieutenant-colonel Merizzi, aide de camp de l'Archiduc, qui se trouvaient dans la voiture suivante,

---

(¹) *Bureau impérial-royal de correspondance*, agence de presse dépendant du gouvernement austro-hongrois et à laquelle se rattache en Hongrie le *Hungarische Telegr. und Korrespondenz-Bureau* dont nous aurons l'occasion de parler plus loin.

furent légèrement blessés. Parmi le public vingt personnes furent plus ou moins grièvement blessées. Le
meurtrier est un typographe de Trebinié nommé
Cabrinovitch. Il a été arrêté immédiatement. Après
une brillante réception à l'hôtel de ville, l'Archiduc
et sa femme continuèrent leur promenade. Un lycéen de huitième année nommé Princip, originaire
de Grahovo, tira sur l'automobile de l'Archiduc *plusieurs coups de browning*. L'Archiduc fut atteint au
visage ; la duchesse de Hohenberg fut blessée au
ventre. L'Archiduc et la duchesse furent conduits au
konak où ils succombèrent à leurs blessures. Le second meurtrier, Gavrilo Princip, étudiant de 19 ans,
natif de Grahovo (district de Livno) a été également
arrêté. La foule exaspérée faillit lyncher les deux
meurtriers. »

Le lendemain un nouveau récit était lancé, plus
explicite, mais différent sur plusieurs points du précédent. « En premier lieu, dit ce récit « authentique »([1]),
sur le quai Appel, du trottoir de droite fut lancé vers
l'automobile de l'Archiduc *un petit projectile à détonation faible, qui passa derrière le dos de la duchesse.
Peu après tomba une bombe qui éclata lorsque arrivait
la deuxième automobile.* Dans la voiture de l'Archiduc,
on ne savait absolument pas ce qui était arrivé.
Lorsque les automobiles de la suite s'arrêtèrent et
que les personnes qui y étaient furent descendues, la
voiture de l'Archiduc s'arrêta à son tour, et on rendit

([1]) Voir la note publiée par le *Neues Wiener Tagblatt* et que nous
donnons plus loin, p. 126.

compte de l'événement à l'Archiduc. Arrivée à l'hôtel de ville, Son Altesse impériale et royale exprima au maire l'indignation que lui causait cet attentat. La réception fut brillante... Au départ de l'hôtel de ville, l'archiduc, malgré les instants conseils du chef du gouvernement (le maréchal Potiorek), voulut absolument continuer sa promenade pour aller rendre visite au lieutenant-colonel Merizzi, à l'hôpital de la garnison... Au détour de la rue François-Joseph, l'automobile dut ralentir sa marche. *Deux coups de revolver furent alors tirés*. Le chef du gouvernement eut tout d'abord l'impression qu'encore une fois aucun malheur ne s'était produit, car l'Archiduc et la duchesse continuèrent à rester assis tout droits dans l'automobile. »

Nous avons *souligné* les détails qui, dans ces relations officielles, diffèrent essentiellement et qui prouvent, à tout le moins, que les témoignages ont, d'un jour à l'autre, sensiblement varié. L'un de ces témoignages est particulièrement intéressant. C'est celui de Mme Dimovitch, femme du vice-président de la Diète de Bosnie, personne par conséquent digne de foi. Il fut rapporté par la presse autrichienne à la date du 30 juin.

Je regardais par la fenêtre de mon appartement du second étage, avec une amie, dit cette dame. *Toute la rue était déserte,* car le soleil était brûlant. Tout à coup nous aperçûmes deux jeunes gens se livrant à une conversation animée. L'un portait un fez, l'autre une casquette. Tous deux montèrent sur le bord du trottoir. Je dis à mon amie : « Penchons-nous, les voici. »

L'automobile arriva, aussi ne fîmes-nous plus attention aux jeunes gens. Soudain je vois l'archiduchesse (*sic*) se lever puis se

rasseoir. Je dis alors à mon amie : « Quelque chose est arrivé. »
Lorsque l'automobile fut passée, j'aperçus à terre une petite boîte
assez semblable à une lanterne de poche et d'où montait de la
fumée. A ce moment je vois l'homme au fez s'enfuir. Il fut arrêté
plus tard. L'homme à la casquette se jeta dans la rivière. Je me
penchai à la fenêtre. A ce même instant une détonation retentit.
Je ressentis alors une douleur au visage et je retombai dans la
chambre. On s'aperçut plus tard que j'avais le tympan brisé et que
j'étais légèrement blessée au-dessus de l'œil. »

Il ressort de ce récit d'un témoin oculaire qu'il fut
lancé deux sortes de bombes, la première, petite
et inoffensive, *semblable à une lanterne de poche*,
destinée à l'archiduc ; la seconde, plus grosse, à détonation puissante, devait donner à l'attentat une
apparence de gravité. Il en résulte que le mémoire adressé par le gouvernement austro-hongrois, le
23 juillet 1914, comme complément à l'ultimatum à
la Serbie, est mensonger lorsqu'il affirme que « les
bombes étaient des grenades à main provenant du dépôt de munitions de l'armée serbe à Kragujevac. »
Ce témoignage nous apprend en outre que, si l'endroit où devait passer le cortège avait été tant soit
peu surveillé, les deux meurtriers eussent été inca-
pables d'accomplir leur forfait puisque la rue était
absolument déserte.

Mais nous savons que François-Ferdinand avait
refusé tout service policier. Nous savons aussi qu'à
son départ de l'hôtel de ville il s'opposa à ce que des
mesures d'ordre et de sécurité plus sérieuses fussent
prises. La presse austro-hongroise fut unanime à le
constater. Le comte Tisza, dans le discours déjà cité,

l'avouait implicitement lorsqu'il disait : « Je dois
constater que la population de Sarajevo, qui en grande
partie remplissait les rues, acclama l'archiduc-héritier
avec enthousiasme. Après l'échec du premier attentat
l'impression était à son comble, si bien *qu'il était impossible de faire chasser la foule par la police. Il n'est
naturellement venu à personne l'idée qu'après le premier
attentat, plusieurs autres criminels étaient à l'affût.* »
Chat échaudé craint l'eau froide, dit le proverbe. Il
paraît que François-Ferdinand l'ignorait, ou plutôt
la tragi-comédie devait n'avoir qu'un acte. Cet acte
achevé, le danger était *naturellement* passé, et il ne
pouvait venir à personne l'idée que quelqu'un pût
songer à y ajouter un dénouement mélodramatique.

Reconnaissons pourtant que quelque chose fut
changé au programme des visites archiducales. Un
haut fonctionnaire de la Cour autrichienne, qui faisait
partie de la suite de François-Ferdinand, fit en effet
à la presse les déclarations suivantes :

Après le discours de réception du maire, l'Archiduc devait, selon
le programme, se rendre au nouveau musée régional en passant
par le quai Appel, le boulevard François-Joseph, les rues Rodolphe,
Ferhadiju, Cemalusu et Hisetu. Cet ordre fut changé. L'Archiduc
voulait visiter à l'hôpital l'aide de camp Merizzi blessé — et pendant le parcours Princip exécuta son attentat à coups de revolver...
et même si cet attentat n'avait pas réussi, il (François-Ferdinand)
n'aurait pas échappé à la mort... Cela ressort du fait que *Princip
a commis son crime à un endroit où, selon le programme, les automobiles ne devaient pas même se montrer.*

Cette déclaration émane d'une agence officieuse.
Elle fut reproduite par une foule de journaux austro-

hongrois soumis à une censure des plus sévères. Jamais elle n'a été démentie par aucune des personnes de la suite de l'Archiduc. Nous pouvons donc la considérer comme authentique et, comme telle, en faire état. Elle est grosse de conséquences. Elle montre qu'il faut séparer l'acte de Cabrinovitch, le lanceur de bombes, du crime de Princip.

Non seulement Princip ne se sert pas de la même arme que Cabrinovitch, mais encore il commet son crime à un endroit où le cortège ne devait pas passer. Il en résulte donc que le hasard seul l'a mis sur la voie que devait suivre l'Archiduc. Nationaliste fanatique, il en a profité pour débarrasser sa nation de celui qu'elle considérait comme un de ses oppresseurs, et qu'un complot raté, dont on parlait déjà par toute la ville, n'avait pu faire disparaître. Il a tué avec l'arme qu'il portait sur lui, un revolver, car chacun sait que dans tous les Balkans les gens ne sortent guère qu'armés. Si nous en croyons les récits fantastiques publiés par la presse austro-hongroise et transmis même par le *K. K. Korrespondenz-Bureau*, il est extraordinaire que Princip se soit servi d'autre chose que de bombes. Il paraît en effet que l'on a trouvé partout des machines infernales destinées à tuer les époux archiducaux. A Sarajevo on en découvrait sous la table du banquet déjà préparé, et jusque dans la cheminée de la salle. A Bystrik, où devait se rendre François-Ferdinand, une bombe était disposée dans les branches d'un arbre ; d'autres étaient placées tout le long de la ligne de chemin de fer. A Ilidje enfin on en aurait trouvé sept cachées chez une vieille femme. Le *mé-*

moire sur les résultats de l'enquête de Sarajevo, qui complète l'ultimatum à la Serbie, va moins loin. Il prétend que six bombes auraient été données à Belgrade aux auteurs de l'attentat. Princip n'avait donc pas besoin de se servir d'un revolver dont l'effet était au moins douteux, puisque deux bombes seulement avaient été utilisées sur les six que l'enquête autrichienne connaît. Le *mémoire* prétend aussi, il est vrai, que le revolver, ainsi que trois autres, provenait également de Serbie. L'idée semble puérile. La douane autrichienne se montre fort pointilleuse — nous en avons eu la preuve en plusieurs occasions — au sujet de l'entrée des armes sur le territoire austro-hongrois. C'était donc se compromettre gratuitement que d'en passer en contrebande, alors qu'il était si simple d'acheter les brownings en question chez n'importe quel armurier de l'Empire. L'argent eût été plus facile à passer que les armes. Il y a donc tout lieu de supposer que le meurtre commis par Princip est le fait spontané d'un nationaliste surexcité d'abord par la provocation que constituait la visite de François-Ferdinand à Sarajevo en un jour où les Serbes commémoraient la perte de leur indépendance ; ensuite par l'impression causée par le premier attentat.

Quant à Cabrinovitch, plusieurs faits prouvent que sa tentative avait une autre cause. En tout premier lieu son origine même. Cabrinovitch était le fils d'un mouchard de la police de Sarajevo. On est donc porté, non sans raison, à croire que, fils de mouchard comme le Nastitch des affaires de Cettigné et de Zagreb (Agram), il a pu jouer un rôle semblable. D'autre part Cabrinovitch séjourna à Belgrade, tout comme Princip, c'est vrai. Le gouvernement austro-hongrois prétend que c'est alors qu'ils auraient été l'un et l'autre engagés et instruits en vue du complot. Pourtant, dans un communiqué du 29 juin 1914, le *K. K. Korrespondenz-Bureau* avait déclaré que « tous deux quittèrent la Serbie parce qu'ils n'y avaient pas trouvé, bien que se donnant pour des Serbes enthousiastes, l'accueil qu'ils espéraient ». Une information du journal *Balkan*, en date du 1er juillet 1914, reproduite en Autriche-Hongrie, complète cette note officielle et l'éclaire. « Le meurtrier Cabrinovitch, y est-il dit, fut, quelques semaines avant l'attentat, expulsé par la police de Belgrade parce qu'il n'avait pas de papiers, mais *le consulat austro-hongrois protesta par écrit et se porta garant de lui.* » Cette nouvelle ne fut ni arrêtée par la censure ni démentie par le ministre des affaires étrangères, ce qui n'aurait pas manqué si elle eût été fausse. Nous pouvons donc en conclure que Cabrinovitch était à Belgrade pour quelque mission utile au gouvernement austro-hongrois et que les agents consulaires avaient intérêt à favoriser. Ne fallait-il pas en effet qu'il fût prouvé que l'instrument du complot avait séjourné dans la capitale de la Serbie où il avait pu être en relation avec les agents du gouvernement serbe ?

Il n'est pas jusqu'au jugement même qui condamna les meurtriers, et jusqu'à ses conséquences, qui n'éveillent des soupçons. Dès le lendemain du crime, on s'inquiéta de la sentence qui serait prononcée, et à ce propos on discuta sur l'âge des accusés.

Suivant la loi bosniaque, on ne peut condamner à mort un homme âgé de moins de vingt ans. Le récit officiel que nous avons publié plus haut s'était donc empressé de déclarer que Princip n'avait que dix-neuf ans, se gardant bien, par contre, de donner l'âge de Cabrinovitch. Il semble qu'il y ait déjà eu mot d'ordre pour habituer le public à l'idée que ce dernier serait traité autrement que Princip. C'est ainsi que, dans son numéro du 2 juillet 1914, la *Neue Freie Presse* écrivait :

Cabrinovitch (elle l'appelait du reste Gabrilovitch), dont l'attentat échoua, sera poursuivi pour tentative de meurtre et, par conséquent, ne sera pas condamné à mort. Le second meurtrier, Princip, qui ne serait âgé que de dix-neuf ans, ne pourrait être, d'après la loi, exécuté. Les autorités s'efforcent de connaître son âge exact, car, d'après une autre version, il aurait réellement vingt ans.

Il s'agissait de donner le change.

Le *Vidensky Dennik* du 10 juillet remet les choses en place.

D'après les déclarations qu'ils ont faites à la police de Belgrade, écrivait-il, Cabrinovitch est né le 25 janvier 1895 et Princip le 13 juillet de la même année ; ils n'ont donc pas vingt ans et ne seront pas condamnés à mort.

Nous ne savons pas quel âge la police austro-hongroise attribua aux meurtriers, car l'enquête fut conduite secrètement et le jugement rendu à huis clos, ce qui est au moins singulier lorsqu'il s'agit d'une affaire comme celle-ci, qui, devant mettre en cause un pays étranger, demandait toute lumière. Ce que nous savons, c'est que la sentence, prononcée en

octobre 1914, en pleine guerre, sans que, par conséquent, une enquête approfondie eût pu être faite,
condamnait : à la peine de mort Cabrinovitch et Grabesz qui avaient jeté les bombes ; et à vingt ans
de détention seulement, parce qu'il n'avait pas vingt
ans révolus (¹), Princip, le véritable meurtrier. Ainsi,
se basant sur des données plus ou moins discutables,
les tribunaux à tout faire de l'Autriche-Hongrie
donnaient le moyen de se débarrasser de deux individus qui eussent pu, plus tard, comme le Vasitch faussaire de l'affaire Friedjung, dévoiler toute
la machination et faire connaître ceux qui les avaient
stipendiés et qui avaient armé leurs mains. Ils per-
mettaient en outre de conserver comme témoin précieux Princip, qui avait agi par sentiment national et
pourrait être, le cas échéant, la preuve vivante que
l'idée serbe avait présidé au crime.

Les bourreaux austro-hongrois n'eurent pourtant
pas le courage d'exécuter la sentence. L'œuvre néfaste fut néanmoins accomplie. Nous avons appris
en effet qu'en janvier 1916, Cabrinovitch (²) mourut
dans sa prison de la tuberculose, et que, en février 1916
Grabesz, au fond de sa geôle de Koprzivnice (Nessels-
dorf), en Moravie, était emporté par le même mal.
Cette phtisie s'est faite vraiment bien à propos la com-

(¹) Les tribunaux bosniaques ne sont pas toujours si attentifs à
l'âge des accusés. Nous n'en voulons pour preuve que le procès
intenté, en septembre 1915, à trente-huit collégiens de Tuzla. L'un
de ces trente-huit enfants, Todor Ilitch, fut, le 5 octobre, condamné
à la pendaison pour avoir été en relations avec la *Narodna Odbrana*
de Belgrade. Cf. *Les Persécutions des Yougoslaves*, édition du Foyer,
Paris, 1916.
(²) Information de la *Vossische Zeitung* du 25 janvier 1916.

plice des tribunaux en tuant ceux qu'ils avaient condamnés à mort et en gardant celui qu'il fallait conserver, celui que pourtant le *K. K. Korrespondenz-*
Bureau présentait, le 1er juillet 1914, comme ayant
« les yeux caves et l'apparence d'un jeune homme
tuberculeux ».

Mais peut-être dira-t-on que François-Ferdinand
disparu, son projet sombrait avec lui. Guillaume II
ne s'est-il pas écrié en apprenant la mort de son
acolyte : « Tout est à recommencer ! » C'est que l'on
oublie que tous les complices que l'Archiduc avait
mis à la tête du gouvernement et de l'armée, les
Berchtold, les Tisza, les Forgach, les Conrad von
Hœtzendorf, y étaient toujours et qu'ils continuèrent
son œuvre. Ne voyons-nous pas, le lendemain même
de l'attentat, le *K. K. Korrespondenz-Bureau* accuser
la Serbie ? « Les milieux dirigeants, affirme-t-il, sont
convaincus que l'accomplissement de telles attaques
par des sujets bosniaques eût été absolument impossible si depuis longtemps et par des moyens que connaissent bien les populations orthodoxes loyales,
l'étranger n'y avait poussé par une propagande achar-
née. » La *Reichspost* du 30 juin est plus explicite encore : « Il faut, prône-t-elle, écraser les vipères qui,
là-bas, rampent autour de nous dans les milieux politiques de la Serbie radicale, dans les clubs et dans les
écoles. » La lutte reprenait juste au point où l'Archiduc l'avait laissée. Pendant quelques jours pourtant
la campagne qu'on amorçait ainsi cessa. Le vieux
François-Joseph, qui n'était pas au courant, y contribua sans doute. Il est certain, en tous cas, qu'elle fut

entravée. La *Neue Freie Presse* du 3 juillet 1914 en
donne une preuve :

Le *Hungarische Telegr. und Korrespondenz-Bureau*, écrit-elle, a
adressé hier de Sarajevo l'information suivante : « D'après les ré-
« sultats actuels de l'enquête, il est sans aucun doute établi que
« l'attentat est le résultat d'un complot. Outre les deux meurtriers,
« une foule de jeunes gens ont été arrêtés. Il est démontré que, tout
« comme les meurtriers, ils avaient été soudoyés par la *Narodna*
« *Odbrana* de Belgrade, pourvus de bombes et de brownings, et
« qu'ils avaient accepté leur rôle. »
Tard dans la nuit ce même bureau officiel demandait à tous les
journaux de ne pas insérer l'information qu'il avait envoyée l'après-
midi. Il publiait en même temps le communiqué suivant : « On
nous informe de milieux compétents que l'enquête au sujet de
l'attentat de Sarajevo se poursuit dans le secret le plus absolu... »

Notons en passant que les termes de l'information
officielle hongroise se retrouvent presque mot pour
mot dans l'ultimatum du 23 juillet (¹). Disons aussi
que la réserve imposée à la presse de la double monarchie ne dura guère. Le 4 juillet 1914 en effet les
libraires de Vienne exposaient dans leurs étalages le
dernier numéro de la fameuse *Danzer's Armeezeitung*
dont ils avaient souligné au crayon rouge les passages
les plus violents. Une diatribe, qui rappelait, du
reste, ce qu'écrivait la *Reichspost* du 30 juin, frappait
par sa véhémente insolence : «Chiens, disait-elle, vous
saviez que François-Ferdinand vous aurait appris à
respecter l'Autriche ; chiens, vous saviez que Fran-

(¹) L'ultimatum dit en effet : « Il résulte des dépositions et aveux
des auteurs criminels de l'attentat du 28 juin que le meurtre de
Sarajevo a été tramé à Belgrade, que les armes et explosifs dont les
meurtriers se trouvaient être munis leur ont été donnés par des
officiers et fonctionnaires serbes faisant partie de la *Narodna Odbrana*... »

çois-Ferdinand était depuis longtemps, même sous le régime actuel, un facteur prépondérant ; chiens, vous saviez qu'il était pénétré de l'esprit militaire et de la puissance de l'armée ; c'est pourquoi vous l'avez abattu. Nous, soldats, ne connaissons qu'une vengeance : écraser du pied les serpents qui sifflent là-bas. Dans les pays annexés, un poing solide doit séparer le bon grain de l'ivraie. Tous ceux qui ne sont pas loyaux doivent être chicanés jusqu'au sang ; il faut chasser ces chiens à l'étranger... Ce n'est pas si difficile. Appelez-nous, nous soldats, pour cela ! Il faut tout de suite régler le compte de la Serbie, foyer moral de l'attentat ! » Il est à noter que le *Livre rouge austro-hongrois* qui, dans son Annexe Nº 99, reproduit ou résume, comme un grief contre la Serbie, divers articles de journaux serbes, n'en a pu trouver d'aussi intolérables. Or la rigoureuse censure autrichienne laissa faire et laissa passer non seulement ces lignes brutales de la *Danzer's Armeezeitung*, mais bien d'autres encore. Il faut croire que l'impotent vieillard qui présidait aux mauvaises destinées de l'Autriche-Hongrie avait été vite circonvenu par les complices de François-Ferdinand, devenus ceux de Guillaume II. Le drame de Sarajevo, même tragique, put donc servir à ses fins, provoquer un ultimatum dès longtemps conçu et amener la guerre voulue et préparée par l'Archiduc défunt.

∞

De tout ce que nous venons de dire, et pour résumer, il apparaît nettement, croyons-nous, que le

crime de Sarajevo se divise en deux affaires distinctes :
l'affaire des bombes et l'attentat à coups de revolver,
qu'il faut nécessairement séparer comme ayant des
causes différentes. Les coups de revolver ont été
tirés par un jeune homme fanatique, poussé seulement par un nationalisme exacerbé encore par la provocation que constituait la visite archiducale en un
jour aussi solennel pour les Serbes, et par l'excitation
causée par les bombes de Cabrinovitch. Le crime
de Princip, commis à un endroit où le cortège ne
devait pas passer, ne se rattache en rien à celui de
Cabrinovitch.

L'affaire des bombes est, au contraire, le résultat
d'un complot. Qui l'a organisé ? Qui a payé Cabrinovitch, fils d'un mouchard autrichien, pour lancer
ses bombes ? Évidemment ceux à qui le crime devait
profiter. Or la Serbie ne peut avoir aucun intérêt à
une affaire de ce genre, susceptible d'amener un
conflit. Épuisée par deux guerres, elle a besoin de
repos pour organiser ses conquêtes. Elle ne peut donc
songer, comme l'en accuse l'ultimatum, à des « mouvements subversifs » contre l'Autriche-Hongrie, sa
puissante et incommode voisine. Elle y songeait si
peu qu'au moment où les événements se produisent
elle est en pleine période électorale. M. Pachitch,
président du Conseil, voyage en province et M. Putnik, chef de l'État-major, est aux eaux de Gleichen-
berg, en Autriche même. Cela prouve, à notre avis,
une conscience tranquille ; celle de l'archiduc François-Ferdinand l'est moins au moment où il arrive
à Sarajevo. Ses actes et les menées de la presse qu'il

inspire montrent que, depuis qu'il détient le pouvoir, il prépare une guerre qui lui permettra d'assurer le triomphe compromis des Allemands et des Magyars, soutiens de son trône futur ; de remettre de l'ordre dans les finances de l'Empire ou d'en masquer la déconfiture ; enfin de faire oublier ses promesses et de permettre à ses enfants de lui succéder. En 1914, tout prétexte manquant, il fallait en créer un qui assurât le concours de l'Italie et la neutralité de l'Angleterre. François-Ferdinand avait donc le plus grand intérêt à ce que fût organisé un complot qui, semblant tramé à Belgrade, pût faire de la Serbie une provocatrice.

Or, une affaire du même genre avait été lancée par la diplomatie autrichienne en 1907. D'autre part Cabrinovitch, l'homme aux bombes, avait, en Serbie, été le protégé d'un représentant de l'Autriche-Hongrie. Pourquoi enfin, après une enquête forcément incomplète puisqu'elle ne put être menée en Serbie, et puisque, nous le montrerons, on ne demanda même jamais qu'elle y fût menée, malgré les offres du gouvernement serbe ; pourquoi s'arrangea-t-on pour faire disparaître Cabrinovitch et Grabesz, instruments de la conjuration, et pour conserver Princip l'assassin ? Certainement pour empêcher des révélations fâcheuses sur les origines du complot, de même que Potiorek, le vaincu de la première campagne de Serbie, devait passer pour fou parce qu'il en savait trop long et pouvait, dans son mécontentement, découvrir le pot aux roses (1).

(1) Suivant les journaux tchèques publiés en France, le maréchal Potiorek a été interné dans une maison de santé au mois d'août 1915.

Nous pouvons donc en conclure que le drame de Sarajevo n'avait pas d'autre but que de permettre à François-Ferdinand et à ses complices, Guillaume II, Berchtold, Tisza, Forgach et autres, de lancer un ultimatum rédigé de longue date et que, le 23 juillet 1914, on adapta aux circonstances. C'est d'ailleurs aussi l'opinion du diplomate qui représentait la Belgique à Berlin. « Des conversations répétées que j'ai eues hier avec l'ambassadeur de France, les ministres des Pays-Bas et de Grèce, le chargé d'affaires d'Angleterre, écrit-il le 26 juillet 1914, résulte pour moi la présomption que l'ultimatum à la Serbie est un coup préparé entre Vienne et Berlin, ou plutôt imaginé ici et exécuté à Vienne. C'est ce qui en constitue le grand danger. La vengeance à tirer de l'assassinat de l'Archiduc héritier et de la propagande panserbe ne servirait que de prétexte. Le but poursuivi, outre l'anéantissement de la Serbie et des aspirations yougoslaves, serait de porter un coup mortel à la Russie et à la France, avec l'espoir que l'Angleterre resterait à l'écart de la lutte [1]. »

Son médecin, accusé d'avoir connu son mal dès avant la guerre, mais de n'en avoir pas avisé les autorités, aurait été emprisonné et se serait suicidé.

[1] Dépêche du baron Beyens à M. Davignon. *Second Livre gris belge*, Nº 8.

Voir en outre, comme complément à ce chapitre, l'Annexe nº 1 et nº 2, pages 295 et 296.

CHAPITRE IV

L'ENQUÊTE OFFICIELLE SUR L'ATTENTAT

LA NARODNA ODBRANA. — L'ATTENTAT. — LA GENÈSE DE
L'ATTENTAT. — PROVENANCE DES BOMBES. — TRANS-
PORT DES CRIMINELS.

LA thèse que nous venons d'exposer semblera
sans doute trop hardie. Nous croyons pourtant nos arguments dignes d'attention, d'autant plus
qu'ils émanent ou de source officielle ou de témoignages dignes de foi, tacitement admis par la rigoureuse censure austro-hongroise. Admettons néanmoins que nous ayons tort ; admettons que seule la
diplomatie autrichienne, en possession des pièces
judiciaires, soit à même de nous présenter des arguments valables. Il nous restera alors à examiner attentivement, scrupuleusement, le *Livre rouge austro-
hongrois* et à voir s'il est possible de faire fond sur
ses données. Notons en tout premier lieu que cet
examen n'a jamais été permis par le Ballplatz. Celui-ci
a communiqué aux puissances quelque chose qui

ressemble à un dossier et qu'il appelle, du reste,
ainsi (Nᵒˢ 8 et 19). Ce « dossier élucidant les menées
serbes et les rapports existant entre ces menées et le
meurtre du 28 juin », annoncé le 22 juillet 1914, n'est
expédié de Vienne que le 25 juillet. Il va de soi qu'il
ne parviendra à destination qu'après le délai accordé
à la Serbie par l'ultimatum et que, par conséquent,
les puissances se trouveront, lorsqu'elles le recevront,
devant le fait accompli. Le gouvernement russe fit
donc savoir à Vienne qu'il « considérait comme une
preuve toute naturelle des égards dus par le Cabinet
viennois aux autres chancelleries, que le dit Cabinet
fournisse à ces dernières l'occasion d'examiner les
bases de sa communication aux puissances et d'étudier le dossier qu'il leur annonce » (Nᵒ 21). C'était
une demande non seulement « naturelle », mais encore
tout à fait raisonnable. Ce n'est pas l'avis du comte
Berchtold. « Notre note, répond-il, adressée aux
puissances ne s'était nullement proposé d'inviter
celles-ci à faire connaître leur opinion sur la question ;
elle n'avait *au contraire* que le caractère d'une information qui, selon nous, était un devoir de courtoisie
internationale » (Nᵒ 21). Il fallait sans examen croire
que, comme le dit la Préface du *Livre rouge*, « l'odieux
forfait » de Sarajevo a été « méthodiquement préparé
en Serbie ». Le plus curieux c'est que la diplomatie européenne se soit laissé prendre à cette sug-
gestion. Jusqu'ici personne ne s'est avisé d'examiner dans tous leurs détails et sous tous leurs aspects les pièces du *Livre rouge* concernant le drame
de Sarajevo. Nous voudrions combler cette lacune

et montrer quelle confiance on peut leur accorder.

∞

La note du gouvernement austro-hongrois au gouvernement serbe en date du 22 juillet 1914 (N° 7)
résume la thèse du Ballplatz. « L'histoire de ces dernières années et, notamment, les tristes événements
du 28 juin ont démontré l'existence en Serbie d'un
mouvement subversif dont le but était de détacher de
la Monarchie austro-hongroise certaines parties de
son territoire. » Ce mouvement, toléré par le gouvernement serbe, était surtout propagé par une association comptant dans son sein de hautes personnalités
serbes, par la *Narodna Odbrana*. « Il apparaît clairement, à la suite des déclarations et des aveux des
auteurs criminels de l'attentat du 23 juin, que le
meurtre de Sarajevo a été préparé à Belgrade, que
les meurtriers avaient reçu les armes et les bombes
dont ils étaient munis d'officiers et de fonctionnaires
serbes, qui faisaient partie de la *Narodna Odbrana* et
que, finalement, l'envoi des assassins et de leurs
armes en Bosnie avait été organisé et réalisé par les
autorités de la frontière serbe. »

Le mémoire N° 19 précise les différents points de
l'accusation et, par ses diverses annexes, prétend
fournir des preuves. Voici d'abord la *Narodna Odbrana*. « Issue d'un comité révolutionnaire qui existait alors, elle fut constituée en société privée, cependant, sous forme d'*organisation dépendant du département des Affaires étrangères de Belgrade*, par des
fonctionnaires serbes militaires et civils... On trouvera

une description saisissante de l'activité d'alors de la *Narodna Odbrana*, notamment dans les déclarations du sujet bosnéo-herzégovinien Trifko [Krstanovitch, entendu comme témoin par le Conseil de guerre de Sarajevo, qui se trouvait alors à Belgrade et qui, avec d'autres sujets de la Monarchie, a été accepté comme comitatschi (*sic*) par la *Narodna Odbrana*... Par cette action de la *Narodna Odbrana* exercée de la manière la plus publique et favorisée par le gouvernement serbe, a été répandue la guérilla des bandes contre la monarchie... Cette période des aspirations agressives s'est terminée avec la déclaration faite par le gouvernement serbe le 31 mars 1909, dans laquelle celui-ci se déclarait prêt à accepter le nouvel état de choses créé, par l'annexion de la Bosnie-Herzégovine au point de vue du droit public, et a promis solennellement vouloir vivre en relations amicales de bon voisinage, dans l'avenir, avec la monarchie... Cependant ces espoirs ne se sont pas réalisés... C'est la *Narodna Odbrana* qui est devenue le centre de l'agitation menée par les associations... *L'agitation criminelle de la Narodna (Odbrana) et de ceux qui partagent ses opinions s'est concentrée ces derniers temps sur la personne de l'Archiduc héritier.* »

Princip, Grabesz et Cabrinovitch, corrompus par la propagande de la *Narodna Odbrana*, se rencontrant à Belgrade, décident d'attenter à la vie de l'Archiduc héritier, mais « ils manquaient autant des armes nécessaires que d'argent pour les acheter... Milan Pribitchevitch et Szivojin Datchitch, ces deux hommes principaux de la *Narodna*, sont les premiers auxquels les

complices se sont adressés dans leur besoin comme à
une aide sûre, sans doute parce qu'il était déjà devenu
une tradition dans le cercle de ceux qui sont prêts à
commettre des attentats qu'il était possible d'obtenir
des représentants de la *Narodna* des instruments de
meurtre... » Mais ces « deux hommes principaux »
étaient absents de Belgrade. Princip et Cabrinovitch
s'adressèrent alors à « Milan Ciganovitch, un ancien
comitatschi, maintenant fonctionnaire des chemins de
fer à Belgrade et membre de la *Narodna* ». Celui-ci
les aboucha avec le major Voja Tankositch, « également
un des chefs de la *Narodna* », qui fit le nécessaire.
« Tankositch a procuré quatre brownings et des munitions, et de l'argent pour le voyage. Six grenades à
main provenant de l'armée serbe constituaient le
complément d'armement... Préoccupé du succès,
Tankositch procura l'enseignement du tir, mais Tankositch et Ciganovitch se sont préoccupés en outre
d'assurer un moyen spécial *non désiré* d'assurer le
secret du complot. Ils apostèrent Zian Kali avec l'indication que les *deux auteurs*, après l'attentat, devaient se
tuer, acte de précaution qui devait leur profiter en première ligne, car le secret leur enlevait le faible danger
qu'ils avaient assumé dans cette entreprise... »

Pour permettre aux criminels de passer leurs armes
en fraude, un « voyage décrit par Princip comme
« mystérieux » a été organisé et exécuté » par les
douaniers serbes.

Ce récit s'appuie sur divers documents. Ces pièces
peuvent se classer en trois groupes : les antécédents
du drame ; le drame ; ses suites. Les seules   qui

touchent directement à l'affaire sont celles qui appartiennent au second groupe. Nous les analyserons et les discuterons séparément. Voici d'abord, Annexe I, des « extraits de la presse serbe ». Ce sont, pour ainsi dire, des témoignages de moralité. Ils n'ont aucun rapport direct avec le crime. L'Annexe II nous présente un « extrait de l'organe corporatif de la *Narodna Odbrana* publié par le Comité central de l'Association du même nom ». Ce résumé — car ce n'est pas autre chose — prétend montrer, ou plutôt démontrer, que la *Narodna Odbrana* avait pour but d'agir, par tous les moyens, contre l'Autriche-Hongrie. L'Annexe III, extrait d'un « rapport sur l'*Activité de l'Association des Sokols (Dusan Silni) à Kragujevac dans les années* 1912 *et* 1913 », tend à faire croire que cette société de gymnastique nourrissait également des idées subversives contre la monarchie danubienne et qu'elle les répandait parmi les Slaves du sud par l'intermédiaire « des associations similaires » de l'Empire. L'Annexe IV, se basant sur le fait que les *Srpski Novine*, journal officiel, du 28 juin 1914 (nouveau style) ont donné comme supplément un appel de la *Narodna Odbrana* conviant aux fêtes du « Vidov dan », laisse entendre que la *Narodna Odbrana* est une association officielle. L'Annexe V est la déposition d'un certain Trifko Krstanovitch au sujet de la *Narodna Odbrana*. Cet individu avait été arrêté dans la nuit du 6 au 7 juillet 1914 — on ne dit pas où — sous l'inculpation d'avoir participé au drame de Sarajevo. « Lors de son interrogatoire » devant le tribunal du district de Sarajevo, on reconnut que les soupçons

contre lui n'étaient pas fondés, mais on le retint comme témoin à cause de ce qu'il prétendait savoir sur la *Narodna Odbrana*, qu'il aurait connue lors d'un séjour en Serbie, en automne 1908. A cette date, en effet, se trouvant à Belgrade sans ressources, il avait voulu s'adresser au Consulat austro-hongrois pour se faire rapatrier. Il fut alors arrêté par un gendarme serbe qui le conduisit dans une « karaula (¹). »
« Là, dit la déposition, je subis un interrogatoire et, comme je *leur* (le texte ne précise pas à qui) disais que je désirais rentrer dans mon pays, un sous-officier se mit à m'injurier, me reprochant de vouloir quitter la Serbie où l'on avait besoin de plus d'hommes puisque la guerre pouvait éclater avec l'Autriche. » Krstanovitch accepta de rester comme « comitadji. » Il fut présenté à « Voja Tankositch, chef du Comité et capitaine dans l'armée régulière » et inscrit par Milan Pribicthevitch. Le Comité ayant été dissous six semaines après — donc en 1908, toujours, — notre homme fut envoyé à Cuprija. « Ici, ajoute-t-il, nous fûmes instruits par les officiers Voja Tankositch, Dusan Putnik, Givko Gyozditch et Mitar Djinovitch ; *ce dernier fut impliqué dans l'affaire monténégrine des bombes et fusillé en Monténégro.* » On les instruisait en vue d'une guerre prochaine. « L'instruction dura approximativement trois mois, c'est-à-dire jusqu'en mars 1909 ». A ce moment le Comité fut définitivement dissous parce que l'annexion de la Bosnie-Herzégovine avait été reconnue par les grandes puissances.

_____

(¹) *Karaula* (mot serbe venu du turc), poste-frontière ou petit fort.

Krstanovitch aurait alors été envoyé à Milanovitch, président de la *Narodna Odbrana* à Chabac. Celui-ci le prit à son service comme courrier. « Dès le lendemain, dépose le témoin autrichien, Bozo Milanovicth me donna une lettre fermée que je devais porter à Cedo Lukitch, sous-officier des douanes à Raca en Serbie. Sur le chemin de Raca, dans le village de Bogaticth, je fus arrêté par le capitaine du district, qui me prit la lettre, l'ouvrit et la lut. Il y était dit que Lukitch devait acheter sans retard trois bateaux afin qu'ils fussent prêts en cas de besoin. A la lettre était jointe une somme de 100 dinars. » Le capitaine renvoya le messager à Chabac. Depuis cette époque jusqu'en octobre 1910, Krstanovitch fit ainsi le transport de la correspondance de Milanovitch avec les chefs des douanes. La réponse des douaniers était écrite en caractères spéciaux. « J'observais cela, dit le témoin, quand Bozo Milanovitch les ouvrait. *Un jour* j'apportais à Bozo Milanovitch une de ces lettres chiffrées, de Zvornik, me semble-t-il ; il m'envoya la porter à Mika Atanasijevitch, professeur à Chabac, pour qu'il la déchiffrât. Celui-ci s'en acquitta, *comme il le faisait d'habitude* ; mais peut-être oublia-t-il de fermer la lettre, si bien que je pus la lire. On y disait avoir appris de source sûre que l'on devait frapper des pièces de monnaie à l'effigie de l'héritier du trône et que c'était là une preuve que l'empereur François-Joseph allait abdiquer. »

Krstanovitch reçut un jour l'ordre de tuer un Serbe de Bosnie parce que « le Comité central de la *Narodna Odbrana* avait appris que Ljubo Sanaritchitch (c'est son nom) était dangereux pour l'État serbe, et il avait décidé que cet homme devait être tué. » Un gendarme serbe l'empêcha d'accomplir ce forfait.

« En octobre 1910, dit enfin Krstanovitch, je demandai à Bozo Milanovitch d'augmenter mon salaire ; comme il s'y refusait, je lui déclarai que je quitterais son service. De Chabac je me rendis à Belgrade, où je me rencontrai avec le général Jankovitch, qui me fit arrêter parce que j'avais refusé obéissance. Pendant environ deux mois *ils* (le texte ne précise pas de qui il s'agit) me firent passer par diverses prisons et toujours parce que j'avais refusé obéissance et qu'*ils redoutaient que je ne trahisse leurs secrets. En définitive, les autorités décidèrent de m'expédier en Bosnie... Les gendarmes m'accompagnèrent jusqu'à Jvornick où ils me remirent entre les mains des gendarmes bosniaques.* C'est ainsi qu'en décembre 1910 j'arrivai en Bosnie. »

L'Annexe VI apporte un second témoignage, au sujet des agissements de la *Narodna Odbrana*. Le témoin est, cette fois, un individu nommé Jovo Jaglitchitch, arrêté comme espion par les autorités de Bosnie, en 1913. Cet individu prétend avoir appris par un certain Klaritch, et d'une façon toute romanesque, que la *Narodna Odbrana* exerçait certains comitadjis au lancement des bombes, et qu'elle organisait la désertion des soldats austro-hongrois. C'est le capitaine serbe Todorovitch qui, dans ce témoignage, est désigné comme instructeur des lanceurs de bombes ; et il est vraiment providentiel de trouver ainsi un nom qui réapparaîtra, *deus ex machina*, au cours de la guerre, lorsqu'il s'agira de condamner quelques Yougo-

slaves (¹). En outre « Jaglitchitch apprit par un espion
que des bombes allaient arriver à Sarajevo ou y étaient
déjà arrivées, qu'elles avaient l'apparence de mor-
ceaux de savon et que cet espion devait en recevoir
deux ou trois ou aller les chercher lui-même. »

L'Annexe VII s'en prend encore à la *Narodna Odbrana*.

Des extraits de « rapports confidentiels » nous ren-
seignent sur « la direction de cette société, dont l'âme
est, paraît-il, « Pribitchevitch, actuellement major. »
Ils nous disent que « la tâche de la *Narodna Odbrana*
consiste à développer dans les parties sud-slaves de
l'Autriche-Hongrie une propagande active dans les
milieux militaires et civils, pour préparer ainsi une
révolution, *entraver des mobilisations éventuelles*, provoquer des paniques et des révoltes, etc. » Enfin ils
nous apprennent qui l'on recrute dans ce but.

On voit que ces sept pièces ne se rapportent en rien
au drame de Sarajevo. Elles ne prouvent pas que la
Narodna Odbrana, à qui elles en veulent particulièrement, ait en quoi que ce soit participé à l'organisation du crime. Elles constituent cependant un exemple
caractéristique des procédés du Ballplatz et, examinées
de près, montrent le peu de créance que l'on peut accorder aux documents sortis de cette officine dont on
connaît les antécédents. Nous ne reviendrons pas sur
le fameux procès de Zagreb, encore que ses attaques
contre le *Slovenski Jug* soient une préface manquée à
l'œuvre de 1914 et qu'elles ne contribuent pas peu à

(¹) Voir chap VI, p. 195.

infirmer les prétendus témoignages que le *Livre rouge* nous présente contre la *Narodna Odbrana*. Qu'il nous suffise donc de regarder de près les actes qu'on nous soumet.

A quoi visent les extraits de la Presse serbe de l'Annexe I ? A nous montrer que, du 18 août 1910, date du premier extrait, au 12 mai 1914, date du dernier, régnait en Serbie un état d'esprit hostile à la monarchie dualiste. Mais cet état d'esprit des journaux serbes ne répond-il pas aux provocations plus anciennes du journalisme austro-hongrois ? Depuis 1903 toutes les feuilles notoires de Vienne ou de Budapest n'ont jamais manqué une seule occasion d'attaquer la famille régnante de Serbie ou de menacer le petit royaume slave. En 1905 notamment, dans une « étude politico-militaire » sur la Macédoine, la *Danzer's Armeezeitung*, où s'exprimait le parti militariste dont l'archiduc-héritier était le chef, résumait fort clairement l'opinion courante dans tous les milieux allemands et magyars. « Seul, affirmait alors cette revue, le prestige militaire peut nous donner la position politique et commerciale que notre industrie réclame et qui paiera les sacrifices qu'une opération armée nous aura coûtés... La lutte devra donc être conduite avec une supériorité qui exclue le moindre échec, et il nous faut pour cela non pas 60.000, mais 400.000 hommes... Nous ne pouvons pas faire passer les troupes par l'étroit goulot du Sandjak. Il ne reste donc, des lignes d'opération envisagées, que la dernière, à travers la Serbie, par la vallée de la Morava. L'entreprise de ce côté exigerait d'abord une expli-

8

cation avec la Serbie. *Si la Serbie ne se rangeait pas loyalement et sans hésitation à nos côtés, il faudrait alors diriger contre elle l'épée déjà tirée.* » La diplomatie du Ballplatz n'a rien trouvé d'équivalent dans les journaux serbes plus ou moins connus et répandus qu'elle cite. « Encore, fait justement remarquer M. Pierre Bertrand (¹), ne saurait-on affirmer que beaucoup de ces citations ne soient en réalité des résumés tendancieux ; ni que, lors même qu'elles sont exactes, on n'en change pas le sens en les isolant ; ni que l'Autriche-Hongrie n'ait pas eu des agents plus ou moins conscients dans la presse serbe. »

C'est par le même système de résumés tendancieux et de citations tronquées que le *Livre rouge* nous fait connaître « l'organe corporatif de la *Narodna Odbrana* ». Il est bon toutefois de « remarquer que cette brochure ne donne pas une reproduction parfaite, intégrale, de l'activité générale de la *Narodna Odbrana*, vu que pour diverses raisons elle n'en a ni le droit ni la possibilité (²) », et que, d'autre part, l'analysant chapitre par chapitre, le *Livre rouge* ne nous dit pas pourquoi il omet de parler du chapitre VI. Que reste-t-il alors de cette reproduction imparfaite d'une reproduction imparfaite ? Que reste-t-il aussi des fragments de l'allocution du président des Sokols, cités dans l'Annexe III ? Rien, sinon que la diplomatie de l'Empire veut nous faire croire qu'un danger constant menaçait la monarchie. A y bien regarder

---

(¹) Pierre Bertrand, *L'Autriche a voulu la Grande Guerre* (Éditions Bossard, Paris, 1916), p. 26.
(²) *Livre rouge*, Nº 19, Annexe 2.

pourtant, les passages qu'elle a bien voulu nous faire connaître, et dont on retrouve le sens dans le supplément aux *Srpski Novine* présenté par l'Annexe IV, n'ont rien de compromettant pour la Serbie. Ce sont des revendications nationales comme beaucoup en formulaient chez nous à propos de l'Alsace-Lorraine. Les Serbes rêvent de voir unis tous ceux qui parlent leur langue et honorent leurs saints et leurs héros. Y a-t-il là quelque chose de plus répréhensible que dans la fameuse poésie allemande : « Là où résonne la langue allemande, là est la Patrie. » Les Serbes eussent, d'autre part, été bien naïfs de publier ainsi au grand jour des choses compromettantes.

La déposition de Trifko Krstanovitch (Annexe V) présenterait plus d'intérêt, car elle apporte des précisions sur les tendances anti-autrichiennes de la *Narodna Odbrana*. Il en est de même de celle de Jovo Jaglitchitch (Annexe VI). Mais une question se pose dès l'abord. Que sont ces deux témoins, méritent-ils créance ? Nous savons du premier qu'il est ouvrier boulanger, du second qu'il a été arrêté pour espionnage. C'est peu pour nous faire croire à leur honnêteté, trop peu pour nous faire accepter leur témoignage. Qui nous prouve, en outre, que ce témoignage, dont on ne nous donne qu'un résumé, est fidèlement rapporté ? Le gouvernement autrichien nous a tant habitués à ses faux, que nous pouvons bien éprouver quelque doute. Admettons pourtant l'authenticité de ces pièces et voyons si elles valent la peine d'être retenues.

Krstanovitch, nous dit-on tout d'abord, a été arrêté

'dans la nuit du 6 au 7 juillet 1914. Mais en 1910 les autorités serbes l'avaient remis entre les mains des gendarmes bosniaques. Pourquoi ne nous dit-on pas sous quel prétexte,ni ce que ces gendarmes bosniaques, c'est-à-dire autrichiens, firent de lui ? Ce silence déjà suffit à jeter sur le personnage une suspicion qui n'a rien de téméraire. Mais il y a autre chose. L'individu en question a été arrêté en 1914. L'instruction a dû relever contre lui des griefs sérieux puisqu'il a été « livré au tribunal » ; nous trouverions donc bizarre qu'on l'eût retenu comme témoin dans l'affaire de Sarajevo si nous ne connaissions la façon dont les tribunaux austro-hongrois forgent de faux témoins. M. Masaryk, député tchèque au Reichsrat, a fait, dans son interpellation des 14 et 15 mai 1909 à propos du procès de Zagreb, un inoubliable tableau de cette justice malhonnête. « Les procès-verbaux, disait-il, ont été falsifiés ; presque tous les témoins ont jusqu'ici constaté qu'ils n'avaient pas déposé ainsi. Quelques-uns des témoins sont des gens simples, ne sachant ni lire ni écrire, dans la bouche desquels on met les considérations politiques les plus étendues. Chacun de ces témoins n'y comprend absolument rien et doit, à chaque instant, répéter : « Non, je n'ai pas dit cela (¹). »

« Au tour des témoins, maintenant ! Il y en a un qui a été condamné pour meurtre ; il apparaît pourtant ici comme témoin ; un autre a attrapé 18 mois de

(¹) T. G. MASARYK, *op.cit.*, p. 10.

prison, c'est un individu qu'il suffit de regarder pour voir à qui l'on a affaire ([1]). »

Dans une affaire plus récente, jugée à Banjaluka en novembre 1915, nous retrouvons les mêmes procédés. « Sur 46 témoins à charge, exactement la moitié était *(sic)* ouvertement au service du gouvernement : soit trois mouchards avérés, un ci-devant prévenu au même procès auquel le procureur acheta sa déposition en retirant l'accusation contre lui ; enfin dix-neuf fonctionnaires publics, gendarmes pour la plupart...

En tête de la liste des témoins à charge figure Obro Golitch : ci-devant accusé de haute trahison, contre lequel le procureur avait également proposé la peine de mort par pendaison. La défense protesta contre ce changement de rôles trop suspect, à quoi le Président répondit avoir lui-même, par son pouvoir discrétionnaire, ordonné la comparution de ce témoin ci-devant accusé, après que le procureur eut abandonné les poursuites contre lui. Et c'est tout ([2]). »

Il y a d'autres témoins de cette sorte dans ce procès, témoins qui nous intéressent davantage et sur lesquels nous reviendrons tout à l'heure. Nous voudrions, auparavant, exposer comment on cuisine des gens pour en faire de faux témoins. Le procès de Banjaluka nous en donne la recette tout au long. « Toute une séric de témoins rétractèrent leurs dépositions de l'enquête ; quelques-uns donnèrent des détails édi-

---

([1]) T. G. MASARYK, *op. cit.*, p. 14.
([2]) *Les Persécutions des Yougoslaves*, *op.cit.*, p. 75. Cet ouvrage puise ses renseignements sur le procès de Banjaluka dans le journal officiel *Sarajevski List* et dans le journal officieux *Hrvatski Dnevnik*.

fiants sur la manière dont les dépositions antérieures
leur avaient été extorquées.

Le témoin Risto Trifkovitch : « Un jour, Milan Ma-
drupa (un gendarme) vint vers moi, me prit la main
et me dit : « Écoute, il faut que tu déposes contre l'instituteur Tomovitch. Tu diras, par exemple, qu'il a
crié : Vive le roi Pierre et à bas l'Autriche ! » Il m'emmena ensuite auprès du chef d'arrondissement qui,
à son tour, me menaça : « Si tu ne parles pas, tu nous
le paieras cher ! » Devant ces menaces, je déposai. Je
dis avoir rencontré à Stolac, devant l'église, l'instituteur Tomovitch et lui avoir demandé pourquoi la
ville était pavoisée. Il m'aurait répondu : « Après les
drapeaux noirs du matin (c'était après l'attentat de
Sarajevo), viendront les drapeaux blancs du soir. Vive
le roi Pierre! » — J'ai parlé ainsi de peur d'être tué,
mais en tout cela il n'y a pas un mot de vrai. Aujour-
d'hui, devant ce tribunal, je dis la vérité. »

Le témoin Nikola Batinitch allégua des choses encore plus curieuses. « Deux ou trois jours après la déclaration de guerre à la Serbie, le caporal Serif Kuzmitch
vint avec une patrouille dans ma maison et m'ordonna
de lever les mains. Après m'avoir fouillé, les soldats
me lièrent les mains avec une corde. Un soldat m'es-
corta à la gare et de là à Renovica où je suis resté
huit jours. Je n'étais pas trop mal, car les soldats
m'avaient, de temps en temps, offert de la bière et de
la viande. Mais d'autres soldats remplacèrent les
premiers et ma situation devint terrible. Le caporal
Kukavica se plaisait à me maltraiter et à me traîner,
les mains liées, le long de la voie ferrée. Une nuit,

comme nous marchions à travers un champ, les soldats aperçurent un troupeau de veaux. Ils m'attachèrent à un arbre où je restai crucifié pendant trois
heures, pendant· qu'ils s'étaient éloignés avec les
veaux. Un soldat seul était resté avec moi. Je croyais
ma dernière heure venue. A leur retour, les soldats
continuèrent à me traîner d'un village à l'autre, en
me forçant de leur indiquer les dépôts où la population cachait ses armes. Cela me peinait beaucoup,
car les gens perquisitionnés étaient de mes connaissances. Le caporal Kuzmitch me dit : « Tiens, Niko,
les Serbes te dénoncent et te chargent gravement.
Voyons, ne sais-tu rien contre eux ? » — Je lui ré-
pondis que non. Un soir, nous arrivâmes au village
de Sjetline. Le caporal recommença à insister pour
que je dise ce que je savais contre les Serbes. Il fit
apporter du vin qui me monta à la tête, car j'étais
affamé. Alors il me dit : maintenant nous allons dresser le procès-verbal. Et pendant que nous causions
en fumant et buvant, un autre caporal écrivait (¹)... »

Ces faits suffiraient à nous édifier sur la valeur des
témoignages relatés par le *Livre rouge* si justement ce
même procès de Banjaluka ne nous permettait de
faire la lumière complète sur le Trifko Krstanovitch
de l'Annexe V et le Jovo Jaglitchitch de l'Annexe VI.
Comme ces gens sans aveu doivent coûter fort cher,
on tient, en effet, à en tirer le plus avantageux parti
possible. On les a donc utilisés aussi bien dans le procès de Sarajevo que dans l'affaire postérieure de Ban-

---

(¹) *Les Persécutions des Yougoslaves, op. cit.*, p. 78.

jaluka, et c'est heureux, car cela nous permet d'y voir plus clair.

« Le témoin Trifko Krstanovitch, ayant été fait prisonnier de guerre sur le front italien, n'a pu paraître (à Banjaluka). On lut sa déposition faite au procès contre les assassins de l'archiduc François-Ferdinand. Ce témoin affirme aussi avoir eu la malchance de devenir de force membre de la *Narodna Odbrana*, s'étant trouvé en Serbie en 1908, pendant la crise annexionniste, on l'aurait forcé à s'engager comme comitadji... Le prévenu Vasilj Grgjitch s'empressa de compléter cette déposition. « A sa rentrée de Serbie, déclara-t-il, le témoin offrit de me révéler, moyennant finances, « des choses d'une importance capitale ». Il fit les mêmes offres au journal *Srpska Rijetch*, puis au journal austrophile *Hrvatski Dnevnik* pour retomber, à la fin, sur le chef du gouvernement de Bosnie, le baron Pittner. Partout il fut éconduit. Pourtant, peu de temps après, le même gouvernement qui avait écarté ce solliciteur besogneux, le cita comme un des témoins à charge principaux. »

Mentionnons encore la déposition du troisième mouchard, Jovo Jaglitchitch, engagé aussi, disait-il, contre sa volonté dans la *Narodna Odbrana*. Il releva de lourdes charges contre l'inculpé Vasilj Grgjitch. Or, il avait, par une dénonciation tout à fait conforme à sa déposition actuelle, provoqué en 1913 des poursuites contre le même inculpé qui, alors, fut acquitté, preuve évidente que le tribunal n'avait pas cru à ces racontars d'alors (1). »

---

(1) *Les Persécutions des Yougoslaves, op. cit.*, p.76.

Nous savons donc à quoi nous en tenir, et les incohérences de Krstanovitch et de Jaglitchitch s'expliquent. Nous ne sommes pas surpris de noter que le premier prétend avoir été en rapport, en 1908, avec Mitar Djinovitch qui, dit-il, « fut impliqué dans l'affaire monténégrine des bombes et fusillé en Monténégro », alors que cette affaire fut réglée en 1907. Nous ne sommes pas étonné de constater qu'ayant vu « un jour » Mika Atanasijevitch, ila it pu connaître ce qu'il « faisait d'habitude », ni que, par crainte qu'il ne trahisse le secret des Serbes, ceux-ci aient cru prudent de le livrer à la police autrichienne. Le roman de Jaglitchitch, qui nous rapporte ce que d'autres lui auraient dit, ne nous surprend pas davantage. Il n'y a pas à faire fond sur ces dépositions monnayées de malhonnêtes gens.

Pourquoi tiendrions-nous compte également des « rapports confidentiels » de l'Annexe VII ? Nous ne savons même pas de qui ils émanent. Il faut, pour qu'on nous cache si soigneusement le nom du confident, qu'il soit moins recommandable encore que ceux que l'on veut bien nous nommer. Le *Livre rouge*, d'ailleurs, nous épargne le soin de discuter en nous fournissant un argument péremptoire. Le N° 19, qui émane de la plume même du comte Berchtold, nous affirme que les « informations confidentielles » sont « difficilement contrôlables. » Nous le croyons sur parole et condamnons donc avec lui les Annexes VII, VIII (Appendice), X et XII-2, qui ont la même origine. Et nous demandons alors : que reste-t-il des accusations ainsi portées contre la *Narodna Odbrana* ?

Qu'est-ce qui nous prouve que cette association a agi contre l'Autriche-Hongrie et armé la main des criminels de Sarajevo, puisque tous les témoignages invoqués contre elle sont sans valeur ?

∞

Il reste pourtant ce qui constitue le nœud de la question : le résultat de l'enquête faite par le tribunal de Sarajevo. L'Annexe VIII nous l'expose en 4 parties et un appendice : I. Le crime et ses auteurs. — II. Origine du complot. — III. Provenance des bombes. — IV. Transport des trois auteurs de l'attentat et des armes de Serbie en Bosnie. Nous avons montré que l'Appendice, émanant d'un confident anonyme, ne mérite pas créance. Nous nous contenterons donc d'analyser et d'étudier chacun des 4 chapitres de ce document. Remarquons auparavant qu'on ne nous donne aucune date relative au commencement de l'enquête ni à sa fin ([1]) ; qu'on ne nous communique pas les actes authentiques du tribunal, contresignés par les prévenus ou les témoins, mais un résumé plus ou moins étendu. Après cette constatation, qui enlève à l'exposé du Ballplatz une partie de sa valeur, examinons le dossier.

I. LE CRIME ET SES AUTEURS

« Gavrilo Princip, Nedejlko Cabrinovitch, Trifko Grabesz, Vaszo Tchubrilovitch et Cetres Popovitch

---

([1]) Voir à ce sujet le communiqué officiel du 8 juillet 1914 que nous donnons en appendice (Nº 15, p. 273).

avouent avoir formé, de concert avec Mehemed
Mehemedbasitch, aujourd'hui en fuite, un complot
tendant à l'assassinat de M. l'archiduc François-Ferdinand. Ils reconnaissent *s'être munis* de bombes,
quelques-uns aussi de revolvers browning...

« Nedejlko Cabrinovitch avoue avoir, en qualité de
premier conjuré, lancé contre la voiture de M. l'Archiduc *une* bombe qui manqua son but et qui, en écla-
tant, ne blessa que les personnes occupant la voiture
qui suivait l'automobile de l'Archiduc.

« Gavrilo Princip avoue avoir tiré contre l'automobile de l'Archiduc deux coups de revolver browning
qui blessèrent mortellement M. l'archiduc François-
Ferdinand et Mme la duchesse Sophie de Hohenberg. »

Voilà l'essentiel. Ce texte nous apprend donc quel
a été le rôle de Cabrinovitch et de Princip dans le
crime du 28 juin 1914. Par contre il ne nous dit pas en
quoi leurs co-accusés participèrent à l'attentat, et les
autres pièces du dossier (II, III et IV) ne le diront
pas davantage. Cette lacune est inexplicable, aussi
ne cherchons-nous pas à l'expliquer. Il est, par
contre, plus facile d'expliquer pourquoi on omet de
nous dire quand les criminels ont fait leurs aveux.
Dès le 29 juin, c'est-à-dire le lendemain même du
forfait, le maire de Sarajevo faisait afficher l'appel
suivant, qu'il adressait à ses concitoyens :

« *De l'aveu de l'auteur de l'attentat lui-même, il est
hors de doute que* LES *bombes lancées sur l'Archiduc et
sa femme proviennent de Belgrade.*

Cependant on soupçonne, non sans raison, que

dans notre patrie, et à Sarajevo, se trouvent des éléments révolutionnaires.

Nous réprouvons ce crime épouvantable avec la plus grande horreur.

Ce sera le devoir sacré de la population d'effacer l'affront fait aujourd'hui à Sarajevo et de s'en laver. »

D'autre part l'agence officielle de presse autrichienne lançait ce même jour une note intéressante à cet égard, et qui disait : « *K. K. Korresponden-Bureau*, 29 juin 1914. — Les deux criminels, internés à la prison de la garnison, ont toujours une conduite cynique. Ils se montrent insolents envers les fonctionnaires enquêteurs et ne font pas preuve du moindre repentir. Il semble, au contraire, qu'ils soient heureux de la réussite de leur acte impie. *A la plupart des questions, ils ne répondent pas* ; ils *NE NIENT PAS* néanmoins avoir reçu les bombes à Belgrade, de deux *comitadjis*, paraît-il. De même, ils reconnaissent avoir agi en plein accord. Ils avaient décidé que, si l'attentat ne réussissait pas à l'un, l'autre devait le renouveler. Princip donne l'impression d'un garçon très intelligent et *répond d'une façon précise à toute question.* »

Nous reviendrons tout à l'heure sur les termes et les contradictions de ce communiqué. Nous savons, par deux plumes officielles, que le 29 juin les inculpés avaient accusé Belgrade, et nous comprenons pourquoi le *Livre rouge* ne mentionne pas cette date. La diplomatie eût alors été en droit de demander au Ballplatz pourquoi, dès qu'il était en possession de ces « aveux », il n'a pas prié la justice serbe d'ouvrir sur cette affaire une enquête en bonne et due forme.

Pourtant s'agit-il bien d'aveux, en réalité ? Le maire de Sarajevo le dit, mais il n'est informé qu'indirectement sans doute. En tous les cas, l'agence officielle, qui tient ses renseignements d'une source plus sûre, se contente d'affirmer que « les deux criminels *ne nient pas* ». Il y a une nuance, et cette nuance est tout un monde. Ne pas nier ne veut pas dire avouer. « Ils ne nient pas » veut dire qu'on leur a suggéré que les bombes venaient de Belgrade et que ni Cabrinovitch ni Princip n'ont dit non. N'a-t-on pas cherché à jouer sur les mots ? N'a-t-on pas cherché ainsi à induire en erreur l'opinion publique en Autriche-Hongrie même et dans le monde entier pour faire croire à la culpabilité de la Serbie ? Il ne s'agit sûrement pas d'aveux spontanés puisqu'on pose des questions aux deux criminels et que l'on prend pour un assentiment ce qui n'est pas une négation, ce qui, peut-être, n'est qu'un silence. En effet « à la plupart des questions, ils ne répondent pas », et qui ne dit rien consent, chacun sait cela (¹). Nous ne comprenons pas, par exemple, comment Princip, qui est pourtant un des deux criminels, muet « à la plupart des questions », peut répondre « d'une façon précise à toute question. »

Enfin, ne soyons pas trop curieux et ne demandons pas à la bureaucratie autrichienne d'être logique.

(¹) Il est intéressant de comparer les « aveux » du *Livre rouge* avec ceux que le *K. K. Korrespondenz-Bureau* a communiqués à la presse et que nous donnons en appendice, voir pages 266 et 269, les Nᵒˢ 1 et 9.

Nous en verrons bien d'autres. Admettons que Cabrinovitch et Princip aient avoué tout ce que l'on a voulu et voyons leur crime. Nedeljko Cabrinovitch avoue « avoir lancé *une* bombe, » dit le *Livre rouge*. Qui dit la vérité : le comte Berchtold, auteur de ce livre ; le maire de Belgrade quand il dit *des* bombes, ou les récits officiels que nous avons déjà cités (¹) ? Le maire de Belgrade a l'avantage de s'être trouvé sur place et d'avoir eu des renseignements de première main. Or, il parle de plusieurs bombes. Le récit officiel du 29 juin, lui aussi, parle de bombes, au pluriel. Il précise même : un petit projectile a été lancé d'abord, puis une bombe. Or il a le mérite d'avoir été authentiqué non seulement par son origine, mais encore par un télégramme exprès émanant de la plus haute autorité — après l'Empereur — en Bosnie-Herzégovine et, qui mieux est, de l'un des témoins oculaires du drame, du maréchal Potiorek, gouverneur civil et militaire du pays. Le *Neues Wiener Tagblatt* s'était, le 29 juin, adressé télégraphiquement au maréchal pour avoir une relation authentique de l'événement. Il reçut ce même jour, et par la même voie, la réponse suivante, qu'il publia le 30 :

« Sarajevo, 29 juin. — Par ordre supérieur de S. E. le gouverneur du pays, nous vous informons que le récit des événements d'hier transmis hier et *aujourd'hui* par le *K. K. Korrespondenz-Bureau* est *authentique* et que nous n'avons rien à y ajouter. — Bureau de Presse du gouvernement du pays. »

(¹) Voir le chapitre précédent, p. 88.

Encore une fois, qui dit la vérité ? La réponse à
cette question est, nous semble-t-il, facile maintenant. Le maire de Sarajevo et le gouverneur, dont la
négligence était d'autant plus coupable que le nombre
des bombes était plus grand, n'avaient aucun intérêt
à mentir dans ce sens — au contraire. Le menteur —
et nous avons montré que celui-là a intérêt à mentir
— est incontestablement l'auteur du *Livre rouge*.
Nous avons, dans notre précédent chapitre, fait ressortir les conséquences de ce mensonge, et nous y
reviendrons quand nous parlerons de la « provenance
des bombes. »

Il ne reste donc d'avéré, dans cette première partie
de l' « extrait des actes du Tribunal de district bosniaco-herzégovinien de Sarajevo », que le récit du
crime de Princip, récit qui n'a varié dans aucune relation. Le silence que le *Livre rouge* garde sur le lieu
où cet attentat s'est produit confirme, du reste, le
témoignage que nous avons reproduit, et qui disait
que les coups de revolver avaient été tirés « à un endroit où, selon le programme, les automobiles ne devaient pas même se montrer. » Ce mutisme sur la
topographie de l'attentat ne fait, par conséquent, que
fortifier notre thèse.

II. ORIGINE DU COMPLOT

Oublions néanmoins cette thèse. Faisons table
rase et étudions avec la diplomatie austro-hongroise
l'*origine du complot*.

« Les inculpés, s'*accordant sur les points essentiels*,

ont donné au juge d'instruction les indications suivantes :

C'est au mois d'avril 1914 (¹) que Princip, au cours
d'un séjour à Belgrade, où il fréquentait, dans les
cafés, de nombreux étudiants serbes, conçut le projet
d'un attentat contre feu M. l'archiduc François-
Ferdinand. *Il discuta ce plan avec Cabrinovicth qu'il
connaissait*, et qui se trouvait également à Belgrade ;
celui-ci nourrissait dès cette époque la même pensée
et se déclara aussitôt disposé à participer à l'attentat. »

Princip et Cabrinovitch, manquant d'argent, songèrent à demander les bombes et les armes nécessaires au major serbe Milan Pribitchevitch ou à la
Narodna Odbrana. « Mais le major et le membre
compétent de la dite association, Zivojin Datchitch, »
étaient absents. Les deux criminels « décidèrent de
tenter d'obtenir les armes par un ancien comitatschi
qu'ils connaissaient et qui, à cette époque, était employé au chemin de fer de l'État, Milan Ciganovitch.

*Princip entra donc en relation avec Ciganovitch par
l'intermédiaire d'un ami intime de ce dernier.* Ciganovitch
vint trouver Princip, causa avec lui du projet d'attentat qu'il approuvait pleinement, et commença par
lui déclarer qu'il demandait à réfléchir, s'il devait
fournir les armes. Cabrinovitch eut également un
entretien avec Ciganovitch au sujet des armes.

A Pâques, Princip mit dans la confidence Trifko

(¹) Notons, sans commentaires, qu'un communiqué authentique du *K. K. Korrespondenz-Bureau*, que nous donnons en appendice (Nº 1, p. 266), affirme que Princip était revenu en Bosnie
depuis trois mois lorsqu'il commit son attentat.

Grabesz, qui se trouvait aussi à Belgrade et qui, suivant son aveu, se déclara également prêt à coopérer à l'attentat.

Dans la suite, Princip eut à maintes reprises des entretiens avec Ciganovitch sur la manière de perpétrer l'attentat.

Entre temps, Ciganovitch s'était entendu au sujet du projet d'attentat avec le major serbe Voja Tankositch, avec lequel il était en étroite relation d'amitié et qui, dans ce but, mit *ensuite les revolvers browning à sa disposition*.

Grabesz fait des aveux qui concordent avec les indications données par Princip et Cabrinovitch, à savoir que le 24 mai, en compagnie de Ciganovitch, il avait rendu visite à Tankositch à son domicile et sur le désir qu'en avait exprimé le major. Les présentations faites, Tankositch aurait dit à Grabesz : « Es-tu l'homme qu'il faut, es-tu résolu ? » A quoi Grabesz aurait répondu : « Je le suis. » Tankositch demanda : « Savez-vous manier le revolver ? » et, sur la réponse négative de Grabesz, Tankositch aurait dit à Ciganovitch : « *Je te donnerai un revolver*, va leur apprendre à tirer. »

Ensuite Ciganovitch conduisit Princip et Grabesz au champ de tir de la garnison de Topcider et leur donna, dans le bois voisin du champ, une leçon de tir à la cible avec revolver browning. Princip se révéla le meilleur des *deux* tireurs. Ciganovitch familiarisa aussi Princip, Grabesz et Cabrinovitch avec l'usage des bombes, qui lui furent remises plus tard.

Le 27 mai 1914, Ciganovitch remit à Princip, Cabrinovitch et Grabesz — selon leurs aveux concordants —

9

six bombes, *quatre* revolvers browning et des quantités suffisantes de munitions ainsi qu'*un* tube de verre contenant du cyanure de potassium, de quoi s'empoisonner après avoir perpétré le crime, afin que le secret fût gardé. En outre Ciganovitch leur remit de l'argent.

Dès Pâques, Princip avait informé *Danilo Ilitch* de son projet d'attentat. *Lors de son retour à Sarajevo*, il pria celui-ci de recruter quelques autres personnes, qui devaient participer à l'attentat pour en assurer le succès. C'est alors, d'après *son* aveu, que Ilic aurait gagné à la cause Vaso Cabrinovitch, Cetro Popovitch et Mehmed Mehemedbasitch. »

Avant tout autre commentaire, relevons les incohérences ou même les contradictions de ce texte. Elles sautent aux yeux. On nous dit que les inculpés s'accordent « sur les points essentiels ». Il est au moins singulier qu'on ne nous dise pas sur quels points ils diffèrent, car cela prouve que l'on tient à cacher certaines choses. On ouvre donc par là la voie à une foule de suppositions qui ne peuvent que diminuer notre confiance déjà fortement ébranlée par ce qu'on nous livre. Ne nous dit-on pas, par exemple, de Princip et de Cabrinovitch « qu'ils connaissaient » Ciganovitch pour, deux lignes plus loin, nous raconter qu'ayant besoin d'armes, « Princip entra donc en relation avec Ciganovitch par l'intermédiaire d'un ami intime de ce dernier » ? Mais alors Princip et Cabrinovitch ne connaissaient pas Ciganovitch sans quoi il n'était pas nécessaire d'un intermédiaire. Qui est, du reste, cet intermédiaire certainement lié avec tous et

dont Princip et Cabrinovitch devaient savoir le nom ?
Le *Livre rouge* nous doit cette présentation d'un témoin important. Il nous doit aussi des renseignements
sur la façon dont Princip qui, *à Pâques*, était à Belgrade fit, *dès Pâques*, part de son projet criminel à
Ilitch, qui était à Sarajevo, livrant ainsi son secret au
hasard des postes autrichiennes et de leur cabinet
noir.

Il serait également curieux de savoir comment il
se fait que le major Tankositch qui, précédemment,
avait mis des revolvers à la disposition de Ciganovitch,
éprouve, le 24 mai, le besoin de lui dire : « Je te donnerai un revolver ». Tout cela est bien peu clair, mais
cette obscurité, qui n'est pas exceptionnelle est sans
doute voulue. Faisons néanmoins comme si nous
comprenions, et continuons notre examen en abor-
dant le fond même de l'acte produit par le *Livre
rouge.*

La 1re partie de l'Annexe VIII nous a présenté les accusés : Princip, Cabrinovitch, Grabesz, Tchubrilovitch
et Popovitch. Ils sont cinq auxquels s'ajoute Mehmed
Mehemebasitch que l'on n'a pu arrêter. Nous sommes
surpris de ne pas trouver parmi eux le complice que
nous révèle la 2e partie, Danilo Ilitch. Il nous semble
pourtant que ce dépositaire des secrets de Princip,
ce recruteur de la bande, avait sa place au banc des
criminels, et que son témoignage aurait présenté un
intérêt capital. S'il n'a pas été arrêté, nous ne comprenons rien à la justice autrichienne. S'il a été arrêté
— ce que la dernière phrase (« c'est alors, d'après
son aveu, que Ilitch »... le contexte ne permet pas de

juger si *son* se rapporte à Princip où à Iltich) ce que
sa dernière phrase, disons-nous, pourrait laisser supposer, nous ne saisissons pas pourquoi on ne nous
rapporte pas son témoignage. C'est sans doute pour
la même raison que l'on néglige celui de Popovitch.
En exposant celui de Tchubrilovitch (Annexe XI-1),
on nous montre pourtant que l'on ne s'en tient pas
aux déclarations des seuls assassins. Ils est vraisemblablement beaucoup de choses dans les dépositions
de Popovitch et d'Ilitch qu'il ne serait pas bon que
l'opinion connût. Il est à présumer qu'il y en a également beaucoup dans celle de Cabrinovicth, car on
fait à ses aveux une part bien minime.

La 1re partie nous présente Cabrinovitch comme
ayant la « qualité de premier conjuré » ; la 2e partie
cependant nous fait savoir que c'est Princip qui conçut
le projet, que c'est Princip qui entra en relation avec
Ciganovitch, que c'est Princip qui enrôla Grabesz,
que c'est Princip qui, en la seule compagnie de
Grabesz, apprit à tirer du revolver, qu'enfin c'est
Princip qui, par l'intermédiaire de Danilo Ilitch,
trouva les derniers complices. Pourquoi charge-t-on
ainsi celui des criminels dont l'arme fut non pas des
bombes, mais le revolver ? La seule réponse admissible est, nous semble-t-il, celle que nous avons
donnée : l'attentat de Cabrinovitch a une tout autre
cause que le crime de Princip. L'un lançait des
bombes pour le compte d'un tiers ; le second tirait
des coups de revolver pour le sien propre.

Comment, d'ailleurs, expliquer la question des
armes ? Le 24 mai, alors que déjà Cabrinovitch, Princip

et Grabesz sont « conjurés », Ciganovitch ne donne.
des leçons de tir qu'aux deux derniers. Pourquoi
Cabrinovitch est-il exclu de ces exercices ? On ne
nous ne le dit pas, bien que le fait soit très important.
Il permettrait peut-être de comprendre sur quoi Ciganovitch se basait pour distribuer, le 27 mai, des armes
aux membres du complot. A cette date le complot
comprend, en effet, trois exécuteurs, et l'on ne sait
encore combien Ilitch recrutera de complices. Or,
quelles armes ces trois conjurés reçoivent-ils ? Six
bombes et quatre revolvers. On conçoit que chacun
d'eux ait reçu deux bombes, mais comment se partage-
ront-ils les revolvers ? S'ils en reçoivent chacun un, il
en restera un d'inutile. A moins que Cabrinovitch —
qui n'a pas appris à tirer — n'en soit pas muni, et
cela corroborerait ce que nous avons dit dans notre
thèse, car il resterait encore à expliquer pourquoi ce
Cabrinovitch, premier conjuré, n'a pas la partie aussi
belle que ses acolytes, les moyens mis entre ses
mains étant moins nombreux. Nous nous demandons
enfin de quoi pourront bien être armés les complices
qu'Ilitch recrutera par la suite, ou, s'ils ne sont pas
armés, en quoi a pu consister leur rôle dans l'affaire. Si
nous admettons pourtant leur complicité, le *Livre
rouge* devrait bien nous dire comment ils ont pu « participer à l'attentat pour en assurer le succès ». Il devrait bien nous dire aussi comment, avec un seul « tube
de verre contenant du cyanure de potassium », tous
ces gens, qui ne pouvaient agir ensemble et au même
endroit, auraient pu s'empoisonner « afin que le secret fût gardé. »

Cette histoire de poison a, d'ailleurs, joué un fort mauvais tour aux diplomates austro-hongrois. Dans une phrase du Mémoire (*Livre Rouge*, N° 19) tel qu'il fut communiqué au gouvernement français, phrase que nous avons reproduite plus haut, il est dit que Ciganovitch et Tankovitch « apostèrent Zian Kali avec l'indication que les *deux* auteurs, après l'attentat, devaient se tuer ». Il semble, malgré l'obscurité du style, qu'un nouveau complice soit intervenu, chargé d'obliger Cabrinovitch et Princip à se suicider à la suite de leur méfait. Eh bien ! on se trompe. Le texte allemand du *Livre rouge* dit simplement : « Sie stellten Ziankali mit der Weisung bei, dass sich die Taeter nach vollbrachten Anschlag damit entleiben », ce qui signifie : « Ils ajoutèrent du cyanure de potassium (Ziankali) pour que, le projet accompli, *les auteurs* se tuent avec ». Cette erreur *officielle* montre, en tout premier lieu, le peu de soin que l'on a apporté à Vienne, à la rédaction d'un document qui devait convaincre le gouvernement français du bien-fondé des accusations contre la Serbie (¹). Mais si le traducteur autrichien a pu faire un contresens aussi gros, comment expliquer qu'il ait pu ajouter au texte original un mot aussi important que *deux* et qu'il ait pu, sans raison, faire dire au Mémoire : les *deux* auteurs ? C'est bizarre et compromettant.

L'histoire de Ciganovitch n'est ni moins bizarre, ni moins compromettante. C'est un sujet austro-hon-

---

(¹) Cf. ERNEST DENIS, *La Grande Serbie* (Delagrave, Paris, 1915), p. 286.

grois (*Livre bleu serbe*, N° 39) employé comme aspirant à la direction des chemins de fer serbes. Or la diplomatie du Ballplatz ne cesse de le présenter comme un « fonctionnaire d'État serbe ». Lorsque le gouvernement serbe demande, à propos de lui, au gouvernement impérial et royal « de vouloir bien, dans la forme accoutumée, faire connaître le plus tôt possible les présomptions de culpabilité, ainsi que les preuves éventuelles de culpabilité qui ont été recueillies jusqu'à ce jour par l'enquête de Sarajevo, aux fins d'enquêtes ultérieures », le Ballplatz se garde bien de répondre directement. Il le fait indirectement, mais en se trompant d'adresse. C'est en effet à Berlin qu'il envoie ses « observations sur la réponse serbe » et c'est le *Livre blanc* allemand qui les publie (Annexe Iª). Les voici : « Cette réponse est subtile Suivant *les recherches que nous avons fait faire trois jours après l'attentat*, Ciganovitch, quand on a su qu'il avait pris part au complot, était parti en congé et s'était rendu à Ribari sur l'ordre de la préfecture de police de Belgrade. Il est donc d'abord inexact que Ciganovitch eût déjà cessé d'être fonctionnaire de l'État serbe le 15-28 juin. A cela il faut ajouter que *le préfet de police* de Belgrade, qui a personnellement favorisé le départ de Ciganovitch et qui savait où celui-ci se trouvait, déclarait, dans une interview, qu'il n'existait à Belgrade aucun homme du nom de Milan Ciganovitch. » Ainsi donc Vienne a fait faire des recherches à Belgrade trois jours après l'attentat, c'est-à-dire le 1ᵉʳ juillet. Qui a fait ces recherches ? Est-ce la justice serbe ? Nous savons que non. Est-ce quelque

agent secret du Ballplatz, quelqu'un de ces confi-
dents dont les informations sont difficilement contrôlables ? Peut-être ; à moins que ce ne soit quelque
mouchard comme le gouvernement austro-hongrois
en avait tant dans les Balkans. Mais le *Livre Rouge*
va nous aider à démêler la vérité. Dans un télégramme
qu'il adresse, le 23 juillet, au comte Mensdorff, ambassadeur austro-hongrois à Londres, le comte
Berchtold écrit (*Livre rouge*, Nº 9) : « Un rapport télégraphique de notre ministre de Belgrade nous apprend que le fonctionnaire d'État serbe, Ciganovitch,
compromis dans l'attentat d'après les témoignages
concordants des criminels, se trouvait encore à Belgrade le jour de l'attentat ; mais trois jours plus tard,
quand son nom fut cité dans les journaux, il avait
déjà quitté la ville. Nul n'ignore que *le chef de la
presse* serbe déclara, lui aussi, que Ciganovitch était
totalement inconnu à Belgrade. » Le ministre d'Autriche-Hongrie à Belgrade, le baron Giesl, était absent
de son poste le jour de l'attentat et trois jours après :
les premiers rapports diplomatiques (Nᵒˢ 1 et 2) des
29 et 30 juins ont faits par le chevalier de Storck,
conseiller de légation et, le 21 juillet (Nº 6), le baron
Giesl lui-même écrit : « Voici quelque temps que
depuis le funeste attentat du 28 juin j'ai rejoint mon
poste... » Quand donc a-t-il constaté l'absence ou la
présence de Ciganovitch ? Quand donc a-t-il télégra-
phié son rapport ? Ne soyons pas trop curieux et sachons nous contenter de ce qu'on nous donne. Le
comte Berchtold lui-même nous prouve qu'il n'a pas,
comme il le dit, dans ses observations, *fait faire des*

recherches. Elles ont été faites — si toutefois elles furent faites — spontanément. Il est regrettable pourtant que le comte Berchtold ne nous dise pas pourquoi, du 23 au 27 juillet, sa version au sujet de Cabrinovitch a varié. Le 23 juillet il prétend que Cabrinovitch a fui Belgrade, de son propre chef sans doute, lorsque les journaux l'ont cité comme compromis dans l'attentat. Le 27, il assure, sans nous dire sur quels renseignements il se base, que Cabrinovitch, favorisé par le préfet de police de Belgrade, est parti en congé et s'est rendu à Ribari. Le 23 juillet, c'était le chef de la presse qui déclarait Cabrinovitch inconnu alors que le 27, c'était le préfet de police lui-même. D'où il résulte que le comte Berchtold, qui se contredit si ouvertement lui-même à quatre jours d'intervalle, est fort mal informé et que, par conséquent, il n'a aucune des « preuves éventuelles » réclamées par le gouvernement serbe.

III. PROVENANCE DES BOMBES

S'il n'est pas nettement établi que l'origine du complot soit serbe, peut-être la provenance des armes le démontrera-t-elle. Écoutons le *Livre rouge* là-dessus. « Lors de la perpétration de l'attentat, *une seule bombe avait été utilisée*. Les cinq autres bombes furent retrouvées plus tard par la police à Sarajevo.

D'après l'avis des experts judiciaires, ces bombes *seraient* des grenades à main, d'origine serbe, faites en fabrique et destinées à un but militaire. Elles sont identiques aux vingt et une bombes qui furent découvertes en **1913** dans la Save près Brcko, et qui avaient encore en partie leur emballage d'origine, lequel indiquait d'une façon indubitable qu'elles provenaient de Serbie, du dépôt d'armes de Kragou-jevatz. »

Il s'agit, d'abord, de bien s'entendre sur le nombre des bombes reçues et utilisées par les criminels. *Six* bombes leur ont été données. C'est entendu. N'en ont-ils lancé qu'une ? Le récit officiel que nous avons cité et qu'authentiquait alors le maréchal Potiorek, nous assure qu'ils se sont servi de *deux*. Il y a mieux. Le chevalier de Storck écrit, le 29 juin, au comte Berchtold (*Livre rouge*, N° 1) : « C'est pourquoi les trois jeunes auteurs de l'attentat de Sarajevo, Princip, Cabrinovitch et l'inconnu qui a jeté *des bombes*, paraissent s'être proposé la réédition du drame qui s'est déroulé dans le Kossovopolje. » Si Grabesz (l'inconnu) a jeté *des* bombes, il en a donc été lancé plus de deux. D'autre part, le 29 juin, le *K. K. Korrespondenz-Bureau* communiquait à la presse austro-hongroise la note suivante, à laquelle s'applique aussi le télégramme du maréchal Potiorek ([1]) : « Comme plusieurs émeutes sérieuses ont eu encore lieu aujourd'hui et que *plusieurs bombes ont été lancées*, le gouverneur du pays a proclamé l'état de siège dans

---

([1]) Le télégramme que nous avons cité page 126, ajoutait en effet : « Quant aux événements d'aujourd'hui, nous ajouterons que les manifestations patriotiques des Croates et des musulmans ont été imposantes et qu'elles ont montré la réprobation de tous les esprits pour le terrible attentat, mais elles ont conduit à des émeutes regrettables contre la population serbe. »

la ville et sa banlieue (Sarajevo). » Comment après
l'utilisation de tant de bombes, officiellement constatée, a-t-il pu en rester cinq sur les six qui avaient
été confiées à Princip, Cabrinovitch et Grabesz ? La
police de Sarajevo a dû, en cette occasion, opérer un
miracle digne de la multiplication des pains et nous
aimerions savoir quelles bombes « les experts judiciaires » ont examinées.

Pourquoi, aussi, ne nous dit-on pas qui étaient ces
experts et ne nous communique-t-on pas leur rapport détaillé ? C'eût été, probablement, dangereux,
car le *Livre rouge* n'ose pas lui-même leur faire affirmer que ces bombes *étaient* des grenades à main,
d'origine serbe. Il se contente de leur faire dire
qu'elles *seraient* de telles grenades. Rien n'est donc
démontré par ces experts, aussi a-t-on trouvé autre
chose : ces grenades sont semblables à d'autres grenades découvertes en 1913, dans une rivière, et qui
portaient encore leur emballage d'origine. En admettant que des criminels eussent été assez malha-
biles pour semer ainsi des pièces à conviction ; en
admettant, d'autre part, que l'eau n'ait pas détérioré
cet emballage d'origine, il resterait au *Livre rouge*, à
prouver que cette découverte de bombes a réellement
été faite en 1913. C'est justement ce qu'il ne fait pas,
et nous n'avons pas la mentalité de certaines parties
de la population austro-hongroise à qui on peut raconter des fables comme celles que, le 4 juillet, le
Budapesti Hirlap mettait dans la bouche d'un membre
de la diète de Bosnie-Herzégovine. « Les traces relevées par l'enquête, disait cette interview, conduisent

non seulement au major Pribitchevitch, mais encore
au général Jankovitch, président de la *Narodna Odbrana*. Pendant la crise balkanique, au moment de
la plus forte tension entre l'Autriche et la Serbie, on
trouva vingt bombes dans le lit de la Save, près de
Brcko. Ces bombes étaient emballées dans des
papiers officiels de l'arsenal de Kragoujevatz. L'un
de ces papiers portait même la signature du lieutenant Jovanovitch. » C'est pourtant cette fable que le
Livre rouge reproduit et prétend nous faire accroire.
Enfin concédons encore ce point et voyons comment
a pu s'opérer le transport des criminels et des armes.

IV. TRANSPORT DES TROIS AUTEURS DE L'ATTENTAT
ET DES ARMES DE SERBIE EN BOSNIE

Cette histoire de transport est un véritable roman,
mais ce n'est que cela. « Ciganovitch dit à Cabrinovitch, Grabesz et Princip qu'ils devaient se rendre à
Tuzla en passant par Chabatz et Loznica, et s'y
adresser à Misko Jovanovitch, qui se chargerait des
armes. Ils devaient aller tout d'abord à Chabatz et se
présenter chez le lieutenant des douanes, le major
Rade Popovitch, pour lequel il leur donna un billet
qui fut confié à Princip. Le 28 mai, les trois complices quittaient Belgrade avec leurs armes. A Chabatz, Princip remit à Popovitch le billet qu'il avait reçu
de Popovitch. Le major les mena tous trois au Bureau de la place *et leur délivra un passeport* par lequel
on certifiait que l'un d'eux était douanier et les deux
autres ses camarades. Le passeport portait aussi le

nom du soi-disant douanier, *nom que d'ailleurs il (Princip) avait oublié*. En même temps le major Popovitch leur remit un pli fermé à l'adresse du capitaine des douanes à Loznica, *qui s'appelait Pravanovitch, Prdanovitch ou Predojevitch*.

Princip, Cabrinovitch et Grabesz passèrent la nuit à Chabatz et se rendirent le lendemain matin par chemin de fer à Loznica en payant demi-place grâce au passeport que leur avait délivré le major Popovitch. A midi, ils arrivèrent à Loznica et remirent au capitaine des douanes de la localité la lettre du major Popovitch, qui contenait ces mots : « Tâche de recevoir ces gens et de les amener où tu sais. » Le capitaine leur dit qu'il appellerait de la frontière des hommes et qu'il les confierait tous trois au plus sûr d'entre eux. La-dessus il téléphona et donna rendez-vous aux trois complices pour le lendemain matin à 7 heures dans son bureau.

Le lendemain, les trois conjurés décidèrent que Cabrinovitch, *muni du passeport de Grabesz*, prendrait ouvertement la route de Zvornik, mais que Princip et Grabesz franchiraient secrètement la frontière. Ce plan fut discuté avec le capitaine des douanes, et il fut arrêté à cette occasion qu'un douanier de Ljechnica, nommé Grbitch prendrait Princip et Grabesz dans sa karaula, et leur ferait franchir la frontière. Cabrinovitch partit à pied pour Banja Koviljaca, dans la direction de Zvornik. Princip et Grabesz allèrent avec le douanier Grbitch à Ljechnica, où ils déposèrent les bombes et *le revolver* dans une chambre d'hôtel. Grbitch put donc voir

ces objets. Princip lui-même qualifia leur voyage
d'entreprise *mystique*.

Les explications de Grabesz furent *pour l'essentiel
conformes à celles de Princip*... Grbitch et un
deuxième douanier conduisirent Princip et Grabesz
en barque dans une île de la Drina. Arrivé là, Grbitch
leur recommanda d'attendre un paysan qui devait
venir les prendre. Ils passèrent la nuit dans l'île, dans
une maisonnette de paysan que leur avait indiquée
Grbitch. Le lendemain se présenta un paysan, qui
les conduisit, pendant la nuit, d'abord à travers un
marécage, et par la montagne jusqu'aux abords de
Priboj, où à son tour il les confia à l'instituteur de
l'endroit, *Tchubrilovitch, qui paraissait les avoir attendus* et qui fut prié de les conduire plus loin.
Tchubrilovitch les mena à Tuzla, auprès de Misko
Jovanovitch. Sur les incidents du voyage, la déposition de Cabrinovitch *concorde en général* avec celle
de ses deux complices, jusqu'au moment où il [se
sépara de Princip et de Grabesz... A Loznica, Cabrinovitch, Princip et Grabesz, décidèrent de se séparer, attendu qu'il serait trop dangereux de voyager à
trois. Le capitaine des douanes de Loznica, auquel ils
firent part de cette résolution, approuva leur plan et
donna à Cabrinovitch une lettre adressée à M. Jaklojevitch, instituteur à Mali-Zvornik. Cabrinovitch
confia alors à Princip et à Grabesz les bombes, *le
browning* et les munitions qu'il portait, et, en compagnie d'un douanier qu'on lui avait adjoint, il se
rendit à Mali-Zvornik. Il y trouva l'instituteur Jaklojevitch, auquel il remit la lettre du capitaine de Loz-

nica. Jaklojevitch informa le poste de douane serbe. Cabrinovitch étant arrivé ensuite avec l'instituteur à ce poste frontière, il y trouva un homme qui les attendait et qui leur fit traverser la Drina pour les conduire à Grand Zvornik en Bosnie. De là Cabrinovitch se dirigea vers Tuzla où il alla trouver Misko Jovanovitch. »

Nous avons déjà dit ce qu'il faut penser de ces témoignages qui sont « pour l'essentiel conformes » ou qui « concordent en général », mais peuvent différer en particulier. Nous n'y reviendrons pas. Le récit de ce voyage « mystique », que le comte Berchtold, d'après ce même Princip, qualifie ailleurs de « mystérieux », ne laisse pas d'être fort mystérieux en effet. Que signifie ce passeport donné à trois personnes par un bureau militaire, sur la demande d'un douanier, et qui, tout à coup, devient le passeport de Grabesz ? Comment admettre, d'autre part, que Princip, qui a une si bonne mémoire pour une foule de noms et de détails, ait oublié précisément le nom que portait la pièce officielle qui lui servait de sauvegarde ? Ce nom était celui d'un capitaine de douanes. Il eût été par conséquent facile au juge d'instruction de le retrouver dans un annuaire serbe. Il est fort mystérieux aussi de voir que Princip et Grabesz, à Ljechnica, avaient bien *les bombes*, mais qu'ils n'avaient plus que *le* revolver. Qu'étaient devenus les trois autres, puisque Cabrinovitch — qui pourtant n'avait pas appris à tirer — leur avait remis le sien ? Enfin comment se fait-il que Tchubrilovitch soit mêlé à cette histoire de transport ? N'avons-nous pas lu au § 2 (origine du

complot) que Princip, « *lors de son retour à Sarajevo,*
pria Ilitch de recruter quelques autres personnes »
et que « c'est alors que Ilitch aurait gagné à la cause
Vaszo Tchubrilovitch » ? Puisque ce Tchubrilovitch
n'a été recruté qu'au retour de Princip à Sarajevo, il
n'a pu l'aider à passer la frontière pour rentrer dans
cette ville ni, partant, faire une déposition comme
celle que nous présente le *Livre rouge* à l'Annexe II,
1. Or si ce Tchubrilovitch n'a pas servi d'intermédiaire et si le *Livre rouge* ment à son égard, qu'est-ce
qui nous prouve qu'il ne ment pas au sujet des
autres individus mentionnés ?

Si même le mensonge n'était pas si flagrant, il ap-
paraîtrait impossible d'admettre ce romanesque transport de meurtriers et d'armes. Une question vient en
effet à l'esprit : que faisaient donc les douaniers autrichiens et la fameuse police de frontière autrichienne ?
Par contre-coup, une autre question se pose : comment des douaniers serbes pouvaient-ils favoriser
une telle contrebande en Autriche, puisque ce ne
sont pas eux qui ont charge du contrôle ? Le Memorandum adressé en 1907 par les émigrants bosniaques
à la deuxième conférence de la Haye, disait, à propos
de la façon dont étaient gardées les frontières de la
Bosnie : « L'idée nationale et les tendances vers la
fusion politique avec les Serbes de Serbie et de Monténégro sont très développées chez le peuple de
Bosnie-Herzégovine. C'est ce qui fit peur à l'Autriche-Hongrie. Il fallait à tout prix détruire ces sentiments serbes en isolant la Bosnie-Herzégovine du
monde entier et surtout des États voisins. Le gouver-

nement autrichien n'y manqua pas. Il s'appliqua de
son mieux à cette œuvre : pour entraver la communication des deux côtés, on établit les difficiles for-
malités nécessaires à l'obtention du passeport ; des
sentinelles permanentes, très rapprochées, furent
placées le long de la frontière. C'est depuis cette
époque que la Bosnie-Herzégovine est entourée d'un
mur chinois. » A l'intérieur même du pays la circula-
tion est des plus difficiles, car, fait encore remarquer
ce Memorandum, « on défend aux indigènes de passer
d'un arrondissement à un autre sans autorisation de
la police. » Depuis 1907 la tension austro-serbe consé-
cutive à l'annexion de la Bosnie-Herzégovine et aux
guerres balkaniques, n'a fait que renforcer ces mesures de sécurité. Il est donc improbable que les criminels de Sarajevo aient pu, sans la complicité des
fonctionnaires autrichiens, forcer ce « mur de
Chine », et c'est en Autriche même qu'il faudrait
chercher alors les instigateurs du complot.

∞

Le *Livre rouge* aura beau produire encore un témoignage anonyme (Annexe VIII, Appendice) sur
la « valeur réelle » duquel il ne peut porter aucun jugement, et qu'il annule ainsi ; il aura beau reproduire
plus ou moins exactement ou résumer des articles de
la presse serbe après l'attentat (Annexe IX), ou bien
décrire des tableaux hostiles à la monarchie appen-
dus, paraît-il, au ministère de la guerre serbe (Annexe XI, 2), ses incohérences sont trop apparentes,

10

les invraisemblances de ses récits trop évidentes, et
ses mensonges trop flagrants pour convaincre qui
que ce soit. Nous restons persuadé que si la diplomatie austro-hongroise a présenté si tard le soi-disant
résultat de l'enquête unilatérale de Sarajevo, si elle a
refusé aux grandes puissances le droit d'examiner
les pièces de cette procédure, c'est qu'elle avait peur
d'une découverte compromettante. Un examen attentif et impartial conduit, on le voit, à cette conclusion qu'il n'y a pas eu, qu'il ne peut y avoir eu de
complot formé entre Cabrinovitch, Princip et Grabesz ; mais qu'il y a eu une affaire de bombes et une
affaire de coups de revolver. Le *Livre rouge* lui-
même suffirait donc, s'il était nécessaire à renforcer
la thèse que nous avons présentée ([1]).

([1]) Voir Annexe, nos 1 et 2, pages 295 et 296.

CHAPITRE V

LA CULPABILITÉ
DE L'AUTRICHE-HONGRIE

L'AUTRICHE CONTRE LA SERBIE. — L'AUTRICHE CONTRE LA
RUSSIE.

AU milieu de la tranquillité de l'Europe, troublée seulement par les conflits intestins de
la jeune Albanie, l'attentat de Sarajevo eut une
énorme répercussion. Cette fin brutale d'un homme,
d'un père, qui était en même temps un prince énig-
matique et sombre, éveillait la compassion et pourtant apportait en beaucoup d'endroits un certain
soulagement. Personne ne songeait à approuver les
mains criminelles qui venaient de briser deux exis-
tences ; tous et partout sympathisaient avec le vieil
empereur pour qui le sort semblait si cruel ; tous et
partout compatissaient au deuil des orphelins archiducaux ; tous et partout, ceux qui avaient quelque
raison de ne pas aimer François-Ferdinand, ou-
bliaient leur rancune pour saluer les dépouilles d'un

prince redouté de son vivant. Car, énigme dangereuse, l'Archiduc héritier était craint. On connaissait
ses ambitions, on le savait « pénétré de l'esprit militaire », comme a dit la *Danzer's Armeezeitung* ; aussi
voyait-on disparaître en lui le chef belliqueux que
l'on redoutait, et l'on respirait plus à l'aise. Nous
avons eu l'occasion de noter cette impression en
Autriche même, lorsque se répandit, dans l'après-
midi du 28 juin, la terrible nouvelle. En voyant des
gens à la fois consternés de la mort du prince et ravis
de la paix qu'elle assurait, nous songions involontai-
rement à l'embarras de Gargantua, ne sachant s'il
doit pleurer la mort de sa femme ou se réjouir de la
naissance de son fils.

Comment s'étonner alors que l'impression res-
sentie par certaines populations de la monarchie
danubienne, le peuple serbe l'ait éprouvée aussi ?
Les Serbes savaient ce qu'ils pouvaient attendre de
l'Archiduc défunt, de même que François-Ferdinand connaissait leurs sentiments à son sujet. Danev,
l'ancien premier ministre bulgare, parlant, le
8 juillet 1914, dans la *Trgovinski Vestnik* de la victime de Sarajevo, rapportait ce mot qu'il avait entendu de sa bouche : « Les Serbes me regardent
comme leur plus grand ennemi. Mais ils ont tort.
La preuve, c'est qu'en 1908, alors que la crise bosniaque battait son plein et que *tout était préparé
contre la Serbie*, je fus presque le seul à m'opposer
à une action armée. C'est donc à moi seul que la
Serbie doit de n'avoir pas été écrasée ». François-
Ferdinand étant le chef suprême des armées austro-

hongroises, les Serbes n'ignoraient pas qui avait tout préparé contre leur pays. Ils savaient bien aussi que seule leur soumission du 31 mars 1909, et non pas l'opposition de l'Archiduc, leur avait évité d'être écrasés. Comment, d'ailleurs, auraient-ils pu ne pas considérer comme leur ennemi celui qui, après l'affaire de Bosnie-Herzégovine, leur chercha noise si souvent à tout propos et même hors de propos ? C'est pourtant, en somme, le seul grief sérieux que le *Livre rouge* relève contre le gouvernement serbe. Il lui reproche le soulagement que semblèrent éprouver certains Serbes en apprenant que celui qui, tant de fois, avait préparé contre eux les armées austro-hongroises venait de disparaître. Voyons, du reste les raisons qu'invoque le gouvernement de François-Joseph pour s'attaquer à la Serbie.

Le 31 mars 1909, dit en substance la Note autrichienne, la Serbie s'est engagée « à changer le cours de sa politique actuelle envers l'Autriche-Hongrie pour vivre désormais avec cette dernière sur le pied d'un bon voisinage ».

a) « Or, l'histoire de ces dernières années, et notamment les événements du 28 juin, ont démontré l'existence en Serbie d'un mouvement subversif dont le but est de détacher de la monarchie austro-hongroise certaines parties de ses territoires... »

b) « Le gouvernement serbe, loin de satisfaire aux engagements formels contenus dans la déclaration du 31 mars 1909, n'a rien fait pour supprimer ce mouvement... »

c) « Cette tolérance coupable du gouvernement

royal de Serbie n'avait pas cessé au moment où les événements du 28 juin dernier en ont démontré au monde entier les conséquences funestes.

Il résulte des dépositions et aveux des auteurs criminels de l'attentat du 28 juin, que le meurtre de Sarajevo a été tramé à Belgrade, que les armes et explosifs dont les meurtriers se trouvaient être munis leur ont été donnés par des officiers et fonctionnaires serbes faisant partie de la *Narodna Odbrana*, et enfin que le passage en Bosnie des criminels et de leurs armes a été organisé et effectué par des chefs du service frontière serbe »

Comment « l'histoire de ces dernières années » démontre-t-elle (*a*) qu'il existe en Serbie « un mouvement subversif » contre la Monarchie [austro-hongroise ? La presse serbe, dit le *Livre rouge*, ne nous a pas ménagés. Épluchés avec toute la *Gründlichkeit* dont les bureaux germaniques sont capables, les journaux serbes, de 1910 à 1914, fournissent une dizaine de pages d'extraits ou de résumés qui montrent que la Serbie ne se consolait pas de l'annexion de la Bosnie-Herzégovine, désapprouvait le projet que le roi Pierre avait formé, en 1911, de se rendre à Vienne, prévoyait une guerre avec l'Autriche-Hongrie ou prédisait à la monarchie des Habsbourgs le sort de la Turquie. Il est vrai que le comte Berchtold, dans son *Mémoire* du 25 juillet 1914 ([1]), cite une phrase de la *Samouprava*, « qui tient de si près à l'office des Affaires étrangères de Belgrade », laquelle phrase est

---

([1]) *Livre rouge* austro-hongrois, N° 19.

terriblement compromettante pour le gouvernement serbe : « Ce n'est pas à l'aide d'excès et d'injures que nous exprimerons le véritable patriotisme. Seul un travail calme et digne mène au but. » Voilà qui est subversif ! Sans nous donner autant de peine que les bureaux du Ballplatz, nous pourrions trouver dans la presse autrichienne ou hongroise un volume d'articles d'une violence inouïe contre la Serbie. La *Militärische Rundschau*, qui tient de si près au ministère de la Guerre d'Autriche-Hongrie ; la *Danzer's Armeezeitung*, où s'exprime l'État-major général, et la cléricale *Reichspost*, qui avait des attaches si étroites avec l'archiduc héritier, fourniraient à elles seules une abondante provision. Qu'est-ce que cela prouverait ? Tout simplement que l'Autriche-Hongrie, qui « place la presse sous la surveillance de l'État » (¹), est responsable de la violence de ses journaux alors que la Serbie, où la presse est libre comme dans tous les pays démocratiques, ne l'est pas des siens.

Aussi bien n'est-ce pas le seul argument de la diplomatie habsbourgeoise : il y a encore la *Narodna Odbrana* et les associations qui lui sont affiliées, « qui s'adonnent à la propagande contre la monarchie austro-hongroise. » Où et comment la *Narodna Odbrana* et ses affiliés se livrent-ils à cette propagande ? Ni l'ultimatum, ni le *Livre rouge* ne le disent. « Le gouvernement, répond la Serbie, ne possède, et la Note du gouvernement impérial et royal ne lui fournit non

---

(¹) **Observations** du gouvernement austro-hongrois à la réponse serbe. *Livre Blanc allemand,* Annexe Iª.

plus aucune espèce de preuve que la *Narodna Od-brana* et les associations similaires se seraient livrées, en la personne de l'un de leurs membres, à des agissements criminels de ce genre jusqu'à ce jour. » — « La propagande hostile à la monarchie, réplique le Ballplatz (¹), entreprise par la *Narodna Odbrana* et les associations qui lui sont affiliées, embrasse, en Serbie, tout le monde officiel ; il est donc absolument inadmissible que le gouvernement royal serbe prétende ne rien savoir » (²). La Serbie et l'Europe, qui avaient déjà (1909) vu l'Autriche-Hongrie, dans le procès de Zagreb et l'affaire Friedjung, accuser une autre société serbe, le *Slovenski Jug*, de forfaits semblables qu'elle prouvait par des faux avérés, devaient se juger satisfaites et croire sans discussion tout ce qu'affirmait le gouvernement austro-hongrois !

Le gouvernement démocratique serbe ne pouvait donc (*b*) museler sa presse, qui ne faisait rien de pire que celle du voisin, ni dissoudre des associations contre lesquelles aucune charge n'était établie. Il ne pouvait davantage intervenir dans l'affaire de Sara-

---

(¹) Observations du gouvernement austro-hongrois à la réponse serbe.

(²) On ne peut considérer comme preuves ni les extraits tendancieusement interprétés par le gouvernement austro-hongrois du Livret de la *Narodna Odbrana* (Annexe 2 du *Mémoire*), ni les rapports confidentiels ou les témoignages suspects invoqués aux annexes, 5, 6, 7, et 10, pour la bonne raison que l'Autriche nous a habitués à ses faux et que, si le gouvernement austro-hongrois avait jugé ces pièces comme dignes de contrôle, il les aurait ou communiquées au gouvernement serbe ou même seulement invoquées dans les observations à la Réponse serbe, chose qu'il n'a pas faite.

jevo (c) ni faire des recherches à son sujet, car il eût alors tacitement reconnu que la Serbie y avait participé. Il devait donc attendre que la diplomatie austro-hongroise l'en priât. Les autorités serbes devaient être d'autant plus circonspectes que, dès le 29 juin, avant toute enquête par conséquent, l'officiel *Bureau impérial royal de Presse* austro-hongrois prétendait rendre « l'étranger » responsable du drame. Cet « étranger », il le précisait même dans une autre note que nous avons donnée plus haut (¹) et qui prétendait que « les auteurs criminels de l'attentat ne nient pas avoir reçu les bombes à Belgrade ». A quoi visait donc ainsi ce communiqué? Indiscutablement à pousser la Serbie à faire une enquête qui l'eût compromise en montrant qu'elle reconnaissait que des Serbes avaient pris une part quelconque au complot.

Le *Livre rouge* montre implicitement cette tendance. Du 28 juin au 23 juillet, jour où fut remis l'ultimatum, il ne mentionne aucune communication du gouvernement austro-hongrois au gouvernement serbe. Il se contente d'enregistrer les rapports de ses agents de Belgrade, de Nisch ou d'Uskub sur l'impression produite en Serbie par l'attentat. En date du 30 juin une démarche a été faite à Belgrade par le chevalier von Storck, conseiller à la légation austro-hongroise, qui en fait part à son gouvernement. « Le trop sensible et susceptible conseiller de légation, dit M. Bertrand dans un livre consciencieusement do-

---

(¹) Voir chapitre précédent, p. 124.

cumenté (¹), écrit qu'il a demandé à Pachitch :
Quelles mesures la police royale avait prises ou
comptait prendre pour suivre la piste des auteurs de
l'attentat *notoirement tramé en Serbie*. » A quoi le
ministre des Affaires étrangères répond « que jusqu'ici
la police ne s'était pas occupée de cette affaire (¹) ».
Donc le chevalier von Storck, qui n'a reçu avis ni
des « dépositions », ni des « aveux des auteurs criminels », pose en principe que le crime a été « notoirement tramé en Serbie ». Prie-t-il au moins le gouvernement serbe de faire une enquête ? Non, il se
contente de demander si la police serbe en a fait ou
si elle en fera une, et encore faut-il noter qu'il pose
cette question de sa propre autorité. Le *Livre rouge*
ne dit pas qu'ordre lui ait été donné à ce sujet et une
note officielle, communiquée à la presse austro-hongroise, le 3 juillet, par le *K. K. Korrespondenz-Bureau*,
prouve le contraire. La voici exactement traduite :
« Avant-hier ont eu lieu à Vienne des consultations
entre le comte Berchtold, ministre des Affaires
étrangères, le chef de l'État-major général et le ministre de la Guerre, chevalier de Krobatin. On a
annoncé après ces consultations que des démarches
seraient faites à Belgrade, près du gouvernement
serbe, pour qu'il enquêtât de son côté au sujet des
complices des criminels de Sarajevo. Cette information est démentie ». Donc aucune démarche ne fut
faite avant l'ultimatum du 23 juillet, pas même en

(¹) PIERRE BERTRAND, *L'Autriche a voulu la Grande Guerre*,
Éditions Bossard, Paris, 1916, p. 38.
(²) *Livre rouge* austro-hongrois, N° 2.

réponse à la 'démarche spontanée du ministre serbe
à Vienne, M. Jovanovitch, qui, le 30 juin, exprimait
au baron Macchio la réprobation du gouvernement
serbe pour l'attentat de Sarajevo et l'assurait que la
Serbie ne tolèrerait sur son territoire ni agitation, ni
entreprise criminelle ou délictueuse, et qu'elle n'hé-
siterait pas à traduire en justice les complices des
meurtriers s'il y en avait en Serbie (¹).

Mais le *Livre rouge*, plus instructif encore par ce
qu'il omet que par ce qu'il contient, ne mentionne
pas cette démarche, non plus que les déclarations
que, quelques jours plus tard, M. Pachitch priait son
représentant à Vienne de faire au gouvernement
austro-hongrois. « Nous accueillerons la réclamation
de l'Autriche-Hongrie, disait le premier ministre
serbe, au cas où elle demanderait que certains complices se trouvant en Serbie, — s'il y en a, bien entendu, — soient traduits devant nos tribunaux indépendants pour être jugés » (²).

Il ne semble pas que le gouvernement austro-hongrois ait répondu à ces raisonnables propositions. Il
avait de bonnes raisons pour n'y pas répondre. L'une
de ces raisons est justement notée par M. Bertrand (³).
Elle ressort nettement de la pièce N° 9 du *Livre rouge*,
qui émane du comte Berchtold. « Dans ses recom-
mandations au comte Mensdorff pour obtenir de.
l'Angleterre « un jugement objectif » sur la Note, il
le prie de faire observer à sir Edward Grey que la

(¹) *Livre bleu* serbe, N° 5.
(²) *Livre bleu* serbe, N° 30.
(³) Cf. BERTRAND, *op. cit.*, p. 47.

Serbie avait eu toute facilité d'enlever à la démarche autrichienne son caractère comminatoire. « Elle aurait « pu prendre spontanément, écrit-il, toutes les me- « sures nécessaires pour ouvrir en territoire serbe « une enquête sur les auteurs de l'attentat du 28 cou- « rant (¹) et en découvrir les complicités qui, en ce « qui concerne l'attentat, conduisent, *la preuve en* « *est faite*, de Belgrade à Sarajevo. Jusqu'à ce jour, « le gouvernement n'a encore rien entrepris à cet « égard, quoiqu'*un grand nombre d'indices notoirement* « *connus* nous permît de remonter à Belgrade. »

Je ne pense pas que l'on puisse rien imaginer de plus perfide que ces quelques lignes. Le 30 juin, il était absurde d'insinuer que le gouvernement serbe aurait dû ouvrir une instruction sur un crime commis dans un État voisin par des hommes dont on ne connaissait même pas encore la nationalité. Le 23 juillet, c'était absurde, odieux et maladroit. A parler net, cela équivalait à dire son mécontentement et sa déception de ce que le Cabinet de Belgrade ne se fût pas empressé de reconnaître que sa culpabilité était probable, sinon certaine ».

Il y a, à la non acceptation des propositions *spontanées* de la Serbie, une autre raison, et péremptoire, que M. Bertrand n'a pas vue. Si le gouvernement austro-hongrois avait accepté, comme l'eût fait tout

---

(¹) Cette dépêche étant écrite le 23 juillet, il faut lire : l'attentat du « 28 juin » et non du « 28 courant ». Nous pourrions ajouter à la note de M. Bertrand que cette erreur — impardonnable de la part d'un diplomate — tend à prouver que la dépêche date de la fin de juin et que déjà l'ultimatum était prêt à cette époque.

État pacifique et soucieux de justice, que les autorités serbes ouvrissent une enquête sérieuse, il devait leur communiquer le dossier de l'affaire. Il fallait établir que la preuve était réellement faite de complicités à Belgrade. Mais, le comte Berchtold l'avoue lui-même maladroitement, on n'avait que *des indices notoirement connus* ; et des indices, si nombreux soient-ils, ne constituent pas *une preuve*. N'eût-il pas, d'autre part, été dangereux pour la monarchie austro-hongroise de communiquer un dossier et de faire faire une enquête qui aurait sans doute abouti à faire découvrir des complicités, des incitations, ailleurs qu'en Serbie, en Autriche-Hongrie même ? Le seul moyen d'empêcher que cette enquête fût faite impartialement était de ne rien communiquer à la Serbie et de l'obliger à accepter la collaboration de la police austro-hongroise. C'est ce que demandait l'ultimatum, et nous pourrions, non sans fondement, retourner au gouvernement autrichien l'observation qu'il adressait au gouvernement serbe : « Comme il voulait se soustraire à tout contrôle de la procédure à entamer, qui, conduite correctement, lui aurait donné des résultats qu'il ne désirait absolument pas », le gouvernement autrichien a décidé, de sa propre autorité, que « le droit international public a aussi peu à voir dans cette question que le Code de procédure criminelle ». Il a donc remplacé le droit international public et le Code de procédure criminelle par le droit du plus fort et lancé un ultimatum qu'il savait inacceptable et qui devait entraîner la guerre, une guerre qui aurait, d'ailleurs, coupé court à toute enquête, à toute

recherche compromettante. « Ils veulent la guerre,
les gens sans conscience qui ont influence et font
pencher la balance à la Hofburg de Vienne! écrivait
le *Vorwaerts* du 24 juillet. C'était depuis des semaines
le cri de la presse excitatrice jaune-noire. Ils veulent
la guerre ; l'ultimatum autrichien le montre clairement au monde entier... Sans nul doute Herr Bethmann-Hollweg a promis à Herr Berchtold de le
couvrir. »

∞

L'Autriche avait, dès le jour de l'attentat, signifié
son désir d'attaquer la Serbie. Elle l'exprimait le
28 juin dans l'officielle *Wiener Zeitung* qui, après
avoir vanté les mérites de l'Archiduc défunt et montré
la douleur des peuples de la monarchie, ajoutait :
« Aujourd'hui, *les populations de l'Autriche-Hongrie
renouvellent le vœu de défendre à jamais l'éclat de la
couronne et l'honneur de la monarchie* ». Contre qui
fallait-il défendre « l'éclat de la couronne et l'honneur
de la monarchie »? Qui songeait à les attaquer? Nous
retrouvons un écho de ces menaces dans deux documents signés par le vieil empereur. Le 6 juillet, dans
un ordre du jour à sa flotte et à son armée, François-
Joseph dit : « Je suis convaincu que, dans toute situation difficile devant laquelle nous pourrions nous
trouver, l'Autriche-Hongrie peut compter, *pour sa
défense*, sur son armée et sa flotte, inébranlablement
fidèles à leur devoir ». Le 28 juillet enfin, dans son
manifeste à « ses peuples », l'Empereur écrit : « Les
agissements d'un adversaire plein de haine m'obligent,

pour *défendre l'honneur de ma monarchie*, pour protéger son autorité et sa puissance, pour garantir sa
position, à prendre en main le glaive, après de longues
années de paix ». On voit donc nettement à qui, le
28 juin, en voulait l'officielle *Wiener Zeitung* à laquelle
François-Joseph emprunte les termes mêmes de son
manifeste.

Le désir belliqueux de l'Autriche-Hongrie démontré, nous convenons avec M. Bertrand (¹) qu'une
question se pose. « S'il est bien établi que l'on ait eu,
à Vienne, la ferme résolution de ne pas ménager la
Serbie, de ne lui marquer aucun égard, de ne rien
tenter qui pût éviter le conflit, de ne rien négliger
qui fût susceptible de le provoquer et de l'aggraver,
est-il aussi bien établi que, devant l'alarme de l'Europe et son insistance, on ait toujours gardé la même
attitude de hautaine intransigeance, que l'on se soit
refusé jusqu'au bout à tout effort de conciliation ? »

C'est en se fondant sur la déclaration serbe du
31 mars 1909 que l'Autriche-Hongrie, dans son ultimatum, réclame diverses mesures à la Serbie. Or, le
comte Berchtold lui-même, dans sa note collective
du 22 juillet 1914 aux ambassadeurs austro-hongrois,
reconnaît qu'en n'observant pas les clauses de cette
« déclaration solennelle », le gouvernement serbe
« s'est mis en contradiction avec la volonté de l'Europe » (²). Il est donc logique de conclure que l'Europe, dont on n'observait pas la volonté, était tout

---

(¹) PIERRE BERTRAND, *op. cit.*, p. 64.
(²) *Livre rouge*, Nᵒ 8.

entière juge de l'affaire et que, dès lors, cette affaire
devait lui être soumise. M. Berchtold pense autrement. Selon lui, en envoyant son ultimatum, il est
persuadé que son gouvernement « se trouve en plein
accord avec les sentiments de toutes les nations civilisées ». Il télégraphie, d'autre part (*Livre rouge*, Nº 9),
au comte Mensdorff, le 23 juillet, que les exigences
austro-hongroises sont très naturelles, et il ajoute :
« Nous ne pouvons pas les laisser devenir matière à
discussions et à compromis, et, en considération de
nos intérêts politiques et économiques, il nous est
impossible d'accepter une méthode politique qui
permettrait à la Serbie de prolonger à sa guise la crise
qui vient de s'ouvrir. » En France le comte Szécsen,
fait, le 24 juillet, à M. Bienvenu-Martin, une déclaration plus précise encore : « Je fis, dit le diplomate,
ressortir qu'il s'agissait d'une question devant être
réglée directement entre la Serbie et nous » (¹). Le
même jour l'Autriche faisait appuyer cette prétention
par l'Allemagne. « Conformément à ses instructions,
télégraphie en effet le comte Szécsen, le baron de
Schoen déclarera aujourd'hui à Paris, que notre
controverse avec la Serbie est, de l'avis du Cabinet de
Berlin, une affaire ne concernant que l'Autriche et la
Serbie (²). » Ce même 24 juillet, enfin, le comte Szapary faisait à la Russie semblable notification. « Les
résultats obtenus par notre propre enquête, dit cet
ambassadeur à M. Sasonoff, étaient suffisants pour

(¹) *Livre rouge*, Nº 11.
(²) *Livre rouge*, Nº 12.

justifier notre intervention dans une affaire concernant uniquement l'Autriche-Hongrie et la Serbie (¹). » La Grande-Bretagne eut connaissance de cette « localisation » par une copie de la note de M. de Schoen, qui fut remise à sir Edward Grey par le prince Lichnowsky, ambassadeur d'Allemagne.

Les puissances de la Triple-Entente eurent le tort, qui prouve leur désir d'assurer la paix, d'accepter cette « localisation » immorale qui permettait au loup de dévorer tranquillement l'agneau. Il faut dire pourtant, que ni l'Angleterre, ni la France, ni surtout la Russie, ne restèrent indifférentes au sort de la petite Serbie. En présence de l'étendue des exigences austro-hongroises et du court espace de temps accordé au gouvernement serbe pour leur examen et leur acceptation totale, on songea à demander une prolongation du délai. Ce délai permettrait d'étudier à loisir et les demandes formulées et le « dossier élucidant les menées serbes et les rapports existant entre ces menées et le meurtre du 28 juin », dossier que le gouvernement impérial et royal tient à la disposition des « puissances intéressées », mais qui ne leur fut adressé que le 25 juillet, le jour où l'ultimatum arrivait à échéance. La réponse de l'Autriche-Hongrie fut, on devait s'y attendre, très simple. Elle ne communiquait pas un dossier pour qu'on pût l'examiner, par conséquent, elle ne pouvait accorder de prolongation de délai (*Livre rouge*, Nᵒ 20 et 21). Du reste,

---

(¹) *Livre rouge*, Nᵒ 14.

11

cette prolongation eût été dangereuse. Elle eût permis,
sir Edward Grey l'avait dit le 24 juillet au comte
Mensdorff, « d'exercer une action à Belgrade (¹) ».
Or c'est une chose que le gouvernement austro-
hongrois ne désirait aucunement. « La prolongation
du délai que, sur la demande de la Russie, dit la
préface du *Livre rouge*, nous devions accorder à la
Serbie pour lui permettre de répondre à nos exigences,
aurait donné au gouvernement de Belgrade la possibilité de recourir à de nouveaux subterfuges et à de
nouveaux procédés dilatoires ; c'était en outre la
porte ouverte à l'ingérence d'une puissance quelconque intervenant en sa faveur. C'est pourquoi nous
avons été obligés de refuser la prolongation du délai. »
Le gouvernement de Vienne, en effet, avait posé à la
Serbie des conditions que tout le monde — même
les journaux allemands — trouvait inacceptables ; il
eût été fâché qu'on les lui fît accepter : il voulait la
guerre. « Voici, écrit le 28 juillet le clairvoyant *Vorwaerts*, que la furie de la guerre, déchaînée par l'impérialisme autrichien, s'apprête à frapper de nouveau
l'Europe de mort et de ruine. »

L'attitude du gouvernement austro-hongrois en
présence de la réponse serbe, qui montre un si grand
désir de conciliation, prouve mieux que tout les intentions belliqueuses de la monarchie danubienne. La
Serbie devait, en 48 heures, donner une « acceptation
sans réserves », et c'est le ministre austro-hongrois à
Belgrade, seul, qui était chargé de juger cette réponse.

(¹) *Livre rouge*, N° 10.

L'examen demanda peu de temps et le jugement fut vite porté. A 5 h. 58, le baron Giesl recevait la note serbe (*Livre rouge*, N° 24) et à 6 h. 30, il prenait le train pour quitter Belgrade (*Livre rouge*, N° 22) (¹). En 32 minutes donc, ce diplomate avait eu le temps de lire, de peser et d'apprécier une note comprenant un long préambule et dix articles ; il avait eu le temps en outre de se livrer à ses préparatifs de départ, d'aller à la gare et d'y prendre le train à 6 h. 30. C'est beaucoup de hâte pour un homme qui tenait entre ses mains la tranquillité d'au moins deux États et la vie de tant d'êtres. Il est vrai que ses malles étaient faites et que sa décision était prise à l'avance, tant il était sûr que la Serbie n'accepterait — ne pouvait accepter — intégralement les prétentions du gouvernement de Vienne.

Avant de quitter Belgrade, le 25 juillet, le baron Giesl a eu le temps d'informer le comte Berchtold que la ville a été évacuée par les troupes, que les colonnes sanitaires ont été dirigées vers le sud (*Livre rouge*, N° 22) et que, à 3 heures de l'après-midi, la mobilisation générale a été décrétée en Serbie (N° 23). Le ministre des Affaires étrangères austro-hongrois prétexte de ces mesures de précaution prises par la Serbie pour « prouver » à sir Edward Grey « qu'à Belgrade on ne penchait pas vers un règlement pacifique de la question » (²). Ne va-t-il pas, plus tard,

---

(¹) Cette pièce dit : « Conformément aux instructions reçues entre temps... » Ces instructions sont sans doute fort compromettantes, car le *Livre rouge* les omet.

(²) *Livre rouge*, N° 29.

jusqu'à écrire au comte Mensdorff, pour qu'il le
suggère à sir Edward Grey : « Auparavant, nous
n'avions point fait de préparatifs militaires ; mais
nous y fûmes contraints par la mobilisation serbe (¹).
Ainsi les mesures de défense que constituent l'évacuation de Belgrade, ville frontière, et le retrait des
troupes serbes, que l'on envoie vers le sud, auraient
provoqué les préparatifs militaires de l'Autriche-
Hongrie ! Nous le croirions peut-être si nous n'avions
lu dans la *Zeit* du 4 juillet 1914 une information datée
du 3 et qui disait que les permissions agricoles
accordées aux troupes de Bosnie venaient d'être sus-
pendues et que les grandes manœuvres de Hongrie
étaient supprimées. Nous le croirions peut-être si,
dans les journaux hongrois du 24 juillet, nous n'avions
pas trouvé la déclaration suivante, émanant de
M. Hazaï, ministre des honveds de Hongrie : « Notre
armée est excellente et elle *est prête à toute éventualité* ».
Nous le croirions enfin si le *Livre rouge* lui-même
n'affirmait le contraire et ne confirmait pleinement
les paroles de M. Hazaï en nous apportant plusieurs
témoignages du comte Berchtold.

« N'est-ce pas au ministre anglais, écrit M. Ber-
trand(²), qu'il faisait dire, dès le 24 juillet, que le re-
jet de la Note serait suivi « des préparatifs nécessaires ? » (³) Le même jour, ne supposait-il pas une
expédition armée quand il faisait donner à M. Sasonoff l'assurance que l'Autriche ne poursuivait

---

(¹) *Livre rouge*, N⁰ 39.
(²) Pierre Bertrand, *op. cit.*, p. 61.
(³) *Livre rouge*, N⁰ 17.

« aucune acquisition territoriale ? » (¹) Ne reconnaissait-il pas formellement que l'Autriche projetait
d'envahir la Serbie quand il écrivait, le 25 juillet, au
baron Macchio que, « si la Serbie ne se soumet
qu'après la rupture des relations diplomatiques, il
serait obligé de lui réclamer le remboursement de
tous les frais et dommages causés par les mesures
militaires ?... » (²) Ne le reconnaissait-il pas quand il
écrivait, le 26, aux ambassadeurs austro-hongrois : «
« Nous avons le regret d'avoir été réduits contre notre
gré à la nécessité de contraindre la Serbie, *par les
moyens les plus rigoureux*, à modifier son attitude
jusqu'à présent hostile ? » (³). Et enfin qu'entendait
donc l'ambassadeur d'Allemagne en Russie quand
il disait, avant la mobilisation serbe, le 24 juillet, que
« l'Autriche-Hongrie se bornerait sans doute à infliger
à la Serbie le châtiment justement mérité ? » (⁴)

La mauvaise cause de l'Autriche-Hongrie est,
avouons-le, difficile à défendre — sinon impossible.
Il y faudrait une habileté consommée qui a manqué
à ses diplomates ; aussi, le *Livre rouge*, son plaidoyer,
est-il plein de contradictions (⁵) qui, si nous ne
connaissions l'histoire de ces quinze dernières années,
suffiraient à discréditer le gouvernement de la monarchie austro-hongroise. A quoi sert-il, du reste, à
ce gouvernement de chercher à se disculper et à faire

(¹) *Livre rouge*, Nᵒ 18.
(²) *Livre rouge*, Nᵒ 20.
(³) *Livre rouge*, Nᵒ 16.
(⁴) *Livre rouge*, Nᵒ 16.
(⁵) Voir Appendice V-1, p. 273.

peser sur la Serbie toute la responsabilité de la guerre,
puisque, dès la préface du *Livre rouge*, le comte
Berchtold avoue que « la monarchie était décidée, le
cas échéant, à en venir aux dernières extrémités » ?

∞

Le guet-apens a réussi. L'Autriche-Hongrie va
pouvoir enfin réaliser les rêves pangermaniques de
ses gouvernants. Elle va pouvoir écraser la Serbie et
ouvrir à l'expansion allemande la route de Salonique
et de l'Orient. C'est le coup d'épaule du *Drang nach
Osten*, de la poussée vers l'Orient. Mais l'Autriche-
Hongrie ne trouvera-t-elle qu'un seul ennemi à
vaincre ? S'il existait, non pas des intérêts internationaux, mais une morale internationale, la monarchie
sait bien que toute l'Europe se dresserait contre elle.
En fait, « la raison du plus fort est toujours la
meilleure », *die Gewalt geht vor Recht*, et elle ne trouve
d'opposition que si elle nuit à un autre fort. Ce fort,
en l'occasion, fut la Russie. Celle-ci avait proclamé,
dès le 24 juillet, que le « conflit serbo-autrichien » ne
pouvait pas la « laisser indifférente » (*Livre rouge*,
Nº 15). Le gouvernement austro-hongrois n'en avait
jamais douté. « A vrai dire, écrit M. Bertrand (¹),
c'est dans la logique des choses. On n'en finira avec
la Serbie que si l'on en finit avec la Russie. Ce n'est
pas la Serbie qui, en réalité, ferme la route de Salonique et de Constantinople. Le danger serbe n'est

---

(¹) PIERRE BERTRAND, *op. cit.*, p. 250.

qu'un des aspects de la résistance slave aux ambitions germaniques. Frapper, humilier, diminuer la Serbie, serait prendre sans doute un avantage. Mais rien de décisif ne se ferait tant qu'il y aurait, derrière ce royaume, à quelque état d'abaissement qu'on l'ait réduit, toute l'immense force russe, intacte, prête, attendant son heure. Avant d'abattre le pygmée, il fallait que le colosse fût mis hors de cause pour un long temps. C'était la seule politique d'avenir. Aussi, tous les efforts vont-ils tendre maintenant à rendre inévitable le conflit austro-russe. Le 25 juillet, à 6 heures du soir, la crise est devenue européenne. »

Dès le premier jour, le comte Berchtold s'est rendu compte que ses projets seraient entravés par la Russie. Il l'avoue, du reste, ouvertement dans sa lettre du 25 juillet au comte Szapary, son représentant à Saint-Pétersbourg. « Au moment, écrit-il, où nous avons pris la résolution d'une action énergique contre la Serbie, nous nous sommes rendu compte que le différend serbe pourrait provoquer une collision avec la Russie. » (*Livre rouge*, N° 62). M. de Bethmann-Hollweg avoue, presque dans les mêmes termes, que le gouvernement allemand avait la même conviction. « Nous avions conscience, dit le chancelier, que les actes d'hostilité éventuels de l'Autriche-Hongrie contre la Serbie pourraient mettre en scène la Russie et nous entraîner dans une guerre, de concert avec notre alliée ([1]). » Ils savaient donc, l'un et l'autre, que leurs efforts en vue de localiser le conflit seraient

---

([1]) *Livre blanc* allemand. Mémoire.

vains. Ils ne tentèrent, d'ailleurs, cette « localisation »
que pour se ménager la neutralité de l'Angleterre et
isoler la Russie. Cette manœuvre, combinée par les
deux complices, vise non seulement à neutraliser la
Grande-Bretagne, mais encore à arrêter, par des
menaces, l'intervention de la France. La démarche
que fait, le 24 juillet, le baron de Schoen à Paris, et
que le comte Szécsen annonce au comte Berchtold,
est caractéristique à cet égard. « Il insinuera, dit le
diplomate hongrois à son chef en parlant de Schoen,
que dans le cas où des tierces puissances s'immisce-
raient dans l'affaire, l'Allemagne, fidèle aux obligations de l'Alliance, se trouverait à nos côtés ».

Rien n'ayant pu, malgré tout, déterminer les grandes
puissances à se désintéresser d'une question aussi
grave, il fallait trouver un moyen pacifique de régler
le conflit avant que le feu fût mis aux poudres. Dès
le 23 juillet, sir Edward Grey avait émis l'idée que,
si des difficultés surgissaient, « l'Autriche et la Russie
pourraient, en premier lieu, les discuter directement
entre elles ([2]) ». Ce projet sourit à la Russie, encore
qu'elle ne fût guère encouragée par Vienne. Le comte
Berchtold, en effet, écrit à son représentant à Saint-
Pétersbourg que l'ambassadeur allemand « assurément
a dû être chargé par son gouvernement de ne laisser
au gouvernement russe aucun doute sur ce fait que
l'Autriche-Hongrie ne serait pas isolée en cas de
conflit avec la Russie ([1]) ». Cela signifie que Vienne

([1]) *Correspondance britannique*, N° 3.
([2]) *Livre rouge*, N° 26.

avait fait agir Berlin pour empêcher la Russie d'entrer
en conversation. Le gouvernement allemand, qui
affirmait par toutes ses bouches, même par celle de
son Kaiser, que rien n'était plus désirable que des
conversations directes entre Saint-Pétersbourg et
Vienne, ne manqua pas de lancer la menace. Il fit
savoir, le 26 juillet, que si la Russie mobilisait, c'était
la guerre. « Les mesures militaires préparatoires de
la Russie nous forceront à prendre des mesures analogues, consistant en la mobilisation générale de
notre armée. Mais la mobilisation c'est la guerre (¹) ».
D'après le diplomate autrichien, son collègue aurait
encore ajouté « que la mobilisation, même contre
l'Autriche seule, serait considérée comme très menaçante ». On amorçait ainsi, du côté des Empires
centraux, un nouveau sujet de querelle, un déplacement de la question qui permettrait plus facilement
de trouver un prétexte. La Russie pourtant ne s'y
laisse pas prendre. Le 27 juillet, M. Sasonof essaye
encore de discuter la forme de l'ultimatum. Le comte
Szapary, tout en trouvant que les « remarques » du
ministre russe « présentaient de l'intérêt » (*Livre
rouge*, N° 31), répondit qu'il n'avait pas mandat pour
« discuter » ou « interpréter » la Note et que, d'autre
part, il était peut-être trop tard. Le comte Berchtold
ne répond pas à la demande, mais se contente (*Livre
rouge*, N° 32) de faire savoir que « la monarchie ne se
proposera aucune espèce d'acquisition territoriale ».

Sir Edward Grey, qui a proposé la médiation des

─────────

(¹) *Livre blanc*. Mémoire.

quatre grandes puissances qui se trouvent hors du conflit, n'a pas plus de chance. Il ne reçoit de Vienne aucune réponse, mais sa proporition a été rejetée par l'Allemagne qui allègue qu'il lui est impossible de citer son alliée devant un tribunal européen dans son différend avec la Serbie (*Livre rouge*, N° 35). Cela se passait le 27 juillet. Le 28, le comte Berchtold daigna prendre note de la proposition de sir Edward Grey. Il ajoutait : « Le projet Grey de conférence me paraît, dans la mesure où il se rapporte à notre conflit avec la Serbie, réduit à néant par les événements qui l'ont devancé » (*Livre rouge*, N° 38). Le ministre anglais ne se laissa pas décourager. Le 28 encore, il fait valoir que pendant la crise balkanique une conférence eut lieu à Londres dans des circonstances semblables. Il propose donc « d'empêcher à la dernière heure les hostilités entre l'Autriche-Hongrie et la Serbie » ou, tout au moins, de permettre « aux Serbes de se retirer sans accepter la lutte ». On pourrait ensuite s'entendre. Le comte Berchtold lui fait savoir poliment, c'est-à-dire diplomatiquement, que l'affaire ne regarde point M. le secrétaire d'État, « puisque l'Angleterre n'est pas directement intéressée au litige » (*Livre rouge*, N° 41), et que du reste il est trop tard.

Ce même jour, 28 juillet 1914, le conflit change d'allure et la duplicité austro-hongroise, qui a trompé tant de gens, même chez nous, apparaît plus nettement encore. La Russie, qui a vu sa voisine prendre en Galicie des mesures militaires importantes — cette dernière affirme, il est vrai, ne les avoir prises que plus tard, — commence à armer dans les « dis-

tricts militaires faisant face à l'Autriche-Hongrie ».
Aussitôt, pour donner le change et laisser croire que
son gouvernement n'y est pour rien, le comte Berchtold dicte au gouvernement allemand la menace que
celui-ci devra adresser à la Russie. « Je désirerais,
écrit-il, prier instamment le Cabinet berlinois de
considérer s'il ne pourrait pas faire observer amicale-
ment à la Russie que la mobilisation des districts
susdits équivaudrait à une menace dirigée contre
l'Autriche-Hongrie, et que, par suite, si cette mobilisation s'effectuait, la monarchie, *ainsi que son allié
l'empire d'Allemagne*, seraient obligés d'y répondre
par des mesures militaires extrêmes. Pour permettre
à la Russie de se raviser le cas échéant plus facilement,
il me paraîtrait indiqué qu'une telle *démarche* fût
faite d'abord *par l'Allemagne seule* ; mais, bien entendu, nous serions prêts aussi à la faire à deux »
(*Livre rouge*, N° 42). Ainsi à l'Autriche-Hongrie se
substitue l'Allemagne et la question de la Serbie, difficile à manier, est remplacée par celle de la mobilisation russe, plus souple. Qui donc pourra jamais
savoir qui, de l'Autriche, qui a mis sur pied des armées
soi-disant destinées à la Serbie, de l'Allemagne, où
« l'état de menace de guerre » n'est pas la mobilisation,
et de la Russie, qui agit ouvertement, a mobilisé ses
forces la première ? ([1])

Le comte Berchtold ne tardera pas à voir les effets
de sa double substitution, et à en tirer parti. Il apprend, le 28 juillet, que sir Edward Grey s'est adressé
au gouvernement allemand « pour le prier d'user de

([1]) Voir Appendice V, n°ˢ 2 et 3, pages 275 et 276.

son influence sur le gouvernement impérial et royal
afin que celui-ci considérât la réponse de Belgrade
comme suffisante ou du moins qu'il l'acceptât comme
base d'une discussion entre les diverses chancelleries »
(*Livre rouge*, N° 43). Le ministre austro-hongrois
répond par un mémoire insolent (*Livre rouge*, N° 44).
Il refuse, bien entendu, de revenir sur la note serbe
et sur la réponse de Belgrade et trouve que, puisque
la Russie s'intéresse à la Serbie, « on pourrait supposer
que la propagande dirigée contre la monarchie est
d'origine non seulement serbe, mais aussi russe ». Il
termine en priant l'Angleterre d'agir sur la Russie
« en vue du maintien de la paix ». Les rôles sont donc
renversés par la volonté de l'Autriche. Mieux même,
dès le 29 juillet, le baron de Schoen fait à Paris une
démarche qui est déjà presque une menace et à laquelle le gouvernement austro-hongrois est si peu
étranger que le comte Szécsen l'annonce à l'avance
au comte Berchtold (*Livre rouge*, N° 45). « Il est hors
de doute, dit l'ambassadeur de la monarchie, que la
France fait certains préparatifs militaires... J'ap-
prends, d'une façon strictement confidentielle, que
le baron de Schoen est chargé de s'entretenir de ces
préparatifs avec M. Viviani, et de lui faire observer
que, dans ces circonstances, l'Allemagne pourrait
être obligée de prendre des mesures analogues... »
Ce même jour, l'Allemagne renouvelle en Russie sa
menace de mobilisation ; et la mobilisation allemande, c'est la guerre. Ainsi la Russie et la France
sont devenues les agresseurs et l'Allemagne prend la
place de l'Autriche. Comédie !

La comédie se noue nettement en cette journée du 29 juillet, et les cinq pièces datées de ce jour que contient le *Livre rouge* nous en montrent clairement l'intrigue. Pendant que M. Sasonof, soucieux d'un règlement pacifique de la question, fait des efforts pour continuer les conversations avec Vienne, montrant que « les intérêts russes coïncident avec les intérêts serbes » sans que l'ambassadeur autrichien puisse se « dégager de ce cercle vicieux » (*Livre rouge*, N° 47), le comte Berchtold envoie des ordres à Berlin pour que l'Allemagne agisse énergiquement non seulement sur la Russie, mais encore sur la France. « Comme dernière tentative pour empêcher la guerre européenne, écrit-il hypocritement, je pense qu'il serait désirable que notre représentant et celui de l'Allemagne à Saint-Pétersbourg, et éventuellement aussi *à Paris*, déclarent sur le ton le plus amical, aux gouvernements de ces capitales que, si la mobilisation russe se poursuit, l'Allemagne et l'Autriche se verront contraintes à des mesures analogues, dont les conséquances seraient nécessairement graves (¹) » (*Livre rouge*, N° 48). Ceci fait, le comte Berchtold reprend, le 30 juillet, son rôle de bon apôtre : il est sûr, maintenant qu'il a chargé l'Allemagne de les réaliser, que

----

(¹) Il est regrettable que les pièces du *Livre rouge* ne portent pas l'heure d'expédition des dépêches. Nous verrions par là si celle-ci prècède ou suit celle où le comte Szécsen annonce la démarche du baron Schœn à Paris. Il est à présumer qu'elle la précède malgré sa place dans le *Livre rouge*, puisque le comte Berchtold ne parle pas des prétendus préparatifs militaires de la France qu'annonce le comte Szécsen, ce qu'il n'eût pas manqué de faire s'il les avait connus.

ses projets belliqueux aboutiront. Il annonce donc
qu'il est « disposé comme auparavant à *faire expliquer*
à M. Sasonof les divers points de la note adressée à la
Serbie » (*Livre rouge*, N° 49), mais sans y rien changer,
car, dicte-t-il, « il n'est jamais entré dans nos vues
d'admettre un marchandage à propos des paragraphes
de la note » (*Livre rouge*, N° 50).

Pourquoi le comte Berchtold tient-il donc à continuer des pourparlers qui, il le sait puisqu'il le veut,
n'aboutiront à aucun résultat ? Pour plusieurs raisons.
D'abord ils pourront laisser croire à sa bonne volonté.
On y verra un effort en faveur de la paix — quelques
gens, aveuglés par leurs sympathies pour les Habsbourgs ou par certaines opinions intimes, ont cru l'y
voir. Ils permettront en outre, en trompant la Russie
sur les intentions de la monarchie danubienne, de
détourner son attention de l'Allemagne qui prépare
le coup de Jarnac. Enfin ces conversations fourniront
au comte Berchtold l'occasion de provoquer la Russie
en aggravant le prétexte des mesures militaires russes
d'une accusation formelle. Le 30 juillet (*Livre rouge*,
N° 50), il a un entretien avec l'ambassadeur russe. Il
lui expose le but que poursuit son gouvernement.
« Je rattachai à ces observations, ajoute-t-il, un exposé
détaillé de nos relations intolérables avec la Serbie.
De même, je fis comprendre clairement à M. Sché-
béko, dans quelle mesure *la diplomatie russe*, assurément contre le gré de ses dirigeants, *était tout particulièrement responsable de cette situation.* » Il n'y a
rien de pacifique là-dedans et le comte Berchtold
aura beau (*Livre rouge*, N° 51, 31 juillet), feindre

d'accepter la médiation de l'Angleterre, à condition que rien ne soit changé dans les affaires de Serbie, ou nous assurer (*Livre rouge*, N° 53, même date, sans heure), que « entre les Cabinets de Vienne et de Saint-Pétersbourg des pourparlers conformes à la situation et qui aboutiront, nous l'espérons, à un apaisement général, suivent leur cours », nous savons à quoi nous en tenir. Nous savons que le comte Berchtold se prépare un alibi au moment même où son allié, l'Empire allemand, qu'il a poussé, envoie son ultimatum à la Russie (N° 54).

Pas plus que ceux qui ont étudié la situation de près, nous n'avons trouvé dans le *Livre rouge* de preuves du repentir, même tardif, de l'Autriche-Hongrie. Nulle part nous n'y avons vu que « son gouvernement consentait à entamer une discussion *quant au fond* de l'ultimatum adressé à la Serbie », comme l'écrit M. Viviani le 1er août 1914 (*Livre Jaune*, N° 120). « Si le Ballplatz a réellement tenté cette conciliation, note fort justement M. Pierre Bertrand (¹), il a tout intérêt à le dire, à en prendre texte pour montrer sa bonne volonté. Or, il n'en souffle mot. Le 31 juillet, le comte Forgach, qui fait le gracieux avec sir M. de Bunsen, — car les Empires du Centre ne désespèrent pas de s'assurer le bénéfice de la neutralité anglaise, — le comte Forgach dit simplement : « On menait des pourparlers entre « l'ambassadeur d'Autriche à Saint-Pétersbourg et « le ministre russe des Affaires étrangères (²). »

(¹) PIERRE BERTRAND, *op. cit.*, p. 339.
(²) *Correspondance britannique*, N° 118.

Si la Wilhelmstrasse a obtenu de son alliée cette
démarche, — hypocrite ou sincère, — elle doit s'en
vanter. Or, le 31ᵉ juillet toujours, M. de Jagow se
contente modestement d'informer sir E. Goschen
que Guillaume II et M. de Bethmann-Hollweg ont
jusqu'au 30 « pressé l'Autriche de montrer son désir
« de continuer la discussion (¹) ». Plus modestement encore, le comte Mensdorff s'en tient à appeler
l'attention de sir Edward Grey sur le fait que
« les conversations à Saint-Pétersbourg n'ont pas été
« rompues par l'Autriche-Hongrie (²). Sur le grand
effort de son pays pour la paix, pas la moindre
allusion ! »

Cet effort qu'on ne constate ni le 30 ni le 31 juillet,
on ne le voit pas davantage dans la dépêche que
l'ambassadeur autrichien adresse le 1ᵉʳ août de Saint-
Pétersbourg. Il prétendait que l'Autriche « était non
seulement prête à négocier avec la Russie sur les
bases les plus larges, mais elle était en particulier disposée à *soumettre le texte de la note à une discussion,*
dans la mesure où il s'agirait d'en interpréter le sens » (³).
Était-ce une concession ? *Interpréter* le sens de la note
n'était pas en *modifier le fond.* Encore le comte Szapary
prenait-il le soin d'ajouter qu'il espérait « que la
marche des événements ne nous eût pas déjà entraînés
trop loin ». Le bout de l'oreille perçait ; l'ambassadeur

(¹) *Correspondance britannique*, Nᵒ 121. Notons que ni le *Livre
rouge* ni le *Livre blanc* ne prouvent que cette « pression » ait réellement été tentée.
(²) *Correspondance britannique*, Nᵒ 137.
(³) *Livre rouge*, Nᵒ 56.

laissait nettement prévoir ce qui devait arriver le lendemain : la déclaration de guerre de l'Allemagne à la Russie, qui coupait court à toutes les négociations, à tous les vains pourparlers.

Il apparaît donc incontestablement que l'Autriche-Hongrie, non seulement n'a rien fait pour la paix, mais qu'encore elle s'est masquée derrière l'Allemagne pour provoquer la Russie. La monarchie danubienne est la grande coupable puisqu'elle a été l'instigatrice de tout le conflit. Le gouvernement austro-hongrois, en attaquant la Serbie, en orientant l'Allemagne contre la Russie et la France, a été le provocateur de la grande guerre européenne, et le comte Berchtold ne le cache pas dans sa préface du *Livre rouge*, lorsqu'il dit le but poursuivi par la monarchie habsbourgeoise. « La possibilité d'une collision redoutable avec la Russie, dans le cas où cette dernière prendrait la Serbie sous sa protection, ne devait pas l'empêcher de mettre fin à une situation intolérable. »

Comme M. Bertrand ([1]), nous conclurons que « la complicité de l'Allemagne ne saurait être ni une excuse, ni une circonstance atténuante. Elle explique le forfait, elle n'ôte rien à son horreur et ne doit rien ôter à son châtiment. Les Nations alliées contre les Empires du Centre se trahiraient elles-mêmes si, la victoire acquise, elles appliquaient un traitement différent à leurs ennemis de la Sprée et à leurs ennemis du Danube. »

([1]) PIERRE BERTRAND, *op. cit.*, p. 455.

12

CHAPITRE VI

LA CRÉATION
DE L'AUTRICHE-HONGRIE

L'AUTRICHE-HONGRIE AVANT 1914. — SUPPRESSION DES
HOMMES POLITIQUES. — SUPPRESSION DES ASSOCIA-
CIATIONS ET DE LA PRESSE SLAVES. — CRÉATION DE
L'AUTRICHE ET UNIFICATION DE LA HONGRIE.

Tous ceux qui connaissent l'Autriche-Hongrie, — pour parler selon l'usage, — tous ceux qui, comme nous, l'ont vue de près préparant son coup, ou tous ceux qui, comme M. Pierre Bertrand dans un récent et consciencieux ouvrage (^{1}), ont étudié les documents diplomatiques, arrivent à la même conclusion : la monarchie dualiste a voulu la guerre. Il semble plus complexe de démêler les mobiles qui la poussaient à agir. Nous avons déjà exposé plus haut les raisons qui la pressaient. Ce sont les causes déterminantes, mais quel était le but à atteindre ? Les auteurs qui se sont occupés de la guerre l'ont vu dans

(^{1}) PIERRE BERTRAND, *op. cit.*

la réalisation du *Drang nach Osten*, de la poussée germanique vers l'Orient. L'Autriche-Hongrie, dans son ardeur belliqueuse, s'est faite l'instrument de l'Allemagne ; elle est devenue l'outil avec lequel le Kaiser devait forcer les portes de l'Asie-Mineure. En favorisant ainsi les aspirations germaniques, les Habsbourgs ne songeaient pourtant pas à travailler pour le roi de Prusse. L'espoir de rétablir l'ancien Empire romain germanique et d'y dominer leur faisait entrevoir la possibilité de profiter eux-mêmes de cette domination universelle. C'est pourquoi les visées impérialistes allemandes étaient devenues celles des gouvernants austro-hongrois.

Il est de pratique courante qu'un malfaiteur, pour décharger sa conscience et se trouver une excuse, accuse sa victime des projets criminels qu'il caressait lui-même. C'est ainsi qu'a fait l'Allemagne pour motiver son agression contre la Belgique. « Ce pays songeait, dit le traître, à favoriser l'envahissement de l'Empire par la France et l'Angleterre. Nous l'avons devancé et avons, de cette façon, empêché la réalisation de son plan. » C'est ainsi que fait l'Autriche-Hongrie à propos de la Russie. Dans la préface du *Livre rouge*, le comte Berchtold a élucubré tout un passage caractéristique où l'Empire des Tsars devient le promoteur du *Drang nach Osten*. Une simple transposition suffit, par conséquent, pour définir les visées des empires germano-magyars, et nous nous en voudrions de ne pas le faire : « Dans le courant des deux derniers siècles, *les Empires centraux* (au lieu de l'*Empire russe*) se sont étendus avec la force élémen-

taire d'un glacier sur des territoires énormes et n'ont
pas cessé de soumettre de nouvelles nationalités à la
domination *germanique* (au lieu de *moscovite*), qui
opprime leur civilisation, leur religion et leur langue.
Cette poussée opiniâtre vers la domination mondiale
se propose, comme but suprême et invariable, la
possession des détroits, qui garantirait aux *Empires
centraux* la prédominance dans l'Orient tout proche
ainsi qu'en Asie-Mineure et assurerait à l'exporta-
tion *germanique* (au lieu de *russe*) un passage indépendant de toute volonté étrangère. » Il est difficile
d'être plus clair.

Quelque chose cependant s'opposait à la réalisation
de ce projet si net : le manque d'homogénéité de la
monarchie habsbourgeoise et, surtout, la non-exis-
tence de l'Autriche et le morcellement de la Hongrie.
Pour que la guerre de conquête que l'on entreprenait
pût porter ses fruits et conduire au résultat désiré,
il fallait remédier à cet état de choses. Il fallait profiter
de la guerre suscitée pour créer une Autriche inexis-
tante et unifier une Hongrie magyare qui aurait
englobé la Croatie et la Slavonie encore quelque peu
autonomes. C'était donc là le but le plus immédiat.
Il va de soi qu'on ne pouvait agir ouvertement. On
prit toute une série de mesures dont l'état de guerre
empêchait la divulgation à l'étranger. Ces mesures
devaient anéantir d'abord les résistances, puis, sur
les ruines des nations abattues, édifier un État réel,
la fameuse Autriche dont on parle tant sans savoir
qu'elle n'existe pas.

∞

Ce n'est sans doute pas sans raison que les Habsbourgs ont concrétisé leur domination par une aigle à deux têtes. Ils ont voulu caractériser par là, sans doute, leur politique à double face, cette politique dont le devise *Viribus unitis*, qui accompagne l'aigle bicéphale, se traduit dans la pratique par : *Divide et impera*. Reconnaissons pourtant que, de ces deux formules, l'une est un but et l'autre un moyen. Le but, c'est d'unifier la Cisleithanie en la germanisant et la Transleithanie en la magyarisant. Le moyen, c'est de diviser les membres de chaque nation pour les dominer plus facilement. C'est ainsi que les Yougoslaves, qui forment un bloc compact de plus de 9.000.000 dans le sud de la double monarchie, ont été répartis en onze régions distinctes soumises à quatorze types différents de législation. C'est ainsi également que, de tout temps, le gouvernement austro-hongrois, suscita parmi ses peuples tantôt des guerres religieuses, tantôt des conflits nationaux ou des luttes de parti, comme en Bohême, par exemple.

La conduite des Habsbourgs n'a jamais varié à l'égard des États qui leur échurent, soit par droit de conquête, — chose rare, — soit par des mariages, soit par le libre choix des peuples. Leur premier soin fut toujours, malgré leurs promesses ou des traités formels, de transformer les constitutions établies, de façon à subjuguer ces pays au lieu, comme il est du devoir d'un monarque, de s'assimiler à eux. C'est ce qui, en 1526, après la bataille de Mohacs, se produisit en Bohême et en Hongrie. Ces deux royaumes, qui avaient perdu leurs rois dans la bataille et désiraient, pour lutter plus aisément contre le Turc envahisseur, s'unir à leur voisin, mirent à leur tête Ferdinand Ier de Habsbourg, qui régnait alors sur l'Autriche.

En Bohême, Ferdinand Ier, monarque élu, dévoila si bien son désir de transformer son nouveau royaume en monarchie absolue et héréditaire, comme les États qu'il possédait déjà, qu'une révolte éclata. Le soulèvement, vite réprimé, permit à Ferdinand d'obtenir, comme punition des rebelles, l'hérédité de la couronne pour sa maison. Il affranchissait ainsi les Habsbourgs des États de Bohême, représentants de la nation tchèque. Sous les successeurs de Ferdinand Ier cette politique se compliqua de luttes religieuses jusqu'au jour où, en 1616, les États tchèques répudièrent Ferdinand II et élurent Frédéric le Palatin. Ce fut le prélude de la guerre de Trente Ans. La malheureuse défaite des Tchèques à Bila Hora (la Montagne Blanche), en 1620, assura définitivement le pouvoir aux Habsbourgs qui se livrèrent à une répression terrible. En 1621, vingt-sept seigneurs tchèques furent décapités ; la plus grande partie de la noblesse et du peuple dut s'expatrier ; les confiscations des biens féodaux atteignirent un chiffre fabuleux ; les livres tchèques furent brûlés (¹) ; en un

---

(¹) « La littérature nationale tchèque fut systématiquement détruite, surtout par la Société de Jésus, dont l'un des membres les plus actifs se vantait de n'avoir pas brûlé lui-même moins de 60.000 volumes tchèques. » R. W. SETON-WATSON, *German, Slav, and Magyar*, Londres, 1916, p. 154,

mot, la nation tchèque fut réduite à merci. On lui imposa une constitution nouvelle qui, sans toutefois modifier essentiellement l'ancienne, accordait de larges avantages aux Allemands et à leur langue. Depuis le traité de Westphalie (1648), qui laissait la Bohême anéantie, jusqu'à Marie-Thérèse, la nation tchèque a presque complètement cessé d'exister. Il fallut d'abord l'absolutisme germanisant de Marie-Thérèse, le centralisme outrancier de Joseph II, puis la Révolution française, pour rappeler au peuple endormi qu'il avait une langue propre, une nationalité autre que la nationalité allemande. Le XIXᵉ siècle marqua donc le réveil de la conscience nationale tchèque, la renaissance de la langue et de la littérature tchèques. Il se caractérise par une lutte de tous les instants entre un peuple qui réclame l'indépendance de sa nation, les droits de sa langue, et une dynastie qui s'efforce de le maintenir dans une servitude germanique aussi étroite que possible.

Le sort fut plus clément à la Hongrie. En partie occupée par les Turcs, elle n'était, après la bataille de Mohacs, qu'un embryon d'État auquel se rattachait à peine la Transylvanie. « Le péril turc, écrit un professeur tchèque (¹), l'existence de souverains nationaux et assez indépendants en Transylvanie, la nécessité pour les Habsbourgs de ménager les États féodaux hongrois, assurèrent aux Magyars un régime de faveur qui devint bientôt traditionnel et leur évita

---

(¹) ÉDOUARD BENES, *Détruisez l'Autriche-Hongrie !* (Paris, Librairie Delagrave, 1916), p. 23.

le sort de la Bohême. » Le dualisme austro-hongrois,
bien qu'établi en droit par l'*Ausgleich* de 1867, l'était
en fait depuis l'élection de Ferdinand Ier. En 1790,
Léopold Ier ne faisait que le constater lorsqu'il
disait : « La Hongrie doit être gouvernée selon ses
propres lois et coutumes et non pas à la façon des
autres provinces. » C'est qu'en effet les Habsbourgs
avaient compris l'impossibilité de s'appuyer en
Transleithanie sur le petit noyau saxon pour germaniser les différents peuples de la couronne de Saint-
Étienne. Leur seule ressource fut de confier aux
Magyars la tâche de subjuguer les Slaves et les Roumains. Le Compromis de 1867 était donc un abou-
tissement logique, un efficace partage de la besogne,
laquelle consistait à faire disparaître une gênante
majorité slave. De même la guerre déclarée par les
Empires centraux est une conséquence inévitable de
ce compromis qui avait imposé aux Habsbourgs,
plus fortement que jamais, ce double but : germanisation des « royaumes et pays représentés au Parlement d'Empire », magyarisation des « royaumes et
pays de la couronne de Saint-Étienne ».

Lorsqu'on parle de l'Empire d'Autriche on a le
tort de croire à l'existence d'un État. Les mots « Autriche » et «Autrichiens » n'ont, en réalité, aucun sens.
Ils n'ont pas, en tous cas, le sens qu'on leur attribue
communément. Il faut entendre par « Autriche » ce
que l'on entendait jadis, c'est-à-dire « la Maison
d'Autriche, la dynastie des Habsbourgs. » M. Ernest
Denis a écrit quelque part que « jusqu'en 1804 les
divers États de la Maison de Habsbourg n'étaient

pas même réunis par un nom commun, et qu'une
partie importante de la monarchie était presque
toujours en insurrection ouverte ou latente ». Le
11 août 1804, François Iᵉʳ, par une patente spéciale,
s'accorda le titre et les prérogatives d'empereur d'Autriche, mais décida « que tous les royaumes, principautés et provinces conserveraient leurs titres, constitutions, avantages et façons d'être », qui, dans l'avenir,
devraient ne subir aucune modification. Rien, en
effet, n'a été changé depuis. Il suffit, pour s'en
convaincre d'examiner une pièce de monnaie à
l'effigie de François-Joseph. Elle porte en exergue
l'inscription suivante : Franciscus-Josephus I, D. G.
Imperator Austriae, rex Bohemiae, Illyriae, Ga-
liciae, etc.; Apost. rex Hungariae, (François-Joseph Iᵉʳ, par la grâce de Dieu, empereur d'Autriche,
roi de Bohême, d'Illyrie, de Galicie, etc. ; roi apostolique de Hongrie). D'autre part, en tête de toutes
ses proclamations, de tous ses décrets, de tous ses
rescrits, brefs, de tous les chiffons de papier qu'il
adresse à ses sujets, le vieux monarque est obligé
d'étaler tous ses titres de domination sur une foule
d'États. Ce n'est pas seulement une vaine pompe ;
c'est une réalité. François-Joseph est un empereur
sans empire ; il ne règne pas sur un peuple, mais sur
des peuples. Il porte un simple titre honorifique, et
lorsqu'il veut parler à ses sujets, il s'adresse « à ses
peuples ».

« Royaumes et pays représentés au Reichsrat »,
tel est donc le nom officiel de cet empire que l'on a
coutume d'appeler l'Autriche. Un hasard, heureux

pour la Maison d'Autriche, malheureux pour ses peuples, a groupé tous ces États autour du trône des Habsbourgs. *Bella gerant alii, tu, felix Austria, nube* (que d'autres fassent la guerre, toi, heureuse Autriche, marie-toi), dit une devise célèbre, mais trompeuse comme toutes celles que les Habsbourgs se sont composées. Ce pacifique groupement d'États plus ou moins matrimoniaux sous un chef unique ne pouvait manquer d'éveiller l'ambition de la Maison d'Autriche. L'appétit vient en mangeant, et l'on vit bientôt se substituer à l'autre une nouvelle formule, la fameuse devise vocalique AEIOU, *Austriae est imperare orbi universo* (l'Autriche doit gouverner tout l'univers). C'est déjà la formule du pangermanisme. Pour la réaliser il fallait en effet que les États réunis par les Habsbourgs fussent unifiés. L'unification devait, dans leur pensée, venir de la germanisation. Cela explique les efforts tentés d'abord pour anéantir en Autriche toutes les populations slaves ; puis, devant l'inanité du résultat, pour entraver les incessants progrès des nationalités réveillées au XIXe siècle

L'unification de ce qu'on dénomme « Hongrie » s'imposait avec une égale force, car la Hongrie n'existe en fait pas plus que l'Autriche. Officiellement la Transleithanie s'appelle « les Royaumes et pays de la couronne de Saint-Étienne ». La complexité du régime austro-hongrois a été fort spirituellement exposée naguère par un Viennois, M. de Morawitz. « L'Autriche-Hongrie, dit-il (¹), se compose de deux

_____

(¹) *La Revue économique internationale*, N° de mai 1908.

parties : 1º de la monarchie austro-hongroise proprement dite ; 2º du territoire occupé en vertu du traité
de Berlin. En ce qui concerne le territoire occupé, il
se compose à son tour de deux parties : 1º des territoires de Bosnie-Herzégovine ; 2º du Sandjak de
Novi Bazar, qui... n'entre pas en ligne de compte,
d'après le droit public. Pour ce qui est de la monarchie
austro-hongroise proprement dite, elle est divisée,
naturellement, en deux parties : les royaumes et
pays représentés au Reichsrat de Vienne, d'une part,
et les pays de la couronne hongroise, d'autre part.
Les pays de la couronne de Saint-Étienne se composent, à leur tour, de deux parties, à savoir : des
pays de la couronne de Saint-Étienne au sens propre
du mot, et des royaumes réunis de Croatie, de Dalmatie et de Slavonie. Quant à ce dernier, il se compose,
lui aussi, de deux parties : la Dalmatie (qui n'en fait
même pas partie puisqu'elle appartient à l'Autriche)
et de la Croatie et de la Slavonie. Quant au royaume
de Croatie et de Slavonie, il est partagé en deux, bien
entendu : la Croatie et la Slavonie... laquelle, d'ailleurs,
n'entre pas en ligne de compte, d'après le droit public ! Les pays de la couronne de Saint-Étienne proprement dits sont divisés en deux parties, qui sont :
1º l'ancien royaume marianique de la Hongrie ; et
2º le grand duché de Transylvanie...., lequel n'entre
pas en ligne de compte d'après le droit public....
Quant aux pays et royaumes représentés au Reichsrat de Vienne... L'explication ne put être continuée,
car l'interlocuteur était devenu fou, s'imaginant qu'il
se composait lui-même de deux parties... dont l'une

n'entrait pas en ligne de compte d'après le droit public. » Pour être spirituel, ce tableau n'en est pas
moins juste. Ce que nous appelons « Hongrie »
n'existe pas plus donc que ce que nous avons convenu
de nommer « Autriche ». Les Roumains de Transylvanie et les Serbo-Croates de la Croatie eurent,
poussés par les circonstances, la mauvaise inspiration
de mettre à leur tête le roi de Hongrie. Ils ne furent
jamais conquis, quoi qu'en disent les Magyars. L'histoire de la Croatie en est la preuve la plus frappante.
En 1102, la dynastie nationale étant éteinte, la noblesse croate offrit la couronne au roi de Hongrie
Coloman, neveu de la veuve du roi croate Zvonimir.
La Hongrie, après la bataille de Mohacs, ayant mis
un Habsbourg sur son trône, les Habsbourgs furent
également acceptés par la Croatie, le 1er janvier 1527,
à la condition expresse que Ferdinand organiserait
une armée destinée à défendre le pays contre les
Turcs. L'indépendance du royaume de Croatie apparaît plus nettement encore dans le fait que son
Sabor (Parlement) accepta la Pragmatique sanction
en 1712 alors que la Hongrie ne la reconnut que dix
ans plus tard. Le Compromis hungaro-croate de
1868 lui-même, en accordant à la Croatie une indépendance relative, la considérait comme un royaume
autonome.

La guerre entreprise par les Germains et les
Magyars eût été inutile si elle n'avait ruiné cette
autonomie, si elle n'avait contribué à soumettre définitivement les Serbo-Croates et les Roumains. Il
fallait donc magyariser la Transleithanie comme on

voulait germaniser la Cisleithanie. Cela explique l'alliance de la monarchie dualiste avec l'Allemagne et, surtout, toutes les mesures prises depuis le déclanchement, en 1914, de la croisade antislave et antilatine des Empires centraux. Ces mesures visent toutes les manifestations de la vie nationale. Elles suppriment tout d'abord les hommes politiques, les associations, la presse, en un mot, tous les porte-paroles des peuples. Elles annihilent les forces vives de chaque nation en se servant surtout de l'armée. Elles imposent partout l'allemand ([1]) et le magyar qu'elles substituent aux langues autochtones. Elles tarissent par des confiscations arbitraires la fortune des nations et, ainsi, soutiennent pour un temps les finances ébranlées de l'Empire. Elles tendent donc à établir par la terreur absolutiste cette unité germano-magyare qui concourra à réaliser le plan élaboré depuis longtemps par les milieux gouvernementaux de Vienne et de Budapest.

∞

Le drame qui allait se jouer débuta par une farce. Le 25 juillet 1914, la veille de la déclaration de guerre à la Serbie, le gouvernement autrichien envoyait à la presse la note suivante : « En vertu d'une lettre patente, la XXIe session du Reichsrat est déclarée close le 25 juillet ». Or le Parlement en question ne s'était pas réuni depuis juillet 1913. Cette fermeture d'une

([1]) Voir Appendice VII, p. 281 et suiv.

Chambre close était un acte de pure forme. Il n'avait qu'un but : imposer silence à toutes les oppositions politiques. La même information ajoutait : « Les diètes de Dalmatie, de Carniole, de Goritz et Gradisca, de Moravie, de Haute et Basse Autriche, de Silésie et de Styrie sont, en vertu de lettres patentes, déclarées closes. En même temps, toutes les Commissions permanentes de ces Diètes sont ajournées. » Les Diètes de Bohême et de Galicie ayant été dissoutes antérieurement, il n'y avait plus de représentation nationale. En dehors des députés du bloc austro-magyar, il n'y eut bientôt plus de représentants des peuples. Les plus prudents, parmi les Tchèques, les Italiens et les Yougoslaves, prévoyant le sort qui les attendait dans la double monarchie, se réfugièrent à l'étranger. C'est qu'en effet le gouvernement austro-hongrois ne s'était guère caché à ce sujet. « Déjà lors de la crise de l'annexion en 1908, de l'affaire Prochaska en 1912, et de la crise de Scutari en 1913, un certain nombre d'hommes politiques en Bosnie-Herzégovine savaient d'avance qu'ils devraient être emprisonnés au cas d'éventualité d'une guerre. Ils possédaient même des informations des plus sûres sur les détails de cet emprisonnement qu'on leur préparait (1). »

Dès le début des hostilités les arrestations arbitraires se multiplièrent. Sous tous les prétextes, et

---

(1) *Le Régime politique de l'Autriche-Hongrie en Bosnie-Herzégovine*, par un groupe d'hommes politiques yougoslaves, Annemasse, 1916, p. 7.

même sans prétexte, on incarcéra les chefs des partis politiques nationaux. M. Félix, professeur à l'École technique tchèque de Prague, candidat aux élections législatives de mai 1914, fut arrêté en septembre 1914 à cause du programme électoral qu'il avait fait afficher dans sa circonscription quatre mois auparavant ([1]). Ce n'est qu'un exemple. Nous pourrions en citer beaucoup d'autres : ils abondent. Partout les députés slaves furent traqués. Dmitrij Markov et Vladimir Kurylowicz, députés ruthènes de Galicie ; Klofacz, Bechynje, Kramarz, Raszin, Scheiner, Choc, Burzival, Vojna et Netolicky, députés tchèques de Bohême et de Moravie ; Serdyan Budislavljevitch, Matija Popovitch, Vasilj Grdjitch, Maxime Gjurkovitch, Atanasije Sola, Jovo Simitch, dans les régions yougoslaves, pour n'en citer que quelques-uns, furent jadis jetés au cachot ([2]). Pendant longtemps tous ces hommes croupirent dans les geôles austro-hongroises, attendant leur jugement pour savoir de quoi on les accusait. A

([1]) *La Nation Tchèque* du 1er octobre 1916 (2e année, N° 11), apportait l'information suivante : « Les journaux annoncent la mort du professeur Félix, qui vient de tomber sur le front italien. »

« Le professeur Félix était un des membres les plus jeunes et les plus énergiques du parti radical tchèque. Quelques mois avant la guerre, il s'était présenté aux élections complémentaires du Reichsrat comme candidat du parti radical et du parti progressiste qui avait pour chef M. Masaryk. Après la déclaration de guerre, il fut poursuivi à cause de ses affiches électorales. Arrêté, conduit en prison les menottes aux poings, il resta détenu plusieurs mois. Sa femme, désespérée, s'empoisonna. On lui refusa la permission d'accompagner son cercueil. Pour se débarrasser d'un adversaire dont on redoutait l'activité et l'intelligence, le gouvernement l'envoya sur le front occidental. Il vient de tomber sous les mitrailleuses italiennes. »

([2]) Voir Appendice VI, n° 1 p. 276.

d'autres même, comme au député tchèque Klofacz, arrêté en septembre 1914, la prévoyante police des Habsbourgs laisse largement le temps de méditer, entre quatre murs, sur les destinées de Silvio Pellico et d'écrire, si bon leur semble, un chef-d'œuvre sur leurs prisons. Ceux-ci attendent encore aujourd'hui qu'un tribunal daigne leur faire connaître leur crime. Les sbires de François-Joseph n'ont probablement pas eu le temps encore — ils ont tant à faire ! — de forger les preuves nécessaires.

Nous avons dit que les Habsbourgs aiment les belles devises. L'une d'elle étale sa splendeur au fronton de la Hofburg : *Justitia Fondamentum Regnorum*. On trouva prudent de la mettre en pratique à la façon austro-hongroise. François-Joseph chargea donc sa police de rechercher par tous les moyens les éléments de beaux procès, les preuves de prétendus crimes de haute trahison. On connaît la peu scrupuleuse façon dont les mouchards austro-hongrois s'acquittent de cette besogne. On les avait vus à l'œuvre en diverses circonstances et, récemment, lors des affaires scandaleuses de Zagreb (Agram), de Vienne (procès Friedjung), de Lwow (Lemberg) et de Marmaros-Sziget. Ils eurent l'occasion de se surpasser, car les nouveaux procès devaient être jugés à huis-clos et on ne pouvait craindre les indiscrètes immixtions du dehors.

La série commença par MM. Markow, Kurylowicz et consorts. Ces Ruthènes furent traduits devant une Cour martiale de Vienne. Les débats furent conduits en allemand, malgré la loi qui assure à un accusé l'usage, devant les tribunaux, de sa langue maternelle. Cette première affaire se termina, en septembre 1915, par la condamnation à mort de sept personnes. Deux mois après s'ouvrait en Bosnie, devant le tribunal de Banjaluka (¹), un second procès digne, par son « kolossal », des émules de la Prusse. Cent douze personnes, députés, médecins, ingénieurs, étudiants, etc., étaient, comme toujours, accusées de haute trahison. La Cour, dans une ville pourtant entièrement slave, ne comprenait que des magistrats allemands : Koloman von Milletz, Mayer, Ansion, Hofmann, Kœnig et Pinter. « Des Serbes étaient donc, dans une affaire politique, en pleine guerre d'Allemands contre Slaves, en plein pays slave, livrés à des accusateurs et à des magistrats appartenant à la nation ennemie (²). » Il va de soi que ces juges furent impitoyables pour les accusés.

C'est également devant une Cour martiale allemande que comparurent à Vienne, après six mois de détention, les députés tchèques Kramarz, Raszin et Scheiner. Les débats, après avoir quelque temps traîné en longueur, furent brusquement ajournés. On donna de ce renvoi une foule d'explications. Celle qu'émet M. Seton-Watson dans son ouvrage *German, Slav and Magyar*, nous semble la plus plau-

---

(¹) Désireux de nous borner et de n'exposer que les principaux procès politiques, nous négligeons volontairement ceux qui mettaient en cause les simples particuliers. On en pourrait citer de nombreux, surtout en Bosnie, qui prouvent l'intention du gouvernement austro-hongrois de se débarrasser des intellectuels slaves.

(²) *Les Persécutions yougoslaves* édition du Foyer, Paris, 1916, p. 56.

13

sible. Selon l'auteur anglais, le Dr Kramarz aurait, lors des défaites austro-hongroises, été chargé, en hiver 1914, et avec l'assentiment du comte Berchtold, ministre des Affaires étrangères, d'une mission secrète auprès du gouvernement russe. Le comte Berchtold ayant quitté le pouvoir, les autorités militaires, et l'archiduc Frédéric en particulier, insistèrent pour que l'acte du Dr Kramarz fût considéré comme une trahison. Le *Times* du 3 mai 1916 nous révèle un détail qui montre clairement la beauté de la justice autrichienne. Parmi les documents que l'accusation produisait contre le député tchèque se trouvait une lettre que celui-ci avait, quelque temps avant la guerre, adressée au prince de Thun, gouverneur de Bohême, et critiquant la politique austro-hongroise à l'égard des Slaves. Le prince de Thun, appelé comme témoin, présenta l'original. Il apparut alors que, dans la copie figurant au dossier, on avait tronqué et déformé le texte de façon à appuyer l'accusation (¹).

C'est que dans toutes ces affaires il était difficile, sinon impossible, de démontrer la culpabilité des accusés. On s'appuya donc, dans tous les cas, sur des faits antérieurs à la guerre, ce qui aurait dû, pour le moins, faire choisir une autre juridiction que les Cours martiales. Mais encore, voyons quels sont ces faits. « C'est, écrit la *Ceskoslovenska Samostatnost*, une coutume de l'Autriche de considérer comme haute trahison ce qui, avant la guerre, restait dans les limites de la loi sur les associations, les réunions et la

---

(¹) Voir Appendice VIII, n° 3, p. 283.

presse. C'est ainsi, par exemple, que les charges principales relevées contre le député Markov étaient ses opinions russophiles, connues depuis longtemps, ses attaches avec le Conseil National russe de Galicie et son activité dans les caisses de crédit russo-galiciennes... Le tribunal alla jusqu'à voir l'intervention de Markov dans certaines circonstances de la guerre, circonstances auxquelles les inculpés étaient forcément restés étrangers, puisqu'ils étaient sous les verrous depuis le début de la mobilisation. »

En Bosnie, à Banjaluka, le député Grdjïtch et ses co-accusés n'ont pas commis de « crimes » plus graves que celui du député Markov. Le seul grief que l'on relève contre eux est d'avoir fait partie, avant la guerre, de sociétés nationales telles que la *Prosveta*, ligue destinée à répandre l'instruction parmi les Serbes de Bosnie-Herzégovine, les *Probratimstvos*, associations antialcooliques, ou le *Sokol*, société de gymnastique. Toutes ces associations, inutile de le dire, avaient été dûment autorisées par la bureaucratie austro-hongroise. Des enquêtes avaient même, en plusieurs occasions, été faites contre elles sans que rien eût pu leur être reproché. Inoffensives avant le conflit, voilà que ces ligues devenaient tout à coup subversives et ne visaient à rien moins qu'à détacher les provinces serbes de la monarchie. C'est qu'entre temps l'habile police militaire des Habsbourgs avait, prétendait-elle, fait une découverte des plus importantes parmi les documents tombés en son pouvoir lors de la première invasion de la Serbie. Elle y avait trouvé un carnet et des lettres appartenant à un cer-

tain capitaine serbe Kosta Todorovitch. Le tout démontre, paraît-il, péremptoirement que les sociétés
bosniaques incriminées étaient affiliées à la *Nardona
Odbrana* de Serbie, laquelle, organe du gouvernement
serbe, avait, comme chacun sait par le *Livre rouge*,
pour objet de ruiner l'intégralité de l'Empire des
Habsbourgs. Carnet et correspondance étaient rédigés
en des termes de convention dont le procureur général, sans malheureusement dire comment; était parvenu à découvrir le secret. Depuis les fameux documents confiés à Friedjung en 1909 par le Ballplatz
et fabriqués à la légation austro-hongroise de Belgrade, nous nous défions de ce genre de preuves.
Nous nous en défions d'autant plus que le procédé a
également servi à l'Allemagne contre la Belgique.
D'autre part un des inculpés, « Vaso Rundo, démontre
que les notes de l'officier serbe qui le concernent
trahissent un style tout à fait étranger et contiennent
une phraséologie non seulement inusitée, mais impossible dans la langue serbe ; donc, certainement,
elles ne viennent pas d'une plume serbe ([1]). » Le
colonel Sertitch, expert militaire autrichien, témoigna
lui-même qu'aucun rapport confidentiel n'avait été
trouvé en original parmi les papiers du capitaine
Todorovitch.

Bref, si le Dr Kramarz est condamné à mort parce
qu'on a produit aux débats une lettre truquée ou une
invitation à dîner que M. Deschanel lui avait un jour
adressée ; si l'on envoie à la potence ou si l'on jette

([1]) *Les Persécutions des Yougoslaves, op. cit.*, p. 60.

en cellule une centaine de Yougoslaves politiques sur
la foi d'une pièce peu authentique, les formes de la justice, du moins, ont été observées et, surtout, le but est
atteint : on s'est débarrassé des hommes influents.

A côté des hommes politiques, il y a cependant une
foule d'autres gêneurs parmi les populations tchèques,
yougoslaves, ruthènes, slovènes, slovaques, roumaines et italiennes. Il faut les mettre dans l'impossibilité de nuire. Les tribunaux s'y emploient également. Sous une vague apparence de légalité et pour
divers prétextes, les condamnations pleuvent. A la
fin de 1915, le *Neues Wiener Tagblatt* donnait une
statistique édifiante. Il comptait les condamnations
à mort dans la seule Cisleithanie depuis le début de
la guerre. Voici les chiffres éloquents qu'il donnait :

Trieste	290
Rijeka (Fiume)	60
Istrie	90
Dalmatie	118
Moravie	245
Bosnie	800
Bohême	720
Galicie	480
Bukovine	330
Trente	330

Soit donc un total de 3.463 personnes appartenant
à la population civile, car les condamnations prononcées dans l'armée ne sont pas comptées par le journal
viennois.

L'armée austro-hongroise pourtant a fini par fournir une aide efficace aux tribunaux surchargés. Tous
les députés slaves ou latins qu'une justice sommaire

n'atteignait point, tous les suspects, surtout dans les milieux intellectuels, ont, sans égard pour leur âge ou leurs aptitudes physiques, été incorporés et envoyés aux points les plus exposés du front. Tous ceux que leur attitude désignait comme « nationalistes » — et il suffisait pour cela que l'on trouvât sur eux une carte de membre d'une société quelconque (1) — étaient traduits devant un tribunal militaire. Leur condamnation certaine entraînait l'incorporation dans un *Strafregiment*, sorte de compagnie de discipline. Ces *Strafregimente*, reconnaissables à leur uniforme bleu foncé, étaient de véritable *Kanonenfutter*, de la vraie chair à canon.

Le rôle de l'armée dans cette œuvre d'extermination des sujets de la monarchie a été si odieux que Liebknecht ne put s'empêcher, en mars 1915, de le stigmatiser du haut de la tribune du *Reichstag* de Berlin. « En Autriche, s'est écrié le socialiste récalcitrant (2), les conseils de guerre et les Cours martiales

---

(1) Voici, à titre de document, un ordre du jour significatif à cet égard : « Ordre du jour de l'Armée, Nº 949, Cracovie. — Le gouverneur militaire imp. et roy. de Cracovie fait savoir qu'à la suite de perquisitions opérées dans les équipements des unités de réserve, on a trouvé sur un grand nombre de soldats des cartes de membre des sociétés de *Sokols*. Ces hommes ont été arrêtés, des poursuites ont été engagées contre eux et ils vont être condamnés à des peines très sévères. Le gouvernement militaire saisit cette occasion pour attirer l'attention des soldats de la garnison sur les graves désagréments que peut leur causer la possession d'une telle carte. Ils sont prévenus que non seulement leur carte de *Sokol* ne saurait leur procurer aucun avantage ; mais qu'elle les expose aux punitions les plus sévères, et peut les faire traduire même devant le conseil de guerre. Cet ordre doit être lu aux hommes par trois fois. »

(2) Discours cité par l'*Humanité* du 6 mars 1915, d'après le *Vorwärts*.

créent un régime de terreur comme il n'en a jamais
existé en Russie aux époques les plus sinistres. J'ai
les preuves en main. En Autriche, il n'existe aucune
possibilité de traiter ces choses du haut de la tribune...
Au cours de quelques mois, des centaines d'années
de prison ont été infligées. Une condamnation à mort
pour une poésie a été prononcée par un Conseil de
guerre. Un de mes camarades du parti autrichien a
été condamné à mort pour un discours soi-disant
hostile à l'État, en décembre 1914. »

∞

Aucune voix ne pouvait plus s'élever pour protester
contre un tel régime, puisque les représentants politiques des nations ou étaient disparus, ou, chose rare,
s'étaient soumis. Il restait encore à réduire au silence
les organes qui auraient pu renseigner le peuple sur
les événements militaires et surtout politiques. Ces
organes étaient les associations nationales et la Presse.

On attendit, pour dissoudre les sociétés en question, que le recrutement eût enlevé la plus grande
partie de leurs membres. On diminuait ainsi le danger
d'effervescence. On commença, du reste, l'exécution
par de petits groupements sans importance. C'est
ainsi que la *Prager Zeitung*, journal officiel, enregistre,
le 4 décembre 1915, la dissolution de sociétés de secours mutuel, de clubs littéraires ou philologiques.
Cette dissolution précédait de quelques jours un
événement plus grave parce qu'il atteignait non seulement un groupement régional, mais une véritable

institution dans laquelle les nations slaves avaient
mis tout leur espoir et toute leur ardeur : la Fédération
des Sokols, qui subsistait encore alors que la plupart
de ses unités avaient déjà été forcées de disparaître.

« Sokol » est le nom que Tyrsz et Fügner, deux
philanthropes tchèques, avaient donné à une société
de gymnastique qu'ils venaient de créer à Prague, en
1862. Les fondateurs avaient une autre ambition que
celle d'exhiber des athlètes en de vagues concours.
« Nous devons, écrivait Tyrsz, entretenir notre nation
dans cette plénitude de vigueur qui empêche les
peuples de dégénérer ; maintenir et renouveler ses
forces. Il nous faut lui garder une santé physique,
intellectuelle et morale capable de résister à tout
germe de corruption, repousser toute stagnation et
tout conservatisme comme le plus grand attentat à
commettre contre sa patrie, comme un véritable
crime contre la nation. » Ce vaste programme, qui
réalisait si bien les hautes aspirations matérielles et
morales d'une nation enfin consciente d'elle-même,
assura aux Sokols une rapide extension. De Prague,
le mouvement gagna bientôt la Bohême entière, puis
tous les pays tchèques. Le gouvernement austro-
hongrois, effrayé de cet enthousiasme, essaya mais
en vain de le briser. Il n'empêcha pas Tyrsz de réunir
en 1882 un premier congrès, tenu à Prague, où les
différents groupements se fédéralisèrent. Depuis,
l'idée a fait de tels progrès que l'on a vu dans tout le
monde slave s'organiser des associations semblables.
Les bottes noires, le pantalon beige, la chemise
rouge, le dolman beige jeté sur l'épaule gauche, à la

hussarde, et la toque ronde qu'orne une plume de faucon (sokol, en tchèque), sont devenus l'uniforme des gymnastes slaves non seulement en Autriche et en Hongrie, mais encore en Serbie, en Bulgarie, en Russie et jusqu'en Amérique.

Dans les pays tchèques, avant-garde slave contre le germanisme, les Sokols constituaient une véritable force nationale, consciencieusement et méthodiquement organisée. « Les sociétés communales, dit *la Nation Tchèque* (¹), sont groupées en sociétés régionales appelées « Zupy ». Il y avait, en 1910, 24 de ces « Zupy » en Bohême, 12 en Moravie et Silésie. Elles obéissent aux directions d'un comité central dont le siège est à Prague. Les Sokols ont leurs journaux de propagande, leurs bibliothèques ; ils organisent des cours spéciaux, des conférences, des excursions historiques et scientifiques ; ils ne négligent rien de ce qui peut stimuler l'activité physique et intellectuelle du peuple. Enfin ils ont ouvert leurs associations aux groupements de femmes qui ne sont pas moins ardentes que leurs maris, leurs pères ou leurs frères à collaborer à la régénération nationale. » Au début de la guerre les seuls pays tchèques comptaient 111.193 Sokols qui étaient, selon le mot de M. Georges Bourdon, « l'âme, le cœur, la pensée, la volonté de la Bohême ».

On comprend que, dès que fut proclamée la croisade anti-slave des Germano-Magyars, le gouvernement austro-hongrois ait songé à briser cette âme,

_____

(¹) Nº 16, 15 décembre 1915.

ce cœur, cette pensée, cette volonté non seulement
des Tchèques, mais de tous les Slaves. Il le fit d'abord
en dissolvant, çà et là, surtout dans le sud de la monarchie, divers groupements communaux ou régio-
naux, ou bien en appelant immédiatement sous les
drapeaux les forces vives des Sokols. Pendant les trois
premiers mois de guerre plus de 50.000 Sokols
tchèques, c'est-à-dire la moitié, furent mobilisés. On
a vu quel régime les autorités militaires leur firent
subir. Le jour vint enfin où le gouvernement des
Habsbourgs, croyant avoir suffisamment abattu cette
organisation en la décimant, jugea facile de la dissoudre. Donc le ministère de l'Intérieur, par les
décrets Nos 25.037 et 17.603, en date du 24 novembre 1915, prononça la dissolution de la *Czeska
Obec Sokolska* (Union des Sokols tchèques) et du
Svaz Slovanského Sokolstva (Fédération des Sokols
Slaves), dont le siège social était à Prague. En décembre le gouvernement crut néanmoins prudent
d'exposer le prétexte de cet acte arbitraire. La lieu-
tenance générale du royaume de Bohême adressa,
dans ce but, à tous les préfets du pays la circulaire
suivante : « L'Union des Sokols tchèques, qui est le
centre des Sokols tchèques, entretenait avant la
guerre des rapports directs avec l'étranger. Elle a
ainsi favorisé des sentiments confraternels à l'égard
de la Russie et de la Serbie. Les résultats de cette
action, dangereuse pour l'État, ne se firent sentir
nettement, par diverses tendances, que pendant la
guerre avec la Russie et la Serbie. Dans les circonstances données ce fait suffirait à prouver que l'Union

des Sokols tchèques, comme centre des Sokols
tchèques, est dangereuse pour l'État. Il convient d'y
ajouter encore ceci : Une enquête a permis de constater que, peu de temps avant que la guerre eût éclaté,
il existait dans l'Amérique du Nord diverses organisations tchèques qui se livraient ouvertement à
une infâme propagande anti-autrichienne. Il est
actuellement démontré que les Associations de Sokols
tchèques de l'Amérique du Nord prirent, dans une
certaine mesure, part à cette propagande de trahison.
Il est également démontré que l'Union des Sokols
tchèques était, par l'intermédiaire de son président,
le Dr Scheiner, en correspondance avec au moins
une de ces associations. Sans rechercher si ces relations prouvées avec une association des Sokols
tchèques de l'Amérique du Nord constituent un
délit punissable, le fait seul que, dans les circonstances exposées, de telles relations ont eu lieu, conduit
à penser que de ces relations avec les Sokols de
l'Amérique du Nord et de l'action de l'Union des
Sokols tchèques, naît un danger : le mouvement
anti-autrichien des dites associations des Sokols de
l'Amérique du Nord pourrait, par l'Union des Sokols
tchèques, gagner les groupements de Sokols de ce
pays-ci. L'existence de l'Union des Sokols tchèques
devient donc un danger pour l'État... De même la
Fédération des Sokols Slaves, dont le siège est à
Prague, a été suspendue à cause de ses tendances anti-
monarchiques et anti-dynastiques, parce que cette
Fédération est également dangereuse pour l'État. »

Voilà de bonnes raisons ! On supprimait une orga-

nisation non pas parce qu'elle était dangereuse, mais
parce que d'autres l'étaient. On en chercha pourtant
moins long encore pour museler la presse. La censure
sévit en Autriche-Hongrie à l'état endémique. Elle
était, en temps de paix, d'une rigueur extrême. Elle
avait même parfois d'amusantes susceptibilités. Il
nous souvient d'avoir vu saisir un numéro du *Rire*
pour une annonce et, qui mieux est, pour une annonce
qui présentait une eau minérale hongroise comme
la reine des eaux purgatives. Il est vrai que dans le
dessin qui accompagnait cette réclame François-
Joseph faisait, en compagnie d'autres monarques,
une révérence de cour à cette reine au trône bizarre.
La guerre rendit l'Anastasie austro-hongroise plus
sévère encore, surtout à l'égard des journaux slaves.
Les blancs occupèrent bientôt dans ces feuilles publiques presque autant de place que le texte. Les
rédacteurs apprirent à être circonspects et la nécessité les rendit ingénieux. Ils s'exercèrent à user de
leur plume pour déguiser leur pensée. Un habile
emploi de la rhétorique et une mise en pratique
adroite des subtilités de la typographie leur per-
mirent de formuler pourtant la vérité. La police
employa alors les grands moyens. Elle supprima les
organes les plus gênants, surtout ceux des partis
radicalement nationaux. Lorsque la suppression parut
dangereuse on incarcéra les rédacteurs. Les élucubrations de l'officiel *K. K. Korrespondenz-Bureau*
devaient alors remplacer leur trop subtile prose. La
censure alla en effet jusqu'à exiger non seulement
que toutes les « informations » de ce bureau fussent

publiées, mais encore qu'elles le fussent sans indication d'origine, engageant ainsi la responsabilité de la
rédaction. La presse ayant refusé de se faire par là le
bénévole instrument des Allemands de Vienne ou
des Magyars de Budapest, on chercha et l'on trouva
d'autres moyens. On songea d'abord à interdire
tous les journaux suspects et à les remplacer par des
feuilles officielles. On craignit pourtant, en agissant
ainsi, de s'aliéner la confiance des populations. On
usa, en fin de compte, de la menace. C'est ainsi que,
par exemple, le préfet de police de Prague adressa à la
rédaction des organes tchèques l'avis suivant : « 1º La
façon dont les journaux tchèques rendent compte des
nouvelles militaires est de nature à inquiéter le public
et à provoquer une hostilité contre le gouvernement ;
2º La presse doit manifester activement et ouvertement ses sentiments de loyalisme et de patriotisme ;
3º Les ordres du jour de l'armée et les autres déclarations des autorités militaires et du gouvernement
doivent paraître en tête du journal et en gros caractères susceptibles d'attirer l'attention. Ce qui s'est
produit au sujet de l'ordre du jour de l'armée en
date du 28 août (relatif à l'anniversaire de l'Empereur),
que les journaux n'ont pas traité avec assez de défé-
rence, ne doit plus se renouveler. Si ces prescriptions
ne sont pas observées, les journaux seront immédiatement suspendus. »

On eut, en Hongrie, recours à un procédé plus
expéditif, si possible, en tous cas plus lucratif. On
obligea les journaux dangereux à disparaître en
confisquant purement et simplement la caution qu'ils

avaient versée aux autorités. Le *Rijecki Novi List* de
Rijeka (Fiume) publiait, dans son numéro du 19 décembre 1915, l'avis suivant, qui dévoile le procédé :
« Par suite de la saisie judiciaire de la caution de notre
journal et en conséquence de la décision prise par
la direction de l'*Imprimerie anonyme, de Rijeka*, nous
nous voyons obligés de suspendre la publication du
Rijecki Novi List. » Avec cette feuille disparaissait
le dernier représentant de la presse nationale croate.
Il ne restait plus, pour renseigner le public, que des
journaux plus ou moins officieux.

Les mesures draconiennes de la censure avaient
en effet suffisamment effrayé quelques rares pusilla-
nimes, pour les transformer en apôtres de Vienne ou
de Budapest. Leur maigre contingent renforça le
petit clan des journalistes achetés avant la guerre.
Car le gouvernement austro-hongrois s'était aussi, à
l'avance, prémuni contre le manque de thuriféraires.
Il avait corrompu ce qui pouvait l'être et avait gagné
quelques journaux. Il semble qu'il ait commencé par
le *Hlas Naroda*, de Prague, dirigé par un juif, le
Dr Basztyrz. C'est en effet l'un des organes slaves que
le gouvernement de Vienne a cités des premiers
à l'étranger, bien avant la guerre. Il en faisait un
des représentants de l'opinion tchèque. Dès le
4 juillet 1914, les *Narodni Listy*, organe du Dr Kramarz et du parti jeune-tchèque, dévoilaient la supercherie en publiant la note suivante : « AU SERVICE
D'INTÉRÊTS ÉTRANGERS. — L'organe du Dr Basztyrz
a publié un article sur l'attentat de Sarajevo et, sans
détour, soit par sottise, soit pour toute autre raison,

il accusait la Serbie officielle d'avoir organisé le crime
de Sarajevo... Il convient à ce propos de constater
que le Dr Basztyrz et l'opinion tchèque sont deux
termes tout à fait différents. »

Il n'en résulte pas moins qu'on était parvenu,
d'une part, à réduire au silence la presse indépendante ; d'autre part, à tromper l'opinion publique ([1])
à l'aide de plumes vénales. Tout était subjugué sans
qu'aucune opposition eût pu s'y opposer.

∾

Qui, en effet, aurait pu, dans une telle crise, faire
obstacle à de tels bouleversements ? « La guerre, dit
M. Hinkovitch ([2]) en parlant des Yougoslaves, nous
a surpris comme un coup de foudre. Nous la sentions
bien inévitable, mais pas si proche. La note à la
Serbie et la guerre déclarée à nos frères a rempli
d'horreur la population croate presque entière. Mais
que pouvions-nous faire ? La mobilisation fut exécutée
avec une vitesse foudroyante, notre jeunesse était
subitement enrôlée. D'après des listes de proscrip-
tion préparées d'avance, tout ce qui avait quelque
influence sur le peuple, députés, avocats, prêtres,
instituteurs, commerçants, propriétaires et même
paysans, furent jetés en prison, internés, pris comme
otages ou tout au moins étroitement surveillés, à
moins qu'ils n'aient réussi à se sauver à l'étranger. Il

([1]) Voir Appendice VI-2, p. 279.
([2]) *Les Croates sous le joug magyar*, par M. H. Hinkovitch, député à la Diète, croate, délégué an Parlement de Budapest, Plon-
Nourrit et Cie, Paris, 1915, p. 30.

y eut d'innombrables jugements sommaires et exé-
cutions capitales. Il ne restait plus personne pour
esquisser un mouvement de protestation. » Et ce que
dit M. Hinkovitch des Yougoslaves s'applique, nous
l'avons vu, à tous les Slaves de la monarchie dualiste.
Les Germains et les Magyars étaient maîtres de la
situation. C'est ce que voulait le gouvernement
austro-hongrois. Dès que François-Joseph crut avoir
les mains libres, il s'empressa d'agir. Une seule chose
aurait pu l'arrêter : la parole donnée. Mais on sait
ce que vaut la parole d'un Habsbourg. Les Tchèques,
pour ne citer qu'eux, pourraient en dire quelque
chose. Le vieux François-Joseph leur a fait trois
promesses solennelles. Le 15 avril 1861, il déclarait
à une délégation de la Diète de Bohême : « Je me
ferai couronner à Prague roi de Bohême, et je suis
convaincu que les liens de confiance et de fidélité
entre mon trône et le royaume de Bohême, seront
ainsi raffermis. » En 1865, il répondait de la même
façon à une adresse de la Diète, qui lui rappelait cette
promesse oubliée. Enfin le 12 septembre 1871 il
faisait lire devant la même Diète le rescrit suivant :
« Gardant en mémoire les droits d'État de la couronne
de Bohême, et nous souvenant de l'inaltérable fidélité avec laquelle la population tchèque a toujours
soutenu notre trône, nous aimons à reconnaître les
droits de ce royaume et sommes prêt à renouveler
cette reconnaissance par le serment de notre couronnement. » Ce chiffon de papier n'avait pas
plus de valeur que les promesses verbales. François-Joseph ne s'est jamais fait couronner roi de

Bohême. Tout ce qu'il a fait fut d'en porter le titre.

Encore ce titre, comme tous ceux qui l'accompagnent, lui pesait-il, car il impliquait la reconnaissance que l'Empire d'Autriche n'est qu'un mot vide de sens. Aujourd'hui il n'y a plus de royaumes de Bohême, de Galicie, d'Illyrie, etc. La guerre a permis à François-Joseph de balayer par un coup d'État toute cette poussière de monarchies. Ce coup d'État, les journaux officiels austro-hongrois nous l'apprirent le 11 octobre 1915. Ils publiaient ce jour-là une lettre autographe adressée par l'Empereur au baron Burian, ministre des Affaires étrangères, et contresignée par les premiers ministres Stürgh, pour l'Autriche, et Tisza, pour la Hongrie. Cette missive annonçait une réforme héraldique : un seul écusson commun, symbolisant l'unité politique des différents peuples de l'Empire, remplaçait les écussons séparés de jadis. Ce nouvel écusson comportait le blason autrichien, où figure l'aigle double, et le blason dit « petit-hongrois », c'est-à-dire les armes de la Hongrie seule, le tout accompagné d'une devise nouvelle : « *Indivisibiliter ac inseparabiliter.* » François-Joseph décrétait en outre que « les royaumes et les pays représentés au Reichsrat » s'appelleraient désormais « le pays autrichien » ou « Autriche » tout court.

D'un trait de plume le vieil Empereur et ses ministres créaient donc l'État qui n'avait jamais réellement existé. Ce faisant, ils violaient toutes les constitutions en vigueur dans la double monarchie, depuis la Pragmatique sanction de 1720 pour ne pas remonter plus haut, jusqu'à l'*Ausgleich* de 1867. Ils

14

instituaient en Cisleithanie un état de choses favorable à la germanisation, aussi les Allemands s'en
réjouirent-ils. Ils voyaient là, suivant l'expression du
correspondant viennois de la *Neue Zürcher Zeitung*
(20 octobre 1915), « le terme évident et définitif de
toutes les tendances fédéralistes ». Les Magyars
jouirent de la réforme avec moins de tranquillité. Ils
n'avaient pas annihilé la Croatie ; ils n'avaient pas
suffisamment abattu les Croates pour les empêcher
de protester.

Ceux-ci jugèrent, avec raison, leurs droits lésés.
Dès le 21 décembre, le Sabor interpellait le baron
Skerlecz, ban de Croatie, pour lui rappeler que le
compromis hungaro-croate de 1868 obligeait, pour
les affaires communes à la Hongrie et à la Croatie, à
l'emploi d'un blason spécial. Dans ce blason doivent
figurer les armes du royaume de Hongrie, d'une
part, et d'autre part, les armoiries réunies de Croatie,
de Slavonie et de Dalmatie. Le ban dut reconnaître
qu'en effet le compromis de 1868 avait été violé. Il
fit des démarches et, le 29 décembre, lut au Sabor
un rescrit royal en date du 24 invitant les députés à
élire une délégation de douze membres qui, en compagnie d'une égale délégation magyare, devait s'entendre sur « le moindre blason » commun aux deux
royaumes. Le *Bureau de Presse hongrois* (officiel)
communiqua au public la décision prise : « *Exception-
nellement*, on pourra dans le petit blason employé
pour les institutions communes aux pays de la couronne de Saint-Étienne et aux autres provinces de
Sa Majesté se servir d'un blason des pays de la Cou-

ronne de Saint-Étienne formé : 1º des armes du
royaume de Hongrie et 2º de la partie des armes de
Croatie-Slavonie-Dalmatie qui porte un champ de
losanges d'argent et de gueules. En ce cas, le fragment
en question symbolisera la totalité des royaumes de
Croatie, de Slavonie et de Dalmatie. » Ce moyen
terme *exceptionnel*, qui semble donner satisfaction à
tous, n'en laisse pas moins subsister intacte la prédominance magyare, d'autant qu'on connaît la valeur
de ces « chiffons de papier » qui portent la signature
de François-Joseph.

Aujourd'hui donc les drapeaux de l'armée habsbourgeoise portent le nouvel écusson et la nouvelle
devise. Les peuples de l'Autriche-Hongrie n'en sont
pas plus unis et la victoire n'en est pas plus sûre. Le
jour prochain où cette victoire aura définitivement
échappé aux armes des Habsbourgs, nous nous sou-
viendrons des belles et nombreuses promesses qu'ils
ont faites et qu'ils n'ont pas tenues, des belles et nombreuses devises qu'ils ont composées et qu'ils n'ont
pas respectées. Ce jour-là nous leur montrerons que
leurs devises ne nous en imposent pas plus que leurs
promesses ; nous leur prouverons que ce qu'ils déclarent uni « *indivisibiliter ac inseparabiliter* », nous
saurons le diviser et le séparer pour rendre à chacun
ce qui lui est dû.

CHAPITRE VII

L'EUROPE CENTRALE

LES PLANS PANGERMANISTES. — L'AUTRICHE-HONGRIE
AVANT-GARDE DU PANGERMANISME. — L'AUTRICHE-
HONGRIE CLEF DE VOUTE DE LA MITTELEUROPA. — IL
FAUT VAINCRE L'AUTRICHE-HONGRIE POUR RUINER LES
PLANS DE L'ALLEMAGNE.

O N connaît les visées de l'Allemagne prussia-
nisée. Elle ne les a, du reste, guère cachées.
Tous les Germains indistinctement, en Allemagne
comme en Autriche, chantent le *Deutschland über
alles*, tous rêvent de l'Allemagne au-dessus de tout,
et Bethmann-Hollweg est leur porte-parole.

« Plus longtemps durera la guerre, proclamait-il
en août 1915, et plus se multiplieront les plaies dont
saignera l'Europe. Le monde qui surgira alors ne
doit pas être et ne sera pas le monde dont rêvent nos
ennemis ; ils visent au rétablissement de la vieille
Europe avec une Allemagne impuissante, tributaire
en quelque sorte du gigantesque empire russe.

« Non, cette immense guerre universelle ne res-
taurera pas la vieille situation d'autrefois ; il faut que
surgisse une situation nouvelle. L'Europe ne peut
obtenir la paix qu'avec une Allemagne dans une position forte et inviolable.

« La politique anglaise de l'équilibre des puissances doit disparaître, parce que c'est, comme l'a
dit dernièrement le poète anglais Shaw, le four d'in-
cubation des guerres. »

L'équilibre européen doit donc être rompu au
profit de l'Allemagne. Elle seule doit être « forte et
inviolable » ; elle seule pourra se servir de sa force
pour violer l'indépendance des autres États. Voilà ce
que dit le Chancelier de l'Empire allemand, interprète
des peuples germains. C'est, sous une forme volontairement imprécise, la formule que l'on rencontre
sous la plume de tous les écrivains pangermanistes,
dans les discours de tous les impérialistes allemands.
C'est, reprise par la Prusse, l'idée d'une *grande Allemagne* créée par l'Autriche, idée jadis chère à Schwar-
zenberg.

La réalisation de cette idée d'une Allemagne prépondérante dont la capitale, selon le vœu de John il
y a un siècle, serait « à mi-chemin entre Genève et
Memel, entre Trieste et Copenhague, entre Dun-
kerque et Sandomir » entraînerait des conséquences
considérables. Il faudrait notamment incorporer une
partie de la France, la Belgique, la Hollande, la Suisse
aussi probablement, au nouvel empire. Les politiciens allemands y songèrent au commencement de
la guerre. De là l'effort militaire qu'ils firent, dès le

début, pour anéantir la Belgique et vaincre la France. Leur impuissance à atteindre ce double but, qui s'affirma successivement sur la Marne, sur l'Yser, devant Verdun et sur la Somme, les a obligés à modérer leurs prétentions. En novembre 1916 Bethmann-Hollweg ne songe déjà plus à annexer la Belgique et, partant, doit aussi renoncer au nord de la France. A part cela rien n'est changé au projet impérialiste, le plan général reste le même.

« Il y a, dit M. Seton-Watson ([1]), trois stades dans le plan pangermaniste : 1° la création de la *Mitteleuropa*, grand organisme de l'Europe centrale comptant de 130 à 150 millions d'habitants et formant une unité économique et militaire ; 2° la réalisation du rêve Berlin-Bagdad, par l'incorporation dans les sphères d'influence économique et politique du nouveau *Zollverein* de tout le territoire compris entre les frontières de la Hongrie et le golfe Persique ; et 3° la suprématie navale ainsi que la *Weltmacht*. »

La première victime de cette marche du *Deutschtum* vers la domination universelle doit être l'Autriche-Hongrie. C'est, disons-le, une victime bénévole ; mieux même, sans l'appui de l'Autriche-Hongrie, le plan est irréalisable. Nous verrons donc sans surprise les écrivains allemands de l'empire danubien ou les théoriciens magyars prêter leur concours aux nombreux auteurs pangermanistes de l'Allemagne ; les politiciens de Vienne et de Budapest transformer la

---

([1]) R. W. SETON-WATSON, *German, Slav, and Magyar, op. cit.*, p. 124.

double monarchie en avant-garde du *Deutschtum* et
faire de leur pays la clef de voûte du « kolossal » édifice que doit être la Mitteleuropa.

∞

La politique germanisatrice des Habsbourgs et les
défaites qui les chassèrent de la Confédération germanique, conduisaient tout naturellement François-
Joseph à se faire l'instrument de la puissante Allemagne. Le secret espoir de dominer un jour cette
Mitteleuropa des pangermanistes et de réaliser la
devise des ancêtres *Austriae est imperare orbi universo*,
ne fut probablement pas étranger· à la décision du
vaincu de 1866. La Prusse n'est pas autre chose
qu'une région slave germanisée. Les noms slaves, à
commencer par Berlin, y abondent, tous ces noms en
itz ou en *kow*. Le nom même de la Poméranie dérive
du nom slave Pomorska (rivage maritime). Pourquoi
les Allemands d'Autriche ne réussiraient-ils pas aussi
bien que leurs congénères d'Allemagne à transformer
les Serbes, les Tchèques, les Slovaques, les Slovènes
et autres peuples qui vivent sous leur joug en nouveaux Prussiens ? Pourquoi alors les Habsbourgs,
régnant sur un pays très étendu et très riche, ne
prendraient-ils pas la place des Hohenzollern, vils
parvenus, à la tête de l'empire germanique trans-
formé ?

François-Ferdinand, nous l'avons dit, ne jugeait
pas cette tâche impossible. Il songea donc à transformer la monarchie bicéphale en monarchie tricéphale

en lui adjoignant tous les territoires yougoslaves. C'est tout au moins ce qui ressort de la violente et tenace campagne entreprise, dès 1903 par la *Danzer's Armeezeitung*, son organe favori. Nous avons cité un court passage de l'étude consacrée par ce journal, en 1905, à la Macédoine. Nous pourrions la citer tout entière, car elle révèle bien les visées austro-hongroises et le plan dès longtemps conçu par le Ballplatz et l'État-major autrichien. « La grande importance de la Macédoine, disait l'organe de l'Archiduc-héritier, est due à sa situation comme entrée des passages pour les communications entre l'Europe centrale et l'Asie-Mineure par deux grandes voies commerciales et militaires : la ligne de la Morava et du Vardar, Belgrade-Salonique, et la ligne Nisch-Sophia-Constantinople. En dehors de ces deux lignes principales, la descente par la vallée de la Bosna, Novi Bazar-Mitrovica, devient secondaire. Il convient donc de toujours considérer les deux grandes voies de pénétration, l'une plus occidentale, l'autre plus orientale, l'une Sarajevo-Uskub-Salonique, l'autre Belgrade-Constantinople ou Belgrade-Salonique qui, entre Nisch et Uskub, sont si proches qu'un lien serait facile à établir. L'exposé de ces routes montre l'importance du golfe de Salonique pour les communications avec le monde ; il jouit, pour les relations des pays danubiens avec l'Asie-Mineure, d'une situation semblable à celle du golfe Persique pour les relations de l'Europe avec les Indes. » Or, continue l'étude, la Macédoine est riche et revendiquée par plusieurs peuples. Il faudra donc, pour régler la question macédonienne, recourir à une action militaire entreprise par une grande puissance qui ne peut être que l'Autriche. Pour s'assurer de la Macédoine la monarchie danubienne devra d'abord s'emparer de la Serbie et transformer toute la région balkanique. « Il semble qu'il se constituera, dans un avenir plus ou moins proche, un nouveau groupement des puissances dans les Balkans. L'Albanie indépendante, unie, et la Bulgarie augmentée d'une partie de la Macédoine seraient des créations viables destinées au maintien de la tranquillité dans ce pays descendu si bas aujourd'hui. Et que pourrait-on désirer de mieux qu'un État yougoslave comprenant la Croatie, la Slavonie, la Dalmatie, la Bosnie-Herzégovine, le Monténégro, la Vieille Serbie et la Serbie ? Ce serait un progrès dans l'évolution historique qui tend à unir les peuples de même langue... Il se pourrait alors que le dualisme de la monarchie fît place à de nouvelles formes constitutionnelles. »

Comme premier fonds du trialisme, l'Autriche-Hongrie apporta, en 1908, la Bosnie-Herzégovine, qu'elle s'annexa, violant ainsi un traité formel. Ce n'était qu'un début, mais combien encourageant. La *Danzer's Armeezeitung* n'hésita donc pas, en pleine crise, à dévoiler le projet dans tous ses détails, car elle en croyait l'accomplissement sûr et prochain. « L'Autriche-Hongrie, professait-elle, peut envisager l'avenir avec tranquillité. Le cours des événements de la semaine passée a, une fois encore, démontré la véracité du vieil adage : « Qui ne risque rien n'a rien. »

« L'opposition des puissances ennemies, mais désunies, se heurte à l'inébranlable alliance de l'Autriche et de l'Allemagne. La Russie et l'Angleterre n'ont pas la force qu'il faut pour prononcer le mot décisif... Quant à l'Italie, il ne lui reste actuellement, *volens, nolens*, malgré toute la douleur que lui cause la déception de ses aspirations pour la côte orientale de l'Adriatique, qu'à accepter l'inévitable... Le conflit avec la Serbie et le Monténégro, eu égard au présent état de choses, se présente comme inévitable, et plus tard il éclatera, plus cher il coûtera en sang et en matériel... La situation tourne d'un jour à l'autre contre nous et le temps nous impose de grandes et importantes décisions. Nous ne pouvons plus sans grand danger suivre la même voie, et nous ne pouvons pas déposer les armes avant que la pomme de discorde ait disparu, c'est-à-dire avant que nous ayons la suprématie complète dans les Balkans.

« Pour atteindre ce but, il nous faut une entente avec la Turquie, qui doit, à tout prix, devenir notre amie, une amie docile et dépendante... Et cela n'est possible qu'à la condition que nous devenions les voisins de la Turquie sur une étendue beaucoup plus grande. Nous ne pouvons pourtant nous établir à la frontière de la Macédoine qu'après la disparition de la Serbie et du Monténégro. Par conséquent non seulement nous ne devons pas éviter le conflit avec ces deux pays, mais, au contraire, nous devons le vouloir et l'accélérer.

« Pour nous ouvrir l'horizon de la guerre notre diplomatie doit changer de méthode : l'égoïsme brutal

seul obtient en politique de grands résultats... Le
premier est l'établissement de notre suprématie sur
les Balkans, et, celle-ci étant réalisée, elle doit être
suivie d'une expansion en Orient, expansion qui nous
soumettra les peuples congénères de la Russie lorsque
nous serons devenus la grande Autriche fédérale. »

Le plan est assez clair. La *Danzer's Armeezeitung*
ne fut pas la seule à l'exposer. On le retrouve dans
toutes les publications viennoises plus ou moins ins-
pirées par François-Ferdinand ou la coterie militaire
qu'il dirigeait. La *Reichspost* fut parmi les plus achar-
nées. Cette idée d'une Autriche fédérale n'était, du
reste, pas pour déplaire aux diverses nationalités de
l'Empire et l'on se servait, pour en faire une arme
pangermaniste, de la vieille utopie de l'historien
tchèque Palacky. Pour engager tous les Slaves de la
monarchie, on faisait miroiter à leurs yeux la promesse
d'une certaine autonomie nationale et d'une certaine
participation au gouvernement de l'État régénéré.
D'autre part, pour donner le change, les Allemands
feignaient de s'indigner, reprochant à l'Archiduc
héritier ses velléités de concession aux Slaves. L'indignation, comédie habituelle aux Germains d'Autriche, n'empêcha pas François-Ferdinand de tendre,
chaque fois qu'il voulut tenter le coup décisif, son
miroir aux alouettes slaves. En même temps que les
Slaves, il trompait, d'ailleurs, l'Europe sur ses intentions, aussi ne manqua-t-il jamais une occasion de
faire proclamer par l'univers son libéral désir d'une
Autriche fédérale. C'est ainsi qu'en 1913, un journaliste français, M. André Tudesq, exposait aux lecteurs

du *Journal*, la transformation grandiose de l'Empire rêvée par le neveu de François-Joseph.

Avec cette Autriche fédérale la première étape de la pénétration pangermaine eût été parcourue. L'empire de François-Joseph, conquis par la Prusse, serait devenu l'avant-garde de l'Allemagne dans la domination de l'Orient. Sa conquête était même ainsi plus facile que ne l'avaient rêvé certains pangermanistes intransigeants qui voulaient, à tout prix, l'englober dans l'Empire allemand, au moins en partie. C'était le projet de Lehmann qui pensait que, maîtresse de l'Autriche, l'Allemagne deviendrait maîtresse de la Méditerranée. « La côte autrichienne (*Küstenland*) avec la partie méridionale de la Dalmatie, Raguse, Cattaro, Trieste et Pola, formeraient, comme l'Alsace-Lorraine, un territoire d'Empire (*Reichsland*) administré par un gouverneur militaire impérial, territoire qui servirait de base à la puissance maritime de l'Allemagne dans l'Adriatique et la Méditerranée (¹). »

Cette gloutonnerie des pangermanistes affamés devait naturellement conduire à une guerre entre l'Allemagne et l'Autriche. Un Magyar clairvoyant, qui écrivait en anglais, l'avait prévu, mais il ajoutait : « L'Allemagne ne se hasardera sans doute pas dans une aventure belliqueuse qui pourrait, quand ce ne serait qu'au point de vue purement militaire, se terminer par un désastre, avant d'avoir épuisé tous les moyens pacifiques d'atteindre son but. Ces moyens

---

(¹) LEHMANN, *Œsterreichs Zusammenbruch und Wiederaufbau*, Munich, 1899.

sont au nombre de deux : Absorber l'Autriche allemande dans l'Empire allemand, solution bien improbable, ou obtenir le consentement de l'Autriche ;
cette méthode aurait peut-être quelque chance de
réussir, car l'Allemagne paierait d'un bon prix une
telle faveur, mais l'Autriche devra se tenir sur ses
gardes et songer que son consentement, arraché ou
non, sera le signal de sa sujétion politique définitive (¹). »

Loin de se tenir sur ses gardes, l'Autriche-Hongrie,
on l'a vu, se chargea d'elle-même de mener à bien les
affaires de l'Allemagne. C'est le projet de la *Danzer's
Armeezeitung*, c'est-à-dire celui de François-Ferdinand, qui, de point en point, fut mis à exécution.
L'Archiduc défunt songeait-il par là à s'assurer un
premier avantage et, plus tard, à « rouler » son par-
tenaire ? C'est bien possible. Ce qu'il y a de sûr c'est
qu'il mettait la monarchie dualiste au service absolu
du pangermanisme.

La guerre a pourtant obligé à modifier quelque
peu le plan primitif. Le dernier projet d'organisation
adopté semble celui de Friedrich Naumann qui vou-
drait faire de l'Europe centrale « ein einig Volk von
Brüdern » (un peuple uni de frères (¹). Presque en
même temps que Naumann, un des représentants
autrichiens de la politique pangermaniste qui se cache sous le pseudonyme de Munin, exposait sa con-

(¹) Dr EMILE REICH, *Du succès des nations*, traduit de l'anglais
par Mme Raoul Fauquez, E. Flammarion, Paris, s. d., p. 321.
(²) FRIEDRICH NAUMANN, *Mitteleuropa*, Berlin, 1915.

ception du rôle de l'Autriche-Hongrie dans l'Europe
nouvelle. Les deux auteurs visent à la constitution
d'une sorte de confédération dominée par l'Allemagne. Pour Munin, la monarchie dualiste continuant d'exister pour l'Allemagne, serait réorganisée
de façon à former quatre États autonomes : 1º les pays
alpins auxquels on joindrait la Bohême, la Moravie,
la Silésie, le Littoral et Trieste ; 2º une région comprenant la Croatie, la Slavonie, la Bosnie-Herzégovine, la Dalmatie et le royaume de Serbie ; 3º la
Hongrie diminuée de la Croatie et de la Slavonie ;
4º la Galicie orientale à laquelle s'ajouteraient la
Bukovine et les provinces russes de Podolie. La Pologne, grossie de la Galicie occidentale, formerait un
royaume autonome sous l'hégémonie des deux vain-
queurs (¹). Toute cette confédération serait dominée
par les Allemands, ces *Herrenmenschen*. C'est, du
reste, chose toute naturelle, car toutes les nations
autres que la nation allemande sont inférieures.
M. Georges Blondel, dans *la Réforme Sociale* du
16 octobre 1915, rapportait à ce sujet, un mot typique
de Lueger, l'ancien bourgmestre de Vienne, mot prononcé devant l'auteur dans un discours public. « Dans
un concert, disait Lueger, il faut un chef d'orchestre.
Par la force des choses, ce chef d'orchestre c'est
l'Allemand. Il faut que parmi les races de notre mo-

(¹) MUNIN, *Œsterreich nach dem Kriege*, E. Diederichs, Iéna,
1915.

narchie il y ait une race prépondérante, et cette race ne peut être que la race germanique. »

L'Allemand étant chef d'orchestre dans le concert des nationalités austro-hongroises, il va de soi que son premier soin doit être d'imposer la musique de sa langue, de cette langue que Charles-Quint ne jugeait propre qu'à parler à ses chevaux. En avril 1916, les partis politiques allemands d'Autriche, représentés par leurs parlementaires, tinrent à Salzbourg un congrès général. Le *Prager Tagblatt* donna alors les grandes lignes du programme établi en cette occasion. Il fallut cependant attendre quelque temps pour connaître les détails du plan d'action des Germains de la monarchie bicéphale. La *Bohemia*, de Prague, exposa, le 25 juin, le projet relatif à l'adoption par l'Empire unitaire récemment créé par François-Joseph, d'une langue unique, une *Staatssprache* (langue de l'État). Elle revint sur la question dans son numéro du 9 juillet.

L'article 19 de la Constitution du 21 décembre 1867 dit : « Tous les groupes ethniques (*Volkstämme*) de la monarchie sont égaux en droit (*sind gleichberechtigt*) et chacun d'eux a le droit indiscutable de conserver sa nationalité et sa langue.

« L'égalité de toutes les langues usuelles, dans l'école, l'administration et la vie publique, est reconnue par l'État.

« Dans les pays habités par différents groupes ethniques, les établissements publics d'enseignement doivent être organisés de telle sorte que, en écartant toute contrainte pour apprendre une seconde langue,

chacun de ces groupes trouve les ressources nécessaires pour se développer dans sa langue. »

Ce bel article de loi, si souvent violé au détriment
des Slaves, devait, en tout premier lieu, disparaître.
« Si, dit la *Bohemia*, après la guerre, l'Autriche doit
être renouvelée, si l'on veut créer un état de choses
nouveau, qui assurerait à l'État un développement
normal et aux Allemands leur existence nationale, il
faut tout d'abord régler la question des langues. Le
meilleur moyen serait d'abolir l'article 19 de la Constitution. » Rien de plus simple donc. Il convient de
tout régler au mieux des intérêts germaniques. « Si
les Allemands d'Autriche, continue le journal, n'as-
piraient à rien d'autre qu'à la conservation de leur
territoire national, ils pourraient se contenter d'une
réglementation de la question des langues interdisant,
dans les régions habitées depuis des siècles par les
Allemands, l'usage d'une autre langue à côté de
l'allemand, et assurant aux minorités allemandes
dans les contrées slaves certains droits qui les garan-
tiraient contre le danger d'une dénationalisation ;
ils n'auraient pas besoin non plus de s'occuper de la
réglementation de l'emploi des langues dans des
des villes entièrement tchèques telles que Czaslav ou
Chrudim.

« Ils n'auraient aucun intérêt à savoir si, et dans
quelle proportion, les citoyens d'une autre nationalité
apprennent la langue allemande. Ils se jugeraient
même satisfaits si la langue allemande n'était reconnue
que comme langue officielle intermédiaire (*Vermit-
tlungssprache*) partout où elle sert de lien entre les

différents peuples de la monarchie. Mais à cette heure
décisive pour l'avenir de notre État, une mission
beaucoup plus haute incombe aux Allemands d'Autriche : ils sont profondément persuadés de la nécessité d'un État autrichien fort et puissant. »

Dans cet État nouveau la race supérieure, la race
des *Herrenmenschen*, doit tout naturellement, et
quoiqu'en minorité, dominer les autres peuples et leur
imposer sa langue. Ce programme, du reste, était déjà
en partie appliqué par diverses administrations de
l'État. En juillet 1915 le baron Fœrster, ministre des
chemins de fer, invoquant les difficultés du service
inhérentes à la guerre, avait décrété la germanisation
de tous les réseaux. L'allemand devenait ainsi la seule
langue tolérée aussi bien parmi les employés subalternes, et même les ouvriers, que parmi les hauts
fonctionnaires. Les examens d'admission n'ont plus
lieu qu'en allemand ; les décrets, affiches, circulaires
ne sont plus rédigés qu'en allemand (¹). D'autre part,
une loi spéciale décrétait l'ouverture en Pologne
d'écoles allemandes et, le 18 janvier 1916, le lieutenant général de la Bohême ordonnait que la langue
allemande serait la seule admise dans toutes les administrations de son ressort (²). Il fallait aller jusqu'au
bout et ne plus admettre nulle part d'autre idiome que
l'allemand.

Mais germaniser l'Autriche par la langue n'était
qu'une partie de la tâche. La *Mitteleuropa* de Nau-

(¹) Voir Appendice, N° 1, p. 281.
(²) Voir Appendice, N° 2, p. 282.

mann prescrivait d'autres mesures auxquelles les nombreux pangermanistes de François-Joseph s'attachèrent également. Il convenait, en tout premier lieu, de rattacher économiquement l'Empire des Habsbourgs à celui des Hohenzollern. En décembre 1914, dans la *Grazer Tagespost*, et le 1ᵉʳ janvier 1915, dans le *Berliner Tageblatt*, M. Sylvester, président du Reichsrat, lança l'idée d'un *Zollverein* (union douanière) où l'Autriche-Hongrie prendrait place aux côtés des États de l'Allemagne. Cette proposition trouva tout de suite d'éminents partisans parmi les Germains de la monarchie. M. Philippovich, professeur à l'Université de Vienne, en particulier, l'appuya de son autorité dans un ouvrage paru à Leipzig et qui ne montrait guère que le côté avantageux de la question (¹), encore qu'il fût obligé d'admettre que son pays se trouverait dans une situation défavorable dont un régime de douanes intérieur devrait pallier les inconvénients. Bref, le professeur viennois préconisait l'union douanière non par intérêt économique, mais par intérêt politique.

Ce projet trouva d'abord une opposition marquée dans certains milieux autrichiens et surtout hongrois. « Les autorités hongroises, écrivait, par exemple, M. Al. Wekerle, ancien premier ministre de Hongrie, considèrent comme prématurée toute discussion sur ce sujet. Des considérations politiques et économiques

---

(¹) EUGEN V. PHILIPPOVICH, *Ein Wirtschafts-u.-Zollverband zwischen Deutschland und Oesterreich*, Hirtzel, éditeur, collection *Zwrischen Krieg und Frieden*, Nº 14, Leipzig, 1915.

exigent que les négociations soient menées avec une grande prudence. Nos agrariens accueillent très froidement ce projet, et nos industriels s'élèvent véhémentement contre toute tentative d'application. Qu'on ne nous parle pas d'union douanière ; tout au plus accepterions-nous un rapprochement économique. La maxime essentielle des Magyars demeure toujours l'indépendance de notre pays au point de vue politique et économique. » M. Dimer Denes, leader des socialistes magyars, publia, de son côté, dans l'*Arbeiter Zeitung* de Vienne, une série d'articles hostiles à ce *Zollverein*. Il n'est pas jusqu'au comte Tisza qui ne s'y soit opposé. « J'ai toujours, déclarait-il en janvier 1915, été inébranlablement partisan d'une alliance plus étroite avec l'Allemagne et de l'idée que nous devons, dans tous les domaines, chercher à nous fortifier l'un par l'autre. Cette belle cause néanmoins n'a pas de plus dangereux adversaires que ceux qui veulent pousser ce rapprochement économique plus loin qu'il ne peut aller sans nuire aux intérêts soit des Allemands, soit des Autrichiens, soit des Hongrois. »

L'opposition, presque générale en Hongrie, était moins étendue en Autriche. Elle se recrutait presque exclusivement dans les milieux conservateurs et, naturellement, dans l'entourage immédiat du vieil empereur. « A ma connaissance, notait avec quelque exagération le correspondant de la *Frankfurter Zeitung*, le 19 décembre 1915, il n'y a qu'une douzaine de personnes qui s'opposent à la constitution de l'Europe centrale selon Naumann. Il est vrai que ce sont des personnes en possession d'une très grande in-

fluence. La colère du peuple n'emportera-t-elle pas
cette résistance ? » Non, la colère du peuple se déchaî-
nerait en vain. Les uns après les autres, les dissidents
allemands sont venus à résipiscence. Le député
conservateur Iro avait, dès le mois de juillet 1915,
fait amende honorable. Il lançait alors un manifeste
où il réclamait l'union complète avec l'Allemagne
« Cette guerre, déclarait à son tour, plus tard, le
comte Nostitz au nom de tout le parti conservateur,
montre que les deux empires doivent être unis économiquement comme ils le sont déjà politiquement
et militairement. » De leur côté, 855 professeurs des
universités allemandes d'Autriche adressaient, à la
fin de 1915, un appel à peu près identique au gouvernement de Vienne. » Les soussignés, y était-il dit,
après avoir longuement étudié et consciencieusement
examiné les problèmes d'ordre général qu'il faudra
résoudre après la guerre, ont acquis la conviction de
l'inéluctable nécessité d'une étroite et durable union
économique entre l'Autriche-Hongrie et l'Allemagne
par un rapprochement aussi intime que possible entre
les deux États et l'unité d'action vis-à-vis de l'étranger, afin de réaliser une solide communauté d'intérêts (¹). » La profonde science allemande avait parlé.
Comment lui résister ? Comment, d'autre part, les
Magyars récalcitrants auraient-ils pu ne pas se laisser
convaincre par Friedrich Naumann lui-même qui
daigna aller en Hongrie porter la bonne parole ? Les
journaux officieux comme le *Fremdenblatt*, les jour-

(¹) *Neue Freie Presse* du 25 décembre 1915.

naux officiels mêmes, finirent donc par devenir les organes de cette propagande pangermaniste, si bien que, en décembre 1915, le *K. K. Korrespondenz-Bureau* pouvait répandre dans la presse la résolution « patriotique » adoptée par l'Union *Deutschnational* de la Basse-Autriche, prétendant que « le peuple allemand d'Autriche désirait, comme brillant résultat de la gigantesque lutte des nations, la formation d'une association indissoluble entre l'Empire allemand et l'Autriche-Hongrie. »

Les socialistes allemands et hongrois, à leur tour, finirent par se laisser gagner malgré les efforts de Hilferding qui traite de « folle » l'idée d'une union des empires centraux (¹). Les théories exposées par Karl Renner dans l'*Arbeiter Zeitung* du 9 janvier 1916 rallièrent, en effet, tous les suffrages de la *Sozialdemokratie*. Selon Renner l'évolution européenne conduit tout naturellement au groupement des États qui s'accordent mutuellement certains avantages déterminés, au lieu d'établir leurs rapports sur le vieux principe du droit du plus favorisé. « De même que, pour la production, l'évolution conduit de l'artisan à l'usine, de l'usine au trust et du trust à l'union directe, de même économiquement évoluent les pays. La tendance à la centralisation est, là encore, évidente et il n'y a aucun doute quant à son résultat final. Et de même que plusieurs trusts peuvent infiniment plus facilement être « étatisés » ou réunis qu'une

---

(¹) Revue allemande *Der Kampf*, Nᵒˢ de novembre et décembre 1915.

longue foule de petites entreprises, de même le régle-
ment international d'intérêts est plus facile entre
plusieurs groupements économiques « mondiaux »
qu'entre d'innombrables petits organismes. La création libre, sans révolution et de plein gré, de nouveaux
groupements économiques est dans l'esprit même de
cette évolution, et il convient d'y contribuer, car c'est
ûn pas en avant vers l'organisation économique du
monde. » Et voilà pourquoi votre fille est muette et
pourquoi « il convient de considérer comme un groupement de ce genre le rapprochement entre l'Allemagne, l'Autriche-Hongrie et les Balkans ».

∞

Tous les partis gouvernementaux s'étaient donc
mis d'accord. Chacun apporta sa pierre à l'édifice
« kolossal » dont l'Autriche-Hongrie devait devenir
la clef de voûte. Les événements avaient déjà mis
entre les mains de l'État-major allemand les forces
(nous devrions dire les faiblesses) militaires de l'Autriche-Hongrie. Il fallait encore les y laisser et sceller
d'un pacte éternel cette indissoluble union. « L'expérience, proclamait M. Sylvester, nous a appris que les
questions militaires et économiques sont connexes
et ne peuvent être résolues séparément. De même
que dans nos deux armées il doit y avoir, pour assurer
le succès, une seule idée directrice, et que la tactique,
l'organisation et l'armement doivent être préparés
dès le temps de paix, de même il faut que les deux
empires soient organisés pareillement dans le do-

maine économique, dès le temps de paix, afin qu'une fois la guerre déclarée tout soit prêt. Il est donc absolument nécessaire que les services des communications, les finances, l'approvisionnement, la législation sociale et les rapports internationaux soient réglés chez eux de façon identique. » Ces paroles, prononcées par le président du Reichsrat en juin 1916, au congrès tenu à Munich par l'Union des économistes allemands et austro-hongrois sont claires. Elles invitent à la réalisation du programme fixé en vue d'une guerre future.

Ce programme, conforme aux idées de Naumann, les parlementaires allemands des deux empires l'avaient établi dès le 15 novembre 1915. Il prévoyait pour la *Mitteleuropa* : 1º une politique étrangère commune ; 2º une armée commune ; 3º une union douanière et économique et une réglementation uniforme en matière de politique commerciale et maritime ; 4º l'unification de toute la législation économique et sociale. Le Conseil national des Allemands de Bohême, avant-garde de tous les Allemands d'Autriche, complétait ce plan en juillet 1916. Il fallait encore, à son gré, empêcher l'Italie de s'établir sur la côte orientale de l'Adriatique, régler la question de la navigation du Danube et fixer une frontière commune avec la Bulgarie.

Tout cela accompli, la *Mitteleuropa* devenait un organisme fort et invincible. Le monde allait lui appartenir, le rêve pangermaniste allait se réaliser, si nous en croyons M. Robert Pattai, conseiller intime de François-Joseph, leader du parti socialiste chrétien

d'Autriche et ancien président du Reichsrat. « Il ne
faut pas, disait-il au congrès de Munich, que nous
affirmions constamment que notre intention est de
ne vouloir dominer personne. Au contraire, c'est à
nous, qu'appartient le rôle de dominateurs. L'Allemagne le possédait déjà aux grandes époques de son
histoire, au temps des Otton et des Stauf, et nous ne
l'avons perdu que par nos dissensions ! » Maintenant
que ces dissensions ont fait place à une union intime,
maintenant que l'Autriche-Hongrie va se fondre avec
l'Allemagne, quel âge d'or s'ouvre aux lointains ho-
rizons de l'Orient pour la *Mitteleuropa*. Les *Herrenmenschen* pourront, quand ils le voudront, réaliser
leur *Drang nach Osten*. « On a parlé, ajoutait M. Pattai,
du golfe Persique... Cependant notre but principal
doit consister à reprendre aux Anglais l'Égypte qu'ils
ont volée à la face de l'Europe... Nous devons vaincre,
nous vaincrons et nous conquerrons notre place de
dominateurs ! »

> Je vous entends, seigneur, nous allons tout dompter !
> Nous allons traverser les sables de Lybie,
> Asservir en passant l'Egypte, l'Arabie,
> Courir de là le Gange en de nouveaux pays,
> Faire trembler le Scythe aux bords du Tanaïs,
> Et ranger sous nos lois tout ce vaste hémisphère.

A moins que, comme Pyrrhus, nous ne soyons
arrêtés par la défaite.

Seule, en effet, la victoire des alliés de l'Entente
pourra entraver la marche allemande vers la domination ; non pas une demi-victoire qui laisserait
subsister la *Mitteleuropa* et lui permettrait de s'orga-

niser pour la guerre future ; non, pas de « partie nulle ». Les peuples qui luttent aujourd'hui contre le germanisme, organisé en croisade conquérante, ont fait d'énormes sacrifices. Leur sang a coulé par mille et mille blessures. Nombre et nombre de leurs fils sont morts sur les champs de bataille, ou souffrent dans les bagnes de la *Mitteleuropa*. Ces sacrifices n'ont pas été vains. Déjà l'ennemi a dû renoncer à quelques-unes de ses prétentions ; déjà il doit recourir à de barbares expédients pour forcer les Français ou les Belges des régions envahies à suppléer à la main-d'œuvre absente, ou obliger les Polonais à servir dans ses armées ; déjà l'Autriche-Hongrie à l'agonie, épuisée par des saignées nombreuses et une irrémédiable famine, a senti passer le frisson de la petite mort. Ce n'est pas assez.

Il faut aller jusqu'au bout. Il faut faire les sacrifices suprêmes, arracher aux Germains les lambeaux de territoire où ils s'accrochent encore, écraser Turcs et Bulgares et laisser pantelante, râlante, l'hydre pangermanique. Pour cela, pour détruire le « kolossal » édifice qui s'élevait, cette ambitieuse *Mitteleuropa*, il faut briser la clef de voûte, il faut abattre l'Autriche-Hongrie, et tout s'écroulera. Vaincre l'empire des Habsbourgs, c'est, en effet, séparer en tronçons inoffensifs par eux-mêmes l'hydre menaçante ; c'est isoler l'Allemagne de ses troupes de réserve, de ses greniers d'abondance et, partant, la vaincre plus aisément. Les Russes semblent l'avoir compris depuis le début de la guerre. Lorsqu'en 1914 ils avançaient vers la Galicie, lorsqu'en 1915 ils allaient sur Cra-

covie, lorsqu'en juin 1916 ils envahissaient de nouveau la Galicie et la Bukovine, il semble que leur but
était de tuer d'abord la monarchie dualiste. Ils
voyaient juste.

Les Roumains pensaient comme les Russes :
finissons-en avec l'Autriche-Hongrie et tout sera fini.
Ils se jetèrent donc, plus pleins d'ardeur que d'expérience, sur la Transylvanie où gémissent leurs
congénères. Ils voyaient mal. Ils n'avaient pas compris
que, seule, la division du travail facilite les choses.
Ils auraient dû laisser à leurs voisins russes le soin
de se charger du colosse de la *Mitteleuropa* et, eux,
se tourner vers la petite Bulgarie et couper ses communications avec la Hongrie.

Mais ce qui est passé est passé. Les fautes ont servi,
car on s'instruit à ses dépens. Nos ennemis nous ont
donné une leçon : ils nous ont appris la valeur de la
devise autrichienne : *viribus unitis*. Profitons-en et, le
moment venu, sachons combiner nos efforts pour
mettre à bas la bête. N'oublions pas que nous sommes
comme la petite chèvre de M. Seguin : si nous ne
tuons pas la bête, c'est elle qui nous tuera.

Sus donc à l'Autriche-Hongrie!

Et si, par hasard, quelques pessimistes voyaient
un sujet de crainte dans les recrues polonaises forcées,
qu'ils sachent que, volontairement, de nombreux sujets de la monarchie austro-hongroise se sont offerts à
combattre dans nos rangs. Des Serbo-Croates luttent
dans les armées russes à côté des Roumains ou dans
l'armée de Salonique, à côté de leurs frères serbes.
Des Tchèques servent sous nos drapeaux ; d'autres

s'organisent pour nous aider. Des Roumains de Transylvanie ont grossi les forces roumaines de même que des Italiens du Trentin renforcent l'*esercito* de Victor-Emmanuel. Cet afflux de volontaires venus de la monarchie dualiste lutter contre la monarchie dualiste montre clairement le but à atteindre : ruiner d'abord l'Autriche-Hongrie ([1]).

Poursuivons donc ce but jusqu'au bout et nous aurons ruiné à jamais les ambitieux projets allemands.

Fini le *Drang nach Osten !*

([1]) Voir Appendice VII, n° 3, p. 283.

CHAPITRE VIII

LE SORT DE L'AUTRICHE-HONGRIE

IMPOSSIBILITÉ DE DÉMEMBRER L'ALLEMAGNE. — LE DÉ-
MEMBREMENT DE L'AUTRICHE-HONGRIE. — LES OBJEC-
TIONS AU DÉMEMBREMENT DE L'AUTRICHE-HONGRIE.

« UNE discussion sur les arrangements futurs destinés à assurer une paix durable, disait avec juste raison la réponse de l'Entente au président Wilson, suppose d'abord un règlement satisfaisant du conflit actuel. » Mais attendrons-nous que l'heure du triomphe définitif ait sonné pour hâtivement régler le sort de l'Europe ? Nous ne le croyons pas. Le problème est trop grave pour que nous ne l'étudiions pas à loisir. Il faut du temps et des recherches sérieuses pour assembler toutes les données, les coordonner et ainsi faciliter la solution.

Il est, nous semble-t-il, nécessaire tout d'abord d'établir nettement les responsabilités d'où découleront les sanctions qu'il faudra équitablement répartir. Cette enquête sur les causes premières du conflit

paraît gêner sensiblement nos ennemis. Ils font
donc l'impossible pour l'empêcher. « Les puissances
centrales, dit l'Allemagne dans la note qu'elle adressait aux neutres le 11 janvier 1917, n'ont aucune raison pour recommencer la discussion des origines de
la guerre mondiale. L'histoire jugera à qui incombe
l'épouvantable responsabilité de la guerre. » La monarchie habsbourgeoise, de son côté, énonce caté-
goriquement que « le gouvernement austro-hongrois
ne veut pas actuellement s'engager dans une nouvelle
polémique sur les origines de la guerre. » Le moyen
est commode, évidemment : s'en remettre à l'histoire,
c'est porter le procès devant l'opinion d'un avenir
plus ou moins éloigné qui, ne voyant plus les faits
que dans la brume du passé, sera mieux disposé à la
clémence. L'Allemagne, d'ici là, espère bien avoir
assuré sur le monde son entière domination. Les savants nourris de sa *kultur* seront alors les magistrats
de cette histoire justicière ; ce sont eux qui rendront les
arrêts, et l'ont peut prévoir de quel côté ils placeront
les coupables.

Pour nous, la pureté de notre conscience et notre
souci d'immanente justice exigent que l'enquête soit
faite immédiatement, dans la pleine lumière du présent. Nous n'avons pas besoin d'attendre que les
témoins aient disparu ou que les témoignages soient
oubliés. Dès aujourd'hui, du reste, les diverses
pièces du procès — livres diplomatiques, articles de
presse, etc., — permettent d'affirmer péremptoirement
la culpabilité des empires centraux. Si des doutes
pouvaient subsister encore, la note austro-hongroise

que nous citons plus haut suffirait à les lever. « *L'Autriche-Hongrie et ses alliés*, dit-elle, *ont entrepris la guerre* non dans un but de conquêtes territoriales, mais comme combats défensifs... » C'est un aveu bien digne de l'obtuse diplomatie viennoise, malgré la réticence qui le suit, refrain connu d'ailleurs. « Nous avons attaqué pour nous défendre. Notre guerre a été préventive : nous avons attaqué les autres pour les empêcher de nous attaquer. » C'est un argument qui pèche par la base. L'Allemagne prétend bien que l'Angleterre poursuivait une politique d'encerclement et la France une politique de revanche ; que la Russie convoitait Constantinople et qu'il y avait un soulèvement en Serbie (¹). Elle ne prouve rien de tout cela, d'ailleurs, et le prouverait-elle, que cela ne montrerait ni désir ni velléité d'agression. Il reste donc, pur et simple, l'aveu de la diplomatie austro-hongroise: les empires centraux ont entrepris la guerre atroce qui désole le monde. Il convient, en conséquence, de dégager le degré de culpabilité de chacun d'eux.

Pour beaucoup la seule coupable est l'Allemagne pangermaniste, c'est-à-dire toute l'Allemagne. Pour ceux-là, comme semblait le prévoir un Magyar il y a une dizaine d'années, la seule cause du conflit qui ensanglante l'Europe entière est l'impérialisme allemand. C'est parce que « les Allemands ont tourné

(¹) Voilà un argument tout au moins surprenant. Si la Russie convoite Constantinople nous ne voyons guère en quoi cela constitue une menace pour l'Allemagne — à moins que l'Allemagne elle-même n'ait convoité cette ville, ce qui ne prouverait guère ses intentions pacifiques. Nous ne voyons pas davantage qu'un soulèvement en Serbie ait obligé ses voisins à lui déclarer la guerre.

leurs aspirations vers une plus large expansion ¦de la puissance de l'Empire » et qu'ils ont « l'ambition d'arriver... à étendre leur sphère d'influence sur le globe entier ([1]) » que tout l'Ancien Continent est à feu et à sang. L'Autriche-Hongrie, que sa défaite de 1866 avait asservie à la Prusse, ne serait qu'un comparse, un « brillant second » à qui il faudrait pardonner son entraînement. Non, la Monarchie dualiste n'a pas été un comparse. Les Habsbourgs — François-Ferdinand comme François-Joseph — ¦n'ont pas été les « brillants seconds » des Hohenzollern. Nous croyons avoir montré clairement¦ qu'il leur fallait la guerre, qu'ils l'ont préméditée, préparée, déchaînée ; qu'ils en ont profité pour créer leur État qui, en réalité, n'existait pas auparavant ; qu'ils se sont faits bénévolement — non sans espoir d'en tirer profit plus tard -— les instruments brutaux du _Drang nach Osten_. L'Autriche-Hongrie germano-magyare a cherché et trouvé dans le crime de Sarajevo un ¦prétexte pour réaliser ses ambitions et devenir la base de la _Mitteleuropa_ qui devait dominer le monde.

Qu'on ne nous dise pas que sans l'Allemagne l'Autriche-Hongrie ne pouvait agir, car nous répondrions que, de son côté, et quelque désir qu'elle ¦en eût pu avoir, l'Allemagne elle-même ne pouvait pas agir sans l'Autriche-Hongrie. Guillaume II avait pu s'en convaincre en plusieurs occasions, notamment lors du coup d'Agadir. L'Empire allemand et la monarchie dualiste ont donc marché la main dans la main. La

---

([1]) Dr EMILE REICH, _op. cit._, p. 312.

responsabilité de l'un, d'ailleurs, ne diminue en rien celle de l'autre. Le rôle de l'empire danubien se serait-il même borné à fournir comme prétexte à l'entreprise belliqueuse du pangermanisme, la ténébreuse affaire de Sarajevo et les louches intrigues diplomatiques de juillet 1914, que sa culpabilité resterait pleine et entière. Soyons persuadés que si, de fait, il n'a pu être le « brillant premier », il l'a été d'intention. S'il n'a pu à lui seul perpétrer le crime, il en a, de longue date, prémédité et préparé l'exécution. Il faudra s'en souvenir à l'heure prochaine des règlements de compte.

∾

Ces règlements de compte ne visent pas seulement à punir les coupables. Ils ont un but plus haut, plus noble. Ils ne doivent pas être seulement un acte de justice, mais encore un acte de bonté : ils doivent, tout le monde le proclame, empêcher le retour du cataclysme dont nous souffrons. Il faut, dit-on, tuer le militarisme pour éviter les guerres futures et assurer à l'Europe une ère de prospérité. La seule façon, croit-on, de tuer ce militarisme est d'affaiblir l'Allemagne et la seule façon d'affaiblir l'Allemagne est de la déprussianiser en la divisant.

On propose donc sérieusement, dans certains milieux, de défaire l'œuvre de Bismarck et de rendre aux divers États de l'Empire allemand leur indépendance d'autrefois. Certes, il est dangereux d'avoir pour voisin un État militarisé de près de 70.000.000 d'habitants, et dont, comme l'a dit Mirabeau, la

guerre est l'industrie nationale. Mais comment constituer cette Allemagne restaurée ? Renouvellerait-on
l'ancienne confédération germanique ? Quelques-uns
y ont songé. Certains politiciens, surtout en Angleterre, verraient d'un bon œil le Hanovre prendre la
tête de cette confédération renouvelée. Le duc de
Cumberland, qui n'a jamais renoncé à ses droits, et
que soutenaient, naguère encore, quelques Guelfes,
deviendrait souverain du royaume de Hanovre et
chef de la Confédération. D'autres, par contre, soucieux de voir l'élément catholique dominer l'Europe
centrale, seraient tout disposés à absoudre les Habsbourgs et à leur rendre la place qu'ils occupaient jadis.

Il est à présumer, d'une part, que ni la dynastie
de Hanovre, ni celle des Habsbourgs, ne trouveraient
dans les Allemands d'aujourd'hui un appui bien solide. Le duc de Cumberland n'a pour lui qu'un
nombre assez limité de partisans éparpillés dans trois
États, le Hanovre, la Hesse et le Nassau. Son élection
n'irait sans doute pas sans difficultés. Les Habsbourgs
ont contre eux tous les protestants d'Allemagne et
tous les Slaves de leur propre monarchie. Quelle
chance leur reste-t-il ?

Une question différente se pose, d'autre part. Cette
confédération, en admettant qu'elle soit possible,
changerait-elle quelque chose à la situation actuelle ?
empêcherait-elle les Allemands d'être Allemands et
de songer à la domination du monde que tous les
rêveurs pangermanistes leur ont fait entrevoir ? Ces
pays, en un mot, oublieraient-ils, en retrouvant leur
forme d'autrefois, leurs aspirations d'aujourd'hui ?

16 .

« Ces États, dit M. Ernest Denis ([1]), séparés politiquement, n'en continueront pas moins d'être unis
par un même régime douanier, une législation semblable ; ils auront la même unité monétaire, la même
police des chemins de fer. Il serait impossible, — et
injuste, — de leur refuser un Parlement commun.
Quand les députés de tous ces pays, qui n'ont peut-
être pas une tendresse extrême pour les Prussiens,
mais qui ressentiront comme une lourde offense le
divorce que vous leur aurez imposé, se trouveront en
présence, ne tomberont-ils pas aussitôt dans les bras
les uns des autres et n'assisterons-nous pas à un spectacle analogue à celui de la Valachie et de la Moldavie,
en 1859, ou de la Bulgarie et de la Roumélie Orientale
en 1885 ? L'Europe voudra-t-elle reprendre le rôle
de Metternich, et montera-t-elle la garde autour de
ces amoureux qui finiront bien par se rejoindre en
dépit de la duègne ? »

Groupés en une confédération ou, comme certains
encore l'ont proposé, en des États libres et indépendants, la Prusse ayant été soigneusement diminuée
au profit de la Russie et de la Pologne, les Allemands
resteront toujours Allemands. Ils n'aspireront donc
qu'à se réunir en un corps unique, gage de leur puissance. Ces aspirations, que toutes les mesures possibles ne pourront étouffer, seraient la source d'interminables guerres, car, l'histoire le montre, l'unité
d'un peuple ne s'acquiert malheureusement que par
le feu et le sang. Qui prendra sur lui d'allumer ainsi
en Europe un foyer de discordes ?

([1]) ERNEST DENIS, *la Guerre, op.cit.*, p. 318.

Il faut tenir compte, en tout premier lieu, de la volonté des peuples dans ce qu'elle a de raisonnable. Il serait ridicule de séparer les rouages d'une montre et de briser son grand ressort sous prétexte que cette montre avance. Il serait déraisonnable de vouloir séparer des peuples qui, réunis, forment un État viable et qui, désunis, constitueraient des pays inaptes à l'existence. « Un État, dit encore M. Ernest Denis (¹), est un être vivant, une personne morale, qui ne saurait durer et se développer que sous certaines conditions. Placez-le dans une situation telle que sa vie normale soit paralysée, il disparaîtra ou brisera le cadre dans lequel vous l'aurez emprisonné. Il deviendra dès lors un élément redoutable de discorde et de corruption. »

Mais, s'il est impossible de démembrer l'Empire, il y a en Allemagne, en dehors des Allemands, de tels peuples qui n'aspirent qu'à briser le cadre qui les emprisonne. Respecter leur volonté n'est que justice. Ce serait, du reste, affaiblir déjà considérablement l'Empire des Hohenzollern que de lui enlever l'Alsace-Lorraine, qui est et veut être française, le Slesvig-Holstein, qui retournerait au Danemark vers lequel il tend, les Polonais, heureux d'échapper aux Hakatistes pour rentrer dans le royaume de Pologne ressuscité mais libre et indépendant, et les quelques milliers de Slaves enfin qui peuplent la Silésie prussienne et la Lusace.

Il ne nous appartient pas de parler des autres

(¹) Ernest Denis, *op. cit.*, p. 326.

moyens de réduire l'Empire allemand et de l'empêcher de nuire désormais. Nous ne nous sentons, à
défaut d'autorité, aucun goût pour le partage des
colonies, l'estimation des indemnités, etc. Nous lais-
sons donc ce soin à nos diplomates, certain que nous
sommes qu'ils agiront au mieux des intérêts supérieurs de l'humanité et qu'ils prendront des mesures
telles que notre voisin soit, pour longtemps, mis dans
l'impossibilité de nuire sans toutefois cesser d'exister.

∞

L'une des meilleures façons, du reste, de rendre
l'Allemagne inoffensive, c'est de supprimer l'Autriche-Hongrie en la démembrant. Tous ceux qui
ont, poussés par les événements actuels, réfléchi sur
l'existence de la double monarchie, arrivent à la
même conclusion. Statisticiens, historiens ou politiciens, tous — ou presque — demandent la disparition
de cet État où douze millions d'Allemands et dix
millions de Magyars obligent vingt-neuf millions de
Slaves et de Latins à se battre pour le roi de Prusse et
à mourir pour la plus grande Allemagne.

La faiblesse intérieure de l'Autriche-Hongrie et la
prédominance politique de l'élément germanique
devaient tout naturellement faire de l'Empire danubien l'instrument de l'Allemagne. Les défaites éprouvées en Serbie et en Galicie par les troupes austro-
hongroises ont tout d'abord permis à Guillaume II
d'imposer ses généraux à son fidèle allié. Le manque
d'argent de la trésorerie viennoise obligea ensuite,

pour assurer des emprunts, le gouvernement des Habsbourgs à se mettre entièrement sous la tutelle de Berlin. Il le fit de bon gré, et les Germains de la double monarchie aussi bien que les Hongrois regretteraient de voir se rompre les liens qui enserrent de plus en plus les deux États de l'Europe centrale. Il n'est pas jusqu'aux socialistes qui ne fassent chorus dans ce concert en faveur d'une *Mitteleuropa* où l'Autriche-Hongrie abdiquerait au profit de l'Allemagne. Le 25 janvier 1917, le député socialiste Engelbert Pernerstorfer, publiait dans la *Bohemia* de Prague, un article caractéristique à cet égard. « Plus la fin de la guerre approche, écrivait-il, plus nos réflexions s'occupent avec intensité de l'avenir proche ou lointain de l'Allemagne et de l'Autriche. Nous désirons que le lien qui unit ces deux grandes empires soit fort et durable, et constitue non seulement une garantie certaine de la paix européenne, mais encore une solution grandiose de la politique orientale qui, finalement, libérerait le Levant de sa raideur passée et lui insufflerait l'esprit européen, la vie européenne. Il va de soi également, selon nous, qu'en cette circonstance le facteur prépondérant doit être le germanisme. Pour nous, Allemands d'Autriche, il est donc d'une importance capitale de rester, à tous les égards, en union étroite avec le germanisme de l'Empire allemand tout entier. Et nous n'avons pas seulement en vue les relations intellectuelles et économiques ; non, nous nous représentons également l'union politique des deux empires comme devant être de plus en plus forte et indissoluble. »

L'Autriche-Hongrie ainsi livrée à l'Allemagne, pieds et poings liés, fera corps avec elle ou, si l'on veut, sera l'une de ses colonies européennes, les autres étant la Bulgarie et la Turquie. L'Allemagne disposera de cette façon d'une population de 150 millions (Allemagne, 70 millions ; Autriche-Hongrie, 52 millions ; Bulgarie, 7 millions et Turquie, 21 millions). Elle aura ainsi une armée formidable. Le chemin de fer, par la ligne Hambourg-Berlin-Vienne-Sofia-Constantinople-Konia-Alep-Bagdad, déjà créée, permettra une facile pénétration en Orient. Les ramifications de cette ligne, qui conduiront vers Trieste et Salonique, assureront la maîtrise de l'Adriatique et de la Méditerranée orientale. L'Europe sera séparée en deux tronçons impossibles à relier puisque la Russie n'aura aucun accès à la mer libre. La *Mitteleuropa*, dont le centre sera l'Autriche-Hongrie, dominera l'Ancien Continent. Elle pourra, quand elle le voudra, dominer le monde entier. Nous ne sommes donc pas surpris si, le 11 janvier 1917, l'Allemagne et l'Autriche déclaraient « le but de la guerre atteint en ce qui les concerne ». L'Autriche-Hongrie germano-magyare s'étant donnée à l'Allemagne, la partie pouvait, sans grand inconvénient, être déclarée nulle. On avait caché des atouts pour le coup prochain et décisif. Pour parer ce coup, il faut détruire l'Autriche-Hongrie et séparer l'Allemagne de ses alliés bulgares et turcs.

Depuis longtemps, ayant vu à l'œuvre les Germains d'Autriche et les Huns de Hongrie, le danger de cet État double nous était apparu. Devant le martyre des peuples et la corruption des gouvernants, nous avions nettement compris que, de nos jours, l'existence d'un pays aussi hétérogène était une anomalie. Dès janvier 1913, lorsque s'affirmait le désir de l'Autriche-Hongrie de réaliser au détriment de la Serbie le plan pangermaniste Berlin-Bagdad par Salonique, nous avions, dans un article paru dans *la Vie* (¹), montré que l'empire des Habsbourgs est un danger pour l'équilibre européen. Dès cette époque nous préconisions son démembrement. Les faits n'ont pu que nous donner raison, car ils ont apporté la preuve convaincante de nos arguments. Les Allemands d'Autriche eux-mêmes viennent chaque jour appuyer notre thèse. Lorsqu'ils réclament la constitution d'une *Mitteleuropa* sous l'hégémonie de l'Allemagne ; lorsqu'ils prétendent que l'Autriche doit exister pour l'Allemagne, ils reconnaissent implicitement que leur pays n'est pas viable. Que reste-t-il d'autre à faire qu'à le démembrer ?

Les buts de guerre exposés le 10 janvier 1917 par les États de l'Entente, dans leur note au président des États-Unis d'Amérique, sous-entendent nettement cette solution.«Ces buts de guerre, y est-il dit, ne seront exposés dans le détail, avec toutes les compensations et indemnités équitables pour les dommages subis, qu'à l'heure des négociations. Mais le monde civilisé sait qu'ils impliquent, de toute nécessité et en première ligne, la restauration de la Belgique, de la Serbie et du Monténégro et les dédommagements qui leur sont dus ; l'évacuation des territoires

(¹) **Voir cet** article à l'Appendice VIII, p. 292.

envahis en France, en Russie, en Roumanie, avec de
justes réparations ; la réorganisation de l'Europe, garantie par un régime stable et fondée aussi bien sur le
respect des nationalités et sur le droit à la pleine
sécurité et à la liberté de développement, que possèdent tous les peuples, petits et grands, que sur des
conventions territoriales et des règlements internationaux propres à garantir les frontières terrestres et
maritimes contre des attaques injustifiées ; la restitution des provinces ou territoires autrefois arrachés
aux alliés par la force ou contre le gré des populations ;
*la libération des Italiens, des Slaves, des Roumains et
des Tchéco-Slovaques de la domination étrangère...* »
La domination étrangère que subissent ces Slaves et
ces Latins est celle de l'Autriche-Hongrie. Pour les
en libérer il faut donc leur faire octroyer, non pas une
autonomie qui les assujettirait encore, mais une indépendance complète. C'est dire qu'il faut démembrer
l'Empire croulant des Habsbourgs, base, ou plutôt
clef-de-voûte de la *Mitteleuropa.*

Ce démembrement sera, d'ailleurs, facile. Lorsque
la Serbie aura pris tous les territoires peuplés de
Serbes, de Croates et de Slovènes, congénères qui se
réclament d'elle et qu'elle est en droit de réclamer ;
lorsque la Galicie aura fait retour à la Pologne ;
lorsque l'Italie aura incorporé les Italiens du Trentin
et du Tyrol et parachevé son unité ; lorsque la Roumanie aura obtenu les Roumains de la Transylvanie,
de la Bukovine et du Banat — et personne, je crois,
ne refusera de faire droit aux justes revendications
de nos alliés — que restera-t-il alors de l'Empire

d'Autriche et du royaume de Hongrie ? Il en restera
trop encore, car ces restes de la monarchie dualiste
contiendront des Tchèques et des Slovaques, frères
de race et de nationalité, des Ruthènes, des Allemands
et des Magyars, ceux-ci continuant à opprimer ceux-là.
Pourquoi refuserions-nous aux Tchéco-Slovaques et
aux Ruthènes le bénéfice du principe des nationalités,
principe au nom duquel luttent tous les pays groupés
autour de nous ? Les Ruthènes ou Petits Russiens
n'appartiennent-ils pas de droit à la Russie, où ils
retrouveront leurs congénères de l'Ukraine ?

Quant aux Tchèques, bien des raisons devraient
nous les rendre sympathiques et nous inciter à faire
nôtre la cause de leurs pays, la Bohême, la Moravie
et la Slovaquie. C'est que, d'abord, nous sommes
quelque peu parents, car du sang gaulois coule dans
leurs veines. Les premiers habitants connus de la
Bohême furent en effet des Celtes, les Boïens. Ces
Gaulois fusionnèrent, plus tard, avec les Slaves que,
dit la légende, conduisait le patriarche Czech, et que,
du nom de ce premier chef, on appela les Tchèques.
Ceux qui ont vu le pittoresque costume des paysans
tchèques ou slovaques, ressemblant par tant de points
à celui de certains Bretons ; ceux qui connaissent la
langue de ces Slaves, où des savants ont retrouvé
beaucoup de racines celtiques ; ceux qui ont entendu
conter dans cette langue certaines légendes populaires
rappelant les contes de Bretagne ; ceux, surtout, qui
ont étudié le caractère de cette nation, ont reconnu
sans peine la parenté qui lie les Tchèques aux Français aussi bien qu'aux Russes. Comme nous, gens de

France, les Tchéco-Slovaques ont été les champions
de l'indépendance et de la liberté ; comme nous ils
ont donné leur sang pour de grandes causes, pour de
nobles utopies. Ce sont eux, dit M. Ernest Denis,
qui, les premiers, « ont apporté au monde étonné
quelques-unes des formules les plus généreuses de la
conscience moderne. Chelczicky et les frères Bohêmes,
dès le xve siècle, prêchaient la paix universelle, les
droits égaux de tous les citoyens, la liberté religieuse,
la tolérance et la fraternité. »

Cette générosité du peuple tchèque l'a poussé deux
fois à agir en notre faveur, et ce sont les deux premières raisons qui nous créent un devoir envers lui.
Lorsqu'au xive siècle notre pays se vit envahi par les
troupes anglaises, lorsqu'il allait périr, le roi de
Bohême vint, avec ses hommes d'armes, se ranger à
nos côtés. Froissart, en une belle page, nous a conté
comment ce vieux monarque, le roi Jean l'Aveugle,
mourut dramatiquement au milieu des nôtres, en
1346, sur le champ de bataille de Crécy. Le fait est
vieux, convenons-en ; il est sorti de beaucoup de mé-
moires. L'autre est plus récent et nous devrions nous
en souvenir. En 1871, lorsque notre impitoyable ennemie l'Allemagne avait abattu la France, lorsqu'elle
voulait amputer notre pays de deux provinces si
chères et si françaises, l'Alsace et la Lorraine, une
voix, une seule, s'éleva en Europe pour protester en
notre faveur. Cette voix, c'était celle des députés
tchèques à la Diète de Bohême. Elle flétrissait l'ambition germanique et affirmait le droit qu'ont les
nations de disposer librement d'elles-mêmes. Mais

cette voix ne fut pas entendue. Elle émanait, croyait-on, d'un peuple qui n'avait aucune force puisqu'il était sous la totale dépendance de l'Autriche.

Eh bien ! si, ce peuple avait une force énorme. Ce peuple était une force en lui-même. De tout temps il avait opposé son invincible énergie aux flots sans cesse grossissants du germanisme. Vingt fois on crut cette énergie abattue ; vingt fois on crut défoncées les poitrines slaves qui formaient contre les Allemands une barrière solide ; vingt fois on crut submergée, noyée, anéantie cette vigoureuse nation. Toujours elle surnagea, plus robuste, plus puissante, plus imprégnée de la haine du Germain. La dernière fois pourtant on la crut morte, bien morte, écrasée sous les coups du centralisme de Marie-Thérèse et de Joseph II. On se trompait encore.

« Quand un peuple tombe esclave, dit A. Daudet, tant qu'il tient bien sa langue, c'est comme s'il tenait la clef de sa prison. » Les Tchèques le savaient, aussi leur premier soin fut-il d'aller retrouver parmi les paysans l'idiome de leurs pères, cette langue chère que l'oppression avait bannie des villes et reléguée au fond des campagnes. De hardis et savants philologues, comme Szafarzik, Dobrovsky et Jungman, se mirent à l'œuvre et redonnèrent aux écrivains l'outil qui devait affranchir le peuple. C'est ainsi que, selon le mot si juste de M. Jelinek, dans sa *Littérature tchèque contemporaine* (¹), « le livre tchèque a sauvé la nation qui semblait perdue. »

_____

(¹) H. JELINEK, *La littérature tchèque contemporaine*, cours pro-

Cette renaissance d'une nation par le livre fut une merveille de vitalité. En moins d'un siècle un peuple retrouva une âme et une intelligence. Il s'instruisit, recréa une littérature et un art et se plaça d'emblée au premier rang des peuples de l'Europe centrale. Nous ne dirons certes pas que la littérature tchèque produisit tout de suite des chefs-d'œuvre dignes de plaire à tous et partout. Elle avait une autre besogne. Il lui fallait être militante. Elle le fut. Ses premiers poètes, les Kollar, les Czelakovsky, les Erben, ne voulaient que communiquer à leurs compatriotes l'ardent enthousiasme qui vibrait en leur âme. Ils furent avant tout des poètes nationaux, au sens le plus étroit du mot. Le nationalisme s'élargit plus tard, avec Jan Neruda et Svatopluk Czech, mais sans sortir encore d'une sphère limitée. Il faut, lorsque la partie semble gagnée pour la nation, la largeur d'esprit, l'envergure, le puissant labeur d'un Iaroslav Vrchlicky, ou la délicate curiosité et l'élégante finesse d'un Jules Zeyer, pour que la littérature tchèque entre dans le vaste domaine de la littérature universelle. Elle y fait des progrès rapides et, lorsqu'on aura traduit en français l'œuvre des bons écrivains tchèques, plus d'un sera surpris d'avoir si longtemps ignoré de tels génies ou de si fins talents.

On ne sera pas moins étonné lorsque l'on découvrira que les Tchèques, en même temps qu'une littérature, se sont reconstitué un art bien personnel et

---

fessé à la Sorbonne en 1910, Paris, *Mercure de France*, éditeur, MCMXII.

bien vivant. Le fait pourtant s'explique lorsqu'on a constaté, de ses propres yeux, la riche originalité, l'abondante délicatesse du folklore de la Bohême, de la Moravie et de la Slovaquie. Qui a vu quel goût révèlent la décoration murale d'une chaumière morave ou slovaque, ou bien la broderie aux motifs et aux tons multiples de la paysanne tchèque, se souvient qu'un certain A. Mucha, qui était Tchèque, a créé chez nous un art nouveau qui rappelait la variété et le charme de cet art populaire. Celui-là est alors plus attentif aux toiles qu'ont brossées des maîtres comme Brozik, Uprka ou Slaviczek ; aux statues qu'ont modelées des artistes comme Myslbek, Sucharda, Szaloun ou Marzatka.

Lorsqu'aussi nos oreilles auront goûté le charme mélancolique ou joyeux des mélodies populaires tchèques, nous regretterons sans doute de nous être délectés au bruit de Strauss alors que nous ignorions l'originalité d'un Smetana, affirmée en des opéras dignes de nos meilleures scènes ; la forte personnalité d'un Dvorzak, révélée par d'éclatantes symphonies ; ou la féconde nouveauté d'un Fibich telle qu'elle apparaît en des drames lyriques d'un large essor.

Nous ne dirons rien de l'activité politique des Tchèques qui, pourtant, n'a pas été moins grande que leur activité intellectuelle. Qu'il nous suffise de rappeler que c'est surtout à cause de leurs députés que le *Reichsrat* de Vienne n'a pas été appelé à se prononcer au sujet de la guerre. On sait tout ce que le gouvernement austro-hongrois a fait pour étouffer leur opposition. On sait peut-être moins le rôle que, durant la guerre, la nation tchèque, a joué en notre faveur. Un communiqué officiel nous l'apprenait le 5 janvier 1917 (¹). Les Tchèques ont désorganisé les services de l'intérieur et contribué ainsi au marasme financier et alimentaire dans lequel l'Empire se débat. Au front, et malgré la formidable pression de chefs allemands ou magyars, les soldats tchèques se sont rendus sans combat, ont favorisé les Serbes et les Russes ou semé la panique dans les rangs de l'armée austro-hongroise. Enfin en Angleterre, en France et en Russie, de nombreux volontaires tchèques ont combattu à nos côtés avec une ardeur que mainte citation a honorée.

La nation qui a montré une si éclatante vitalité intellectuelle, qui, au cours des siècles, a fait de si grands efforts pour échapper aux serres de l'aigle germanique et arrêter l'essor de cette bête de proie, est digne de notre amitié et de notre appui. Elle a surtout le droit d'exister en toute indépendance et il est, par conséquent, du devoir de la France et de ses Alliés, de l'arracher à l'Autriche germanisée pour qu'elle continue à être l'obstacle le plus résistant à l'expansion du pangermanisme. « De la victoire des Alliés, disait une proclamation qu'ont lancée les représentants du peuple tchèque, nous attendons l'indépendance complète de la race tchèque dans son intégrité, et la réunion, sous un même gouvernement, de la Bohême proprement dite, de la Moravie et de la Slovaquie. » Nous n'avons aucune raison pour refuser

---

(¹) Voir Appendice VII-3, p. 283.

et toutes les raisons pour accepter. Les pays tchèques,
au nord, seraient une entrave aux ambitions de l'Allemagne, tandis qu'au sud, une Yougoslavie puissante,
comprenant la Serbie, la Bosnie-Herzégovine, la
Slavonie, la Croatie et toutes les régions croates et
slovènes de l'Adriatique, opposerait aux Magyars,
aux Bulgares et aux Turcs une invincible barrière.

` Mais pour en arriver là, il faut, de toute nécessité,
briser le bras droit de l'Allemagne, anéantir l'empire
austro-hongrois. « Tant qu'existera cette agrégation
monstrueuse, disait à la fin d'octobre 1916, un ministre italien, M. Bissolati, cet État qui est la négation
et la compression de toutes les nationalités qui ne
sont pas l'allemande et la magyare, l'Allemagne impériale pourra toujours allonger la main pour s'en
faire une arme, et, avec cette arme, se servir de son
énorme puissance pour prendre sa revanche. Il faut
que le monstre aux multiples têtes soit abattu. Il faut
que sur son corps mort surgissent vivantes toutes les
races qui sont douloureusement comprimées dans
son artificielle unité ; qu'elles se réunissent à la race-
mère, comme les Italiens du Trentin et de l'Adriatique, comme les Roumains, comme les Yougoslaves ;
qu'elles se reconstituent dans leur personnalité ethnique, comme les Tchèques et les Polonais. Une
muraille vivante de peuples qui veulent une vie de
paix et de liberté, qui veillent jalousement sur leur
paix et leur liberté conquises, voilà la seule chose qui
puisse forcer l'Allemagne à se délivrer de ses rêves
délirants de domination brutale. »

∞

Mais on ne s'arrache pas facilement aux illusions
que l'on a longtemps caressées. La formule de Palacky : « Si l'Autriche n'existait pas, il faudrait l'inventer » semble à certains un intangible axiome. Ils se
révoltent donc à l'idée que des mains sacrilèges pourraient disséquer ce cadavre autrichien — qu'ils
croient nécessaire à l'équilibre européen — et ils
ont constitué ce que M. Frédéric Masson (¹) appelait « l'armée autrichienne à Paris ».

« Ils viennent dire, écrit l'éminent académicien,
qu'il faut ménager à la monarchie dualiste, nécessaire
à l'équilibre européen, quelques moyens de sortir de
l'alliance allemande ; que, si l'Autriche doit être
privée des éléments qui la constituent, elle ne doit
pas disparaître et qu'il est utile et nécessaire de maintenir, en présence de l'Allemagne luthérienne, une
Allemagne catholique qu'il serait impossible de
trouver si l'Autriche était démembrée. »

Ces gens, qui connaissent si bien l'art d'accommo-
der les restes, oublient que ces restes, Allemands,
Magyars et Slaves, ne demandent qu'à se séparer, car
rien aujourd'hui ne les unit, si ce n'est le joug des
Habsbourgs et la communauté de religion de la majorité. Ce n'est pas assez pour constituer un peuple
et encore moins un empire destiné à jouer un rôle
précieux en Europe. Une révolution, toujours pos-

(¹) *Les Annales politiques et littéraires* du 9 juillet 1916.

sible, peut briser un joug lorsqu'il pèse trop sur les nuques, comme celui des Habsbourgs.

Suffit-il donc d'une communauté de religion pour unir les peuples ? Mais alors pourquoi toutes les nations catholiques ne forment-elles pas un seul peuple ? Pourquoi n'avons-nous pas les États-Unis d'Europe ? Pourquoi les Tchèques catholiques ne peuvent-ils pas s'entendre avec les Allemands catholiques d'Autriche ? Pourquoi les Slovènes catholiques sont-ils à couteaux tirés avec les Germains catholiques de la Styrie ? Pourquoi, par contre, les Bavarois et les Saxons catholiques prêtent-ils la main aux Prussiens protestants ? Mais tout simplement parce qu'un seul lien peut unir les peuples : une communauté d'origine, de langue, d'intérêts et d'aspirations, la nationalité, en un mot. Un Français catholique et un Français protestant s'entendront, on me l'accordera, plus facilement qu'un catholique français et un catholique bavarois ou saxon. C'est pourquoi nous voyons aujourd'hui les Yougoslaves — Serbes, Croates, Slovènes — si profondément unis, encore qu'appartenant à trois religions différentes : catholicisme, orthodoxie et islamisme ; c'est pourquoi nous les voyons tous, d'un commun accord, réclamer leur unification et leur incorporation à la Serbie orthodoxe. C'est aussi pourquoi le parti social chrétien des Allemands d'Autriche et le centre catholique de l'Empire d'Allemagne communient, pleins d'une ardente ferveur, avec les protestants d'Outre-Rhin, dans un violent pangermanisme.

Du reste, il faut constater avec M. Masson que

les peuples de l'Autriche-Hongrie « ne sont point
areligieux ; où qu'aillent ces races délivrées, qu'elles
demeurent libres, ou qu'elles s'agglomèrent selon
leur origine ethnique, elles formeront toujours des
masses identiques au point de vue cultuel et l'Église
romaine gagnera à la disparition de la Confédération
autrichienne, de se trouver soustraite à des influences
qui ont trop souvent pris le caractère d'oppression. »
Les nouveaux États slaves et catholiques seront au
point de vue européen le plus sûr contrepoids à la
force de l'Allemagne luthérienne.

« Très bien, disent d'autres défenseurs de l'Autriche-Hongrie alléguant un argument plus spécieux,
votre projet est fort beau en théorie. Dans la pratique
il l'est moins, car en démembrant l'Autriche, vous
renforcez l'Allemagne. Si vous arrachez à la monarchie
danubienne, au nom du droit des nationalités, tout
ce qui n'est pas allemand ou magyar, vous ne pourrez
refuser aux douze millions d'Allemands de se join-
dre à l'Allemagne en vertu de ce même droit, et de
servir ainsi de trait d'union entre les Germains de
Guillaume II et les Magyars. Vous offrez donc, bénévolement vingt-deux millions d'individus au Moloch
pangermaniste sous prétexte de l'affaiblir. »

Constatons d'abord, que laisser à la disposition
de l'Allemagne 22 millions d'hommes au lieu de 51,
ce serait déjà l'affaiblir énormément. Ce n'est pas tout
pourtant. Les douze millions de Germains d'Autriche-
Hongrie ne forment pas bloc. Deux millions vivent
en Hongrie ; deux autres millions au moins sont
éparpillés parmi les Slaves de la monarchie. Le seul

bloc qui pourrait passer à l'Allemagne compterait
donc au plus huit millions, c'est-à-dire qu'il ne com-
penserait absolument pas les pertes éprouvées par
l'Empire allemand du fait de la restitution des territoires non allemands.

Il y a, d'autre part, un moyen élégant et, qui mieux
est, juste et pratique, d'empêcher ce bloc d'Autrichiens de relier les Magyars à l'Allemagne. Ce moyen
a été préconisé par un des statisticiens les plus versés
dans les questions austro-hongroises, M. A. Chervin (¹). » Il suffirait, dit cet auteur, de reconstituer
l'ancienne province romaine de Pannonie supérieure
qui correspond, à peu près, aux comitats hongrois de
Moson, Sopron, Vas et Zala. Les pays tchèques pourraient ainsi communiquer directement avec les Slovènes et les autres pays slaves. Cette Pannonie
contiendrait Szombathely, ancienne Savaria, capitale
de la province romaine. Cette région-tampon consti-
tuerait un territoire en forme de quadrilatère, sorte
de couloir, de corridor, de 80 à 100 kilomètres de
large sur 200 kilomètres de long, où les Croates sont
en nombre (150.000 environ). » Il faut dire que ce
territoire, qui compte environ un million d'habitants,
est peuplé de nationalités diverses dont les Magyars
forment à peine la moitié. M. Chervin propose donc,
non sans raison, de rattacher les deux comitats du
nord aux pays Tchèques de Slovaquie, et les deux

(¹) Cf. A. Chervin, *L'Autriche et la Hongrie de demain*, Berger-
Levrault, Paris-Nancy, 1915 ; et *Les Yougo-Slaves* (Association
française pour l'avancement des Sciences, Paris, 1916).

autres, à la Yougoslavie. Cette région, d'ailleurs, coupée de vallées, serait très propice à la construction d'une voie ferrée reliant les Slaves du nord à ceux du sud, la Baltique à l'Adriatique, rendant ainsi un service énorme à ceux qui seront maîtres de la Méditerranée, c'est-à-dire à la France et à l'Italie.

Nous croyons donc qu'aucun argument sérieux ne peut être opposé au démembrement de l'Autriche-Hongrie, aussi répéterons-nous, avec tous ceux que l'avenir de l'Europe intéresse : il faut abattre l'empire des Habsbourgs et, sur ses ruines, élever des États vivaces parce que nationaux et forts parce qu'indépendants et parce que désireux de conserver leur indépendance reconquise. Ces pays sauront, du reste, à l'heure du danger, se souvenir de la devise des Habsbourgs : *viribus unitis*. Ils se grouperont, s'allieront contre l'ennemi commun et, animés d'un patriotisme qui fait actuellement défaut en Autriche, ils seront assez puissants pour triompher de leurs avides voisins. En les reconstituant on aura fait non seulement une belle besogne, mais une bonne besogne. On aura, pour longtemps, assuré le véritable équilibre européen et l'humanité respirera plus à l'aise.

APPENDICE (¹)

PIÈCES ET DOCUMENTS

I

I. LE RECENSEMENT EN AUTRICHE

L'AUTRICHE-HONGRIE est composée de plusieurs nationalités, et naturellement, certaines d'entre elles forment des minorités en face d'éléments nationaux adverses plus puissants numériquement. C'est le cas des Tchèques dans les villes allemandes, principalement à l'ouest et au nord de la Bohême, dans quelques régions de la Moravie et de la Silésie, et enfin *à Vienne*. Il s'agissait, pour favoriser la germanisation complète de l'empire, de dissimuler aux yeux de l'étranger ces minorités tchèques dans les listes de recensement, ou tout au moins, de les réduire à un chiffre infime. Le gouvernement tenait à présenter au monde l'Autriche comme un pays de caractère essentiellement allemand, à faire croire que certaines régions ne contenaient aucun Tchèque, ou que ceux-ci n'y formaient qu'une minorité insignifiante, et par conséquent négligeable ; qu'on était donc fondé à n'y admettre l'usage du tchèque ni dans les administrations officielles, ni devant les tribunaux, ni dans les écoles. La substitution de la rubrique *langue parlée* à la rubrique logique de *nationalité* fut le subterfuge qui servit au gou-

---

(¹) Les chiffres romains correspondent aux chapitres auxquels se rapportent les textes cités dans le présent Appendice.

vernement pour rétrécir artificiellement le chiffre de la population
tchèque, en même temps qu'il gonflait celui de la population allemande sur les listes de recensement.

« Vous êtes ici dans une ville allemande, disait-on aux Slaves
établis à Vienne ; dans toutes vos relations sociales, vous faites
usage de l'*allemand* ; c'est donc votre langue *parlée* et non le
tchèque, et nous vous inscrivons avec l'allemand comme langue
parlée. » Sans doute les Tchèques objectaient que ce n'était là
qu'une manœuvre politique, que cette statistique serait faussement
interprétée, qu'on confondrait les chiffres de la langue parlée avec
ceux de la nationalité, qu'il ne pouvait loyalement s'agir que de la
langue *parlée dans la famille* et non de celle employée en dehors
du foyer. Mais les commissaires allemands de recensement repous-
saient systématiquement les réclamations des pères de famille
tchèques. Quelquefois, lorsque le Tchèque était un homme de
caractère et de situation indépendante, il tenait bon, et réussissait
à empêcher cette falsification des statistiques au profit des Allemands. Mais, le plus souvent, il dépendait directement ou indirectement de la commune, d'un patron ou de clients allemands, et,
pour ne pas perdre ses moyens d'existence, il devait se laisser classer
sur la liste ennemie. Si les menaces n'avaient pas d'effet, l'administration recourait à la falsification matérielle sur les registres
communaux, en changeant, à l'insu des citoyens trop indépendants, les déclarations qu'ils avaient faites. Les Tchèques véri-
fiaient bien les listes, et, à l'époque du recensement, leurs députés
parcouraient toutes les communes pour soutenir leurs réclamations
devant l'administration ; mais il était impossible de faire rectifier
tous les faux des agents gouvernementaux.

J. Dürich,
député tchèque au Parlement de Vienne.

(*Les Tchèques de Vienne*, article paru dans *la Nation Tchèque*,
IIe année, N° 2, p. 25).

2. LES FINANCES AUTRICHIENNES

La faillite financière de l'Autriche. — Avant la guerre déjà, l'état
des finances de l'Autriche causait des inquiétudes sérieuses aux
hommes politiques clairvoyants. L'Autriche en est venue à faire
des dettes pour couvrir de simples frais administratifs. En Au-

triche, et de même en Hongrie, les dettes d'État montaient sans cesse d'une année à l'autre de sorte qu'on a eu besoin d'un dixième des recettes annuelles pour en payer les intérêts. Il va sans dire que cette gêne financière ne contribuait pas à combattre le pessimisme qui se manifestait partout et qui allait en grandissant quand la guerre a éclaté.

La Nation Tchèque, 1re année, No 2, p. 27.

Carte postale adressée à l'auteur par un fonctionnaire de la Faculté tchèque de philosophie de Prague et visée (*geprüft*) par la censure autrichienne.

Monsieur,

Il vient d'arriver aujourd'hui une ordonnance ministérielle demandant que « les bureaux du doyen renouvellent les propositions de mandats pour les rémunérations (¹) aussitôt que l'état normal sera rétabli. » Cela signifie qu'il faudra attendre, et attendre longtemps. On n'a pris encore aucune mesure quant à votre *séminaire* (²) et on n'en prendra aucune, car on fait des économies de tous les côtés, ce qui est compréhensible dans les temps actuels... Aujourd'hui ont commencé les examens oraux ; il n'y a pas tant de candidats qu'autrefois.

Dr G.

7 décembre 1914.

Les conséquences économiques de la guerre atteignent également, et d'une façon très sensible, la vie scolaire. Le ministère de l'instruction publique donne ordre aux établissements de faire le plus d'économies possibles et d'éviter les dépenses. En premier lieu il faut, en principe, suspendre toute mesure entraînant des frais

---

(¹) L'administration autrichienne appelle « rémunération » les émoluments accordés pour certains cours universitaires. Ces rémunérations ne font pas partie du traitement régulier et doivent être réclamées, par demande spéciale, à la fin de chaque semestre. Il s'agit ici des rémunérations dues pour le semestre échu le 15 juillet 1914, avant la guerre, par conséquent.

(²) Un « séminaire », dans une université allemande ou autrichienne correspond à nos cours de travaux pratiques.

(comme différents aménagements, transformations, réparations, avances, subventions) « qui ne sont pas exigés par les nécessités indispensables à la marche du service quotidien ». Les travaux commencés doivent être réduits ou suspendus ; il faut réaliser les plus grandes économies, même en ce qui concerne le traitement du personnel.

Les établissements les plus atteints sont ceux qui n'appartiennent pas à l'État et comptent sur des subventions. Les lycées de jeunes filles sont plus particulièrement menacés, car la subvention de l'État, qu'on leur enlève, était la part principale de leurs revenus réguliers.

Nase Doba (revue de Prague) XXIIᵉ année, Nᵒ 1, janvier 1915, p. 62.

L'État autrichien se refuse de faire honneur aux engagements contractés par son emprunt 4 o/o or du 1ᵉʳ octobre 1876. Par une ordonnance impériale du 20 mars 1915, l'Autriche a supprimé le texte même·de ses obligations, et déclare qu'à partir de la date susdite, elle payera les coupons de cette dette en papier monnaie, à raison de 100 couronnes 1/2 pour 100 francs or.

Le texte des obligations était pourtant très clair au sujet du payement en or. Malgré toutes les réclamations, Vienne, avec une audace incroyable, déclare que les banques suisses doivent se conformer à l'ukase impérial.

Journal de Genève du 27 juin 1916.

II

1. MESURES MILITAIRES

L'autorité militaire, ayant besoin du plus grand nombre possible de jeunes officiers, a facilité l'obtention du droit de « volontaire » à ceux qui ont été enrôlés avant leur « examen de maturité (¹). » Elle leur a accordé des permissions afin qu'ils puissent subir cet examen, même sous l'uniforme. Pour ces examens le ministère de l'instruction publique·demande que l'attention ne porte

---

(¹) Certificat de fin d'études secondaires.

pas sur la connaissance de chaque matière mais sur le point de savoir si le candidat a acquis des connaissances générales. La commission d'examen peut supprimer en partie les épreuves écrites, elle peut même supprimer totalement les épreuves orales « s'il n'y a aucun doute, en se basant sur les notes de l'élève dans les derniers semestres, que celui-ci a atteint une maturité suffisante pour les écoles supérieures. La commission peut donc annoncer au candidat sa maturité sans aucun examen et lui délivrer immédiatement le certificat de maturité. »

. . . .

Les élèves plus jeunes sont invités à entrer dans les écoles de cadets (¹) où, temporairement, la limite des admissions (*numerus clausus*) est supprimée. L'enseignement du tir dans les deux classes supérieures est suspendu.

Nase Doba, XXIIᵉ année, Nᵒ 1, p. 62 (janvier 1915.)

2. DÉCLARATIONS DE M. GIOLITTI A LA CHAMBRE ITAL ENNE

5 décembre 1914.

« Au cours de la guerre balkanique, précisément le 9 août 1913, étant absent de Rome, j'ai reçu de mon collègue, l'hon. Di San Giuliano, le télégramme suivant :

« L'Autriche nous a communiqué ainsi qu'à l'Allemagne, son « intention d'agir contre la Serbie et elle définit cette action une « action défensive, espérant appliquer à la Triple-Alliance le *casus* « *fœderis*, que je crois inapplicable. Je cherche à concerter avec « l'Allemagne des efforts en vue d'empêcher cette action autri- « chienne ; mais il pourrait être nécessaire de dire clairement que « nous ne considérons pas cette action éventuelle comme défensive « et que, par conséquent, nous ne croyons pas que le *casus fœderis* « existe. Je te prie de me télégraphier à Rome si tu approuves. »

« J'ai répondu ainsi :

« Si l'Autriche agit contre la Serbie, il est évident que le *casus* « *fœderis* n'existe pas. C'est une action qu'elle entreprend pour « son propre compte ; car il n'est pas question de défense, puisque

_____

(²) Ecoles militaires destinées à former des sous-lieutenants. Les élèves en sortent comme *Kadettstellvertreter*, aspirants officiers.

« personne ne songe à l'attaquer. Il est nécessaire que cela soit
« déclaré à l'Autriche de la façon la plus formelle et il est à souhai-
« ter que l'action de l'Allemagne dissuade l'Autriche de cette pé-
« rilleuse aventure. »

« C'est ce qui fut fait ; et l'interprétation donnée par nous eut le
consentement de nos alliés avec lesquels nos rapports d'amitié ne
furent pas le moins du monde troublés. La déclaration de neutralité faite au début du présent conflit est donc conforme à l'esprit
et à la lettre des traités. J'ai voulu rappeler ce fait parce que je juge
utile qu'il apparaisse aux yeux de toute l'Europe que l'Italie a été
complètement loyale. »

III et IV

LA PRESSE AUSTRO-HONGROISE ET L'ATTENTAT DE SARAJEVO

N.-B. — Les passages précédés de *K. K.* émanent
du bureau officiel de presse austro-hongrois (*K. K.
Korrespondenz-Bureau*). Ils ont été reproduits par
tous les journaux de la double monarchie.

Il va de soi que nous ne donnons pas ici les articles
que nous avons déjà cités dans le cours de cet ouvrage.

1. *K. K.* (¹), Sarajevo, 29 juin.

Outre les deux meurtriers, plusieurs personnes, soupçonnées
de complicité ont également été arrêtées. Les recherches faites
jusqu'ici ont démontré que les deux meurtriers sont d'ici, qu'ils
sont de nationalité serbe et orthodoxes. Le premier d'entre eux, qui
a exécuté un attentat qui heureusement n'a pas réussi, a avoué
qu'il était dernièrement à Belgrade où il a reçu une bombe dans
le but d'attenter à la vie de l'Archiduc. Le deuxième criminel, dont,
malheureusement, la tentative réussit, est un élève d'école secondaire, qui a également séjourné longtemps à Belgrade. Il est revenu depuis 3 mois de Belgrade pour se fixer dans un village près
de Sarajevo. Il a avoué que, depuis son retour, il pensait à tuer

---

(¹) Ce communiqué fait partie de ceux qu'authentiquait la dépêche du maréchal Potiorek, que nous avons citée page 126.

quelque personnage occupant une haute situation pour venger, par ce moyen, la nation serbe d'une prétendue oppression. Il a jugé que le voyage de l'Archiduc était le meilleur moment pour réaliser son projet. Dans ce but il s'est placé au coin du quai et du boulevard François-Joseph parce qu'il savait que l'Archiduc passerait deux fois en cet endroit. Il s'est alors placé, de façon à n'être pas jugé suspect et arrêté à l'avance, entre deux étudiants de sa connaissance qui, il le savait, ne seraient pas suspectés. Il prétend n'avoir rien su de l'attentat à coups de bombe du typographe serbe, aussi la surprise causée par cet attentat l'a-t-elle empêché de tirer lorsque, pour la première fois, l'Archiduc passa au coin de la rue.

2. *Fremdenblatt* (de Vienne, officieux), 29 juin 1914.]

Cabrinovitch, auteur de l'attentat, sauta, comme on sait dans la Miljatchka et voulut s'enfuir. Quand on voulut l'arrêter, il se défendit désespérément. Une lutte s'ensuivit, au cours de laquelle presque tous ses vêtements furent arrachés. Il est âgé de 21 ans et fils d'un aubergiste de Sarajevo. Il fut, dès son enfance, un mauvais sujet. Il ne put apprendre aucun métier. Il partit ensuite pour le Monténégro où il devint compositeur d'imprimerie. Il était anarchiste et syndicaliste et fut, pour cette raison, exclu de l'organisation social-démocrate ouvrière. Il publia contre les socialistes démocrates un pamphlet qui fut saisi. Il se rendit ensuite en Serbie où il fut employé à l'imprimerie d'État. Il y a 4 semaines il revint à Sarajevo pour y chercher une place, mais il ne put en trouver aucune parce qu'on savait qu'il était mauvais ouvrier. Il y a quelques jours seulement il trouva un emploi d'auxiliaire à l'imprimerie « Zadruzna ». Pendant toute cette période il courait les cafés et les cabarets. Il aurait déclaré plusieurs fois que pendant le séjour de l'archiduc François-Ferdinand à Sarajevo quelque chose se produirait.

3. *Reichspost*, 29 juin 1914.

On a voulu frapper le chef suprême de l'armée, le soldat actif, appliqué au perfectionnement et à l'augmentation de ses forces.

Le coup a été porté de connivence par les Serbes et par les Russes.

François-Ferdinand aurait été le commandant en chef dans la guerre à venir contre les ennemis du sud-est et du nord-est.

Ce chef, qui possédait l'entière confiance de l'armée, l'ennemi nous l'a pris avant la première passe d'armes.

Belgrade peut enregistrer une première victoire, et cela parce que nous avons omis d'enfumer à temps ce repaire de Belgrade d'où l'on empeste tout le sud-est de notre monarchie et d'où sortent tous les espions et tous les assassins.

On n'a pas tenu compte de l'élan de l'armée qui, d'instinct, voulait se jeter sur la Serbie pour en finir avec cet État.

Maintenant, nous sommes sous le coup de la plus terrible des provocations : l'assassinat de notre archiduc héritier par des meurtriers qui ont fait leurs études, qui ont travaillé à Belgrade.

Et à quel moment le coup est-il porté ? Au moment où la Russie est prête à la guerre, après une période de mobilisation, dans une fièvre qui l'a saisie en temps voulu, comme si elle avait su à l'avance qu'il se passerait cet été un événement qui entraînerait même les plus longanimes des Autrichiens à saisir leurs armes.

Rien n'ébranlera la conviction de l'armée sur ce point. Il y a connexion entre les mesures militaires de la Russie et l'avis donné aux Russes par Belgrade que de graves événements se produiraient sur les territoires annexés pendant cet été.

Si, par suite du retard de notre préparation militaire, on nous dit d'attendre, soit ; mais alors que le délai soit court.

Nous avons une défaite à réparer. Nous avons à faire payer le meurtre de Sarajevo à ses instigateurs.

L'assassinat de notre archiduc héritier est pour nous l'avis que la onzième heure a sonné.

Nous attendons le coup de la douzième.

4. *Prager Tagblatt*, 29 juin 1914.

On ne pourra rien changer au fait que le crime du jeune Princip est la conséquence de l'agitation panserbe et de l'empoisonnement des masses auquel on se livre depuis des années en Serbie.

5. *K. K.*, Sarajevo, 30 juin 1914.

Un calme complet règne dans la ville. L'interrogatoire des deux meurtriers et des autres inculpés continue. Il est prouvé par les aveux des deux meurtriers qu'il s'agit d'un complot. Il aurait été établi que plusieurs conjurés se trouvaient encore dans la foule, armés de bombes et de revolvers. Les bombes seraient des grenades dites « militaires serbes ».

K. K. Sarajevo, 30 juin 1914.

Hier et aujourd'hui de nombreuses personnes ont encore été arrêtées et conduites ou au bureau de police ou au juge d'instruction. Plusieurs d'entre elles ont été remises en liberté après leur interrogatoire.

6. *Prager Tagblatt*, 30 juin 1914.

Vers le soir Princip a avoué avoir fait à Belgrade la connaissance de Cabrinovitch et, il y a deux mois, quand ils apprirent le voyage de l'Archiduc, avoir comploté ensemble l'attentat. Un comitadji nommé Vigo leur donna à chacun une bombe, qu'ils emportèrent à Sarajevo où ils les enterrèrent.

7. *Budapesti Hirlap*, 1ᵉʳ juillet 1914.

Mˡˡᵉ Srnec, qui fut témoin oculaire de l'attentat raconte ce qui suit : Princip s'entretenait avant l'attentat avec un prêtre catholique. Quand arriva l'automobile de l'archiduc héritier, Princip quitta le prêtre. Je regardai l'automobile. Je regardai ensuite Princip, qui m'était suspect, et je restai pétrifiée en voyant que, la main droite levée et le visage dénotant le plus grand sang-froid, il visait l'archiduc et faisait feu par deux fois. Je ne pouvais même pas remuer de frayeur, sans quoi j'aurais pu lui faire, d'un coup d'ombrelle, tomber le revolver des mains, car j'étais près de lui.

De l'autre côté de la rue se tenait également un autre jeune homme, le revolver levé. Il disparut lorsque la foule se jeta sur Princip.

8. *K. K.*, Sarajevo, 1ᵉʳ juillet 1914.

Lors d'une perquisition opérée au domicile de Princip on a trouvé dans une paillasse 2.700 couronnes et derrière le cadre d'un tableau religieux 1.000 couronnes.

9. *K. K.*, Sarajevo, 1ᵉʳ juillet 1914.

Dans la prison de la garnison de Sarajevo Gavrilo Princip a été interrogé par le Dʳ Plessner, juge d'instruction. Des délégués de la police et des bureaux militaires étaient présents. Le meurtrier est de petite taille, brun ; il a les yeux creux et a l'air d'un jeune homme tuberculeux. Il a la tête couverte d'un bandage, le visage calme, les yeux brillants. Princip dit :

« Je suis coupable. Je suis venu à Sarajevo dans l'intention de commettre l'attentat. Personne n'a agi sur moi. J'étais encore dans la classe de 4e du gymnase de Sarajevo que déjà je lisais des livres anarchistes, et l'anarchie devint pour moi une vraie passion. Cette passion, je l'ai maintenant satisfaite.

En lisant des histoires d'anarchistes et d'attentats, je me suis persuadé qu'il n'y a rien au monde de plus beau qu'un meurtrier. Je me décidai donc à tuer quelque haut personnage de la monarchie austro-hongroise. J'y ai maintenant réussi.

Vers la fin de mai dernier j'ai entendu dire, ou plutôt lu à Belgrade que l'héritier du trône séjournerait, en juin, à Sarajevo. Je pris la décision de profiter de cette circonstance pour mettre mon projet à exécution et en juin je vins à Sarajevo.

Là je louai un logement chez mon camarade et ami Illitch, ancien instituteur. Le revolver et les cartouches m'avaient été donnés à Belgrade par un certain comitadji, mais je ne lui ai pas fait part de mon intention. A Sarajevo je fréquentai beaucoup de connaissances. Le jour de l'attentat, je n'ai guère réfléchi et m'en suis tenu résolument à mon projet. Je voulais réaliser mon intention lorsque l'automobile se rendait à l'hôtel de ville, mais un individu ayant tenté un attentat à coups de bombe, je changeai mon plan et décidai d'attendre le retour.

Lorsque l'automobile revint de l'hôtel de ville, j'aperçus l'archiduc-héritier. Une dame était assise près de lui. Au premier moment, à cause de cette dame, je voulus renoncer à mon attentat. Mais immédiatement je pensai autrement et ma décision d'exécuter mon plan, même si je dois tuer cette dame, fut inéluctable.

Je commençai à tirer lorsque l'automobile tourna au coin de la rue, mais je ne vis pas si j'avais bien visé. Je ne pouvais, du reste, pas le voir puisque j'ai été aussitôt appréhendé et frappé de tous côtés.

Je ne regrette pas mon acte ; je suis content d'avoir réalisé mon vieux projet.

Je suis étranger à la tentative qui a eu lieu avant la mienne. Néanmoins lorsque j'ai entendu éclater la bombe, je me suis dit : « Tu vois, il y a encore des gens qui sentent et pensent comme toi. « Cela contribua à raffermir mon intention. »

10. *Vidensky Dennik*, 2 juillet 1914.

A Belgrade la police a commencé au sujet de l'attentat de Sarajevo une enquête sévère.

11. *Az Ujsag*, 2 juillet 1914.

Ce journal prétend avoir eu une interview avec le défenseur de Princip. Le criminel aurait dit à son avocat :

J'étais sur les traces de l'Archiduc depuis qu'il était entré sur le territoire bosniaque. L'attentat était préparé depuis six semaines à Belgrade. Lorsque je commis l'attentat, j'avais sur moi une fiole de poison avec lequel je devais me tuer après le crime, si j'étais arrêté. Mais je perdis cette fiole, car dès que j'eus tiré la foule se précipita sur moi.

12. *Narodni Listy*, 3 juillet 1914.

2 juillet. — La *Wiener Allgemeine Zeitung* apporte aujourd'hui, probablement de source budapestoise, les prétendus aveux complets de Cabrinovitch. Il y est dit, entre autres choses, que Cabrinovitch et Princip se rendirent chez le secrétaire de la *Narodna Odbrana*, Milan Pribitchevitch, qui est actuellement chef-adjoint de l'État-major serbe et qui, en 1906, étant lieutenant austro-hongrois, s'enfuit en Serbie. Il est le frère des députés croates Svetozar et Valérien Pribitchevitch qui jouèrent un certain rôle dans le fameux procès en haute trahison de Zagreb. Ils demandèrent des bombes à Pribitchevitch. Celui-ci les envoya au comitadji serbe Ciganjevitch, lequel leur donna 6 bombes et 6 revolvers en même temps que des informations précises. Selon lui, tous les conjurés devaient jeter leurs bombes dès que la première aurait éclaté. Chaque meurtrier devait, au moment où l'Archiduc passerait, tenir d'une main une bombe et de l'autre une fiole de cyanure de potassium, que Ciganjevitch remit également à Cabrinovitch et à Princip.

On ajoute que Princip aurait fait l'aveu suivant :« Je regrette mon crime, car mes compagnons m'ont lâchement abandonné. Ils devaient, eux aussi, lancer des bombes, mais ces lâches ne l'ont pas fait. Mais je me vengerai, et j'avouerai tout. Laissez-moi tranquille maintenant, demain matin je vous donnerai tous les détails. » Comme le juge d'instruction lui demandait pourquoi il ne voulait pas le faire immédiatement, il répondit : « Parce que je veux tout raconter à fond et mettre toutes mes affaires en ordre. Ne craignez rien, je regrette pleinement mon acte et si j'étais acquitté, j'irais par les rues de Sarajevo crier à en perdre la voix : « Les Serbes à la frontière ! » (Il semble que toute cette histoire soit faite d'après quelque roman mélodramatique (¹).

13. *Pester Lloyd* (officieux), 2 juillet 1914.

Contrairement aux informations réitérées qui prétendent que le gouvernement austro-hongrois ferait bientôt ou aurait même fait des démarches à Belgrade, on peut annoncer, de source autorisée, que quant à présent il n'a été pris aucune décision à cet égard.

14. *Az Est*, 3 juillet 1914.

Le juge d'instruction Pfeffer a continué aujourd'hui, dans la prison de la garnison, l'interrogatoire de Cabrinovitch et de Princip. Il en ressort que les bombes n'ont été apportées de Tuzla et de Hadidze à Sarajevo que le jour même de l'attentat. Princip les apporta chez l'instituteur Ilitch, puis tous deux se rendirent chez le pâtissier Vlenitch où les attendaient Grabesz et Cabrinovitch. Là, Grabesz avoua sa faiblesse de n'avoir pu se décider à jeter sa bombe. On a réussi à identifier 3 personnes qui reçurent des bombes de Princip. Toutes sont en fuite, 2 se seraient réfugiées en Serbie. La police de Sarajevo pense que les bureaux serbes livreront les coupables. Cabrinovitch a rectifié sa déposition relative au major Pribitchevitch. Il dit qu'il ne lui a jamais parlé. La police a pourtant découvert que Cabrinovitch et Princip, pendant leur séjour à Belgrade, s'entretinrent avec Pribitchevitch. Princip avait exprimé l'intention de faire des aveux complets, mais comme il n'a pas été permis aux agents de la sûreté de l'interroger dans la prison de la garnison, il a renoncé à cette intention et n'a pas voulu faire d'aveux détaillés devant le juge d'instruction. Grabesz a avoué s'être enfui, après l'attentat, dans une maison en face de son hôtel et, là, avoir jeté sa bombe dans les cabinets où il aurait aussi, dans son trouble, jeté ses certificats scolaires. La police a bien, en cet endroit, retrouvé les certificats, mais non pas la bombe. Celle-ci a été retrouvée dans la maison de Gavrilo Crnogotchevitch. Elle a été remise aux autorités militaires.

(¹) Cette remarque si juste est du journal tchèque que nous citons. Nous avons préféré donner le résumé des *Narodni Listy* plutôt que l'original justement pour montrer que toutes les populations de la Monarchie n'ont pas été dupes de ces racontars.

15. *K. K.*, Vienne, 8 juillet 1914.

Le dossier de l'enquête de Sarajevo, qui est terminée, a été présenté aujourd'hui au Conseil des ministres. Le ministre des Affaires étrangères, comte Berchtold, fera, dans le courant de cette semaine, part à l'empereur, à Ischl, de la décision prise. Le président du ministère hongrois, le comte Tisza, lorsqu'il répondra, à la Chambre hongroise, aux interpellations, fera, croit-on, connaître au public le résultat de la conférence d'aujourd'hui.

V

1. QUELQUES CONTRADICTIONS DU « LIVRE ROUGE » AUSTRO-HONGROIS

Rien ne montre mieux la mauvaise cause de la monarchie austro-hongroise que la faiblesse de ses arguments. Sa diplomatie a mis six mois à rédiger son *Livre rouge*. Cette longue réflexion aurait dû lui permettre d'en méditer les moindres détails, d'en coordonner toutes les lignes. Il n'en est rien. Les contradictions abondent, au contraire. Nous nous contentons ici de relever, sans commentaires, les plus flagrantes en dehors de celles que nous avons mentionnées au cours de cet ouvrage.

Depuis que la dynastie des Karageorgevitch est montée sur le trône ensanglanté de Serbie et s'est entourée des conspirateurs qui ont attenté à la vie du roi Alexandre, le royaume s'est proposé constamment, quoique par des voies diverses, et avec une intensité variable, un but identique.

Préface (début).

Je répliquai que personne chez nous n'en voulait à l'intégrité de la Serbie ou *à sa dynastie*.

(No 14. Télégramme du comte Szapary au comte Berchtold, en date du 24 juillet 1914.)

18

... Le gouvernement serbe se vit obligé, au printemps de l'année 1909, de déclarer solennellement *à la face de l'Europe* qu'il reconnaissait la réorganisation du droit constitutionnel et *international* résultant de l'annexion...

Préface.

C'est ainsi que le gouvernement serbe a manqué au devoir que lui imposait la déclaration solennelle du 31 mars 1909, et c'est ainsi qu'il *s'est mis en contradiction avec la volonté de l'Europe*...

(N° 8. Le comte Berchtold aux ambassadeurs. — 22 juillet 1914.)

... La monarchie qui, par sa politique conservatrice et *son amour de la paix pendant les formidables bouleversements dont la presqu'île balkanique a été le théâtre*, pouvait avoir la prétention d'avoir mérité leur pleine confiance.

Préface.

En observant une *attitude bienveillante pour les intérêts politiques de la Serbie*, le gouvernement impérial et royal espérait que le royaume se déciderait...

(N° 8. Le comte Berchtold aux ambassadeurs. — 22 juillet 1914.)

Profitant de cette occasion, je fis ressortir qu'il s'agissait d'une question devant être réglée *directement entre la Serbie et nous*...

(N° 11, télég. du comte Szécsen au comte Berchtold, en date du 24 juillet 1914.)

... Les résultats obtenus par notre propre enquête étaient suffisants pour justifier notre intervention dans *une affaire concernant uniquement l'Autriche-Hongrie et la Serbie*...

(N° 14. Télég. du comte Szapary au comte Berchtold, en date du 24 juillet 1914.)

Tout le monde sait que nous avons été obligés de mobiliser deux fois à cause de la Serbie, en 1908 et en 1912.

(N° 17. Télégr. du comte Berchtold au comte Mensdorff en date du 24 juillet 1914.)

2. L'ALLEMAGNE ET LA MOBILISATION RUSSE

Dans un de ses discours, lord Grey rappelait que le *Lokal Anzeiger*, journal officieux de Berlin, avait, dans un numéro spécial, annoncé le 30 juillet 1914 la mobilisation générale des armées allemandes. Le journal avait été saisi, mais l'ambassadeur de Russie avait, auparavant, eu le temps d'informer son gouvernement (*Livre orange russe*, N° 61). Voici, d'après une lettre de M. Kurt Eisner, ancien rédacteur à la *Chemnitzer Volkstimme*, adressée à l'*Humanité* et publiée le 12 décembre 1916 par M. Deuzelles, comment les choses se sont passées :

« Lord Grey, écrit M. Kurt Eisner, avait en vue le rapport de M. Markow, qui, jusqu'à la déclaration de guerre, était le représentant à Berlin de l'agence télégraphique russe, et qui travaillait dans les bureaux du service télégraphique officieux allemand — tout près du *Lokal-Anzeiger*. M. Markow eut donc tout de suite entre les mains la fameuse édition spéciale du 30 juillet. Il téléphona aussitôt la nouvelle à l'ambassadeur russe à Berlin, qui la télégraphia en chiffres au ministère des Affaires étrangères de Saint-Pétersbourg, pendant que M. Markow l'annonçait, de son côté, à son bureau de Saint-Pétersbourg. Le télégramme de l'ambassadeur et celui du correspondant furent immédiatement et sans aucune difficulté, expédiés par le bureau du télégraphe de Berlin. La nouvelle fut communiquée au tsar qui — selon M. Markow — donna alors l'ordre de mobiliser. Mais lorsque, une demi-heure après, l'ambassadeur de Russie et le correspondant cherchèrent à télégraphier à Saint-Pétersbourg le démenti du gouvernement allemand, le bureau de télégraphe de Berlin souleva toutes sortes de difficultés. Ces dépêches, qui démentaient la guerre, ne furent pas transmises aussi vite que celles qui l'annonçaient, et elles subirent à Berlin un retard de plusieurs heures. De la sorte, le démenti parvint à Saint-Pétersbourg trop tard pour arrêter la mobilisation russe, qui avait été décidée pour répondre au premier télégramme. »

3. QUI A PROVOQUÉ LA GUERRE ?

« Les gouvernements de l'Entente s'opposent au désir unanime
de la paix. Il en résulte que *dès ce moment* (souligné dans l'original),
la responsabilité des ravages moraux, économiques et humanitaires
qui vont suivre, incombe *davantage* à l'Entente qu'aux puissances
centrales. *Si les puissances centrales* (souligné dans l'original) ont
commencé, l'Entente *continue* la guerre. La responsabilité qui
retombe sur elle n'est pas moindre que la responsabilité qui est à la
charge des États qui ont commencé la guerre. »

> *Nepszava* (journal officiel des socialistes magyars),
> 14 janvier 1917 (article publié sous le titre ci-dessus).

VI

1. L'AUTRICHE-HONGRIE ET LES SLAVES A LA VEILLE DE LA GUERRE

(*Extraits de journaux slaves d'Autriche*)

Sarajevo, 30 juin 1914.

A Vichégrad, à la frontière de Serbie, a été arrêté par un agent
de la sûreté, le chef des Serbes de Bosnie, Grigorije Jeftanovitch,
doyen de la Diète, qui avait quitté Sarajevo après l'attentat, et voulait se réfugier en Serbie. Jeftanovitch est le beau-père du ministre de Serbie à la Cour de Petrograd Spalaïkovitch.

Sarajevo, 30 juin 1914.

Le rédacteur en chef du journal radical serbe *Narod*, Radulovitch
a été inopinément arrêté. Il y a quelques jours on avait lancé contre
lui l'accusation d'excitation à la révolte. Le journal *Narod* avait,
dans ces derniers temps, publié une série d'articles très radicaux.

> *Narodni Listy* (de Prague), 30 juin 1914 (Veczerni Vydani).

Budapest, 3 juillet 1914.

En même temps que l'information venue d'Agram disant que
le bruit court que la loi martiale sera proclamée en Croatie et en
Slavonie, on reçoit ici de Sarajevo la nouvelle que des mesures sévères vont être prises contre les Yougoslaves de Bosnie et d'Herzégovine. Afin d'entraver la propagation d'un mouvement contre
l'État, parmi la jeunesse yougoslave, on astreindrait, comme en

Dalmatie, les élèves des écoles secondaires de Bosnie à porter un uniforme. Toutes les associations sportives et tous les groupes de Sokols seront dissous. On prépare, en outre, une foule d'autres mesures au sujet desquelles les détails ne sont pas encore connus.

Vidensky Dennik (de Vienne), 4 juillet 1914.

Sarajevo, 3 juillet 1914.

Le Dr Gerde, commissaire du gouvernement, a annoncé aux journalistes serbes des journaux locaux d'opposition, qu'ils sont pour toujours expulsés de Sarajevo. On leur a accordé 24 heures pour régler leurs affaires. Kobasica, rédacteur à la *Srpska Rijec* a déjà été éconduit. A la frontière de la Croatie une surprise l'attendait. Il a été en effet arrêté pour purger un emprisonnement de six semaines auquel il avait été condamné.

Narodni Listy, 4 juillet 1914.

De tous les points des pays yougoslaves nous arrivent des informations relatives à des arrestations dues au rapport de délateurs. Un grand nombre d'étudiants et d'étudiantes slovènes de 19 à 20 ans sont déjà en prison. Dans une commune de la Carinthie une jeune fille de 15 ans, Marie G., fille d'un riche cultivateur,a été arrêtée. Ayant appris qu'un jeune homme d'une commune voisine avait été appréhendé pour avoir dit quelques mots au sujet de l'attentat, la jeune fille critiqua cette arrestation et, sur une dénonciation, fut elle-même arrêtée. Son père demanda qu'on lui permît de l'emmener à la prison en voiture, mais cela lui fut refusé. Le gendarme emmena la jeune fille... Ce qui se passe dans les pays yougoslaves de l'Autriche dépasse même l'état de choses qui règne en Russie. Le tour est donc venu d'arrêter les femmes slovènes. Elles sont arrêtées parce que l'an dernier elles quêtaient pour la Croix-Rouge des États balkaniques. Ces quêtes avaient alors été autorisées par les autorités, mais aujourd'hui les quêteuses doivent en être les victimes. — A Sarajevo et dans toute la Bosnie-Herzégovine les prisons sont archipleines. A Trzice l'ouvrier Antonin Dermota a été arrêté parce qu'il portait une cravate qui avait,dit-on, les mêmes couleurs que le drapeau russe. A Trbovlje une élève du lycée de Lubljana (Laybach) a été arrêtée et remise aux tribunaux ; l'accusée était fiancée à un Serbe. — Le *Sokol* de Split (Spalato) a été dissous et l'on a arrêté le rédacteur de la *Sloboda*, Nikolovitch, et l'employé municipal Dr Andjelinovitch, président du *Sokol*, soupçonnés de trahison... Le club des journalistes croates proteste publiquement contre le régime policier qui règne en Croatie.

Vidensky Dennik, 25 juillet 1914.

A Sibenik (Sebenico) des perquisitions ont eu lieu hier toute la journée. Des détachements de gendarmes gardaient les maisons où les perquisitions étaient opérées. Des perquisitions ont eu lieu notamment chez le docteur-médecin Drinkovitch, chez le Dr Kerstely, ancien maire, et chez ses amis politiques le Dr Smoltchitch, MM. Baranovitch, Suna, etc. Le bureau électoral des partis unis de l'opposition, ouvert à l'occasion des élections municipales qui ont lieu actuellement, ainsi que la rédaction de la *Zastava*, dont la rédacteur en chef Tartaglia a été arrêté, ont eu également la visite des perquisiteurs.

A l'heure actuelle 42 personnes sont appelées à comparaître devant le tribunal du district de Split, sous l'inculpation de trahison... A Kotor (Cattaro) également, et dans divers villages de la Boka, des visites domiciliaires ont eu lieu avec l'assistance de la gendarmerie. On a saisi à cette occasion diverses choses qui proviendraient de Serbie ou de Monténégro... Le tribunal de Trieste a condamné de 6 semaines à 10 mois de prison une foule de Yougoslaves accusés d'avoir fait l'apologie de l'attentat de Sarajevo. — Le curé Vindolac, de Marcan, a été arrêté pour le même motif. Il était connu pour ses opinions trialistes et antiserbes.

Vidensky Dennik, 26 juillet 1914.

Dubrovnik (Raguse), 28 juillet 1914.

Des perquisitions ont eu lieu au domicile de l'évêque catholique Milas.

Gorica (Gorizia), 28 juillet.

Le Dr Puc et le Dr Gabrstchek, avocats stagiaires, ont été arrêtés.

Lubljana, 28 juillet.

On dit ici qu'une enquête judiciaire est ouverte contre Ivan Hribar, ancien maire et député de Lubljana.

Dubrovnik, 28 juillet.

On nous adresse, à propos de l'arrestation de Cingrija l'information suivante : Le député Dr Cingrjia, qui a été arrêté, voulait, assure-t-on, se rendre à Carlsbad pour y faire une cure. Arrivé à Zadar, il fut appréhendé par un agent de la sûreté.

Narodni Listy (de Prague), 29 juillet 1914.

2. UN EXEMPLE DE LA FAÇON DONT ON A TROMPÉ
LE PEUPLE AUTRICHIEN

Le 23 juillet 1914 le gouvernement austro-hongrois adressait son ultimatum à la Serbie. Le même jour il le transmettait aux grandes puissances, l'expliquant par une note circulaire. Il est curieux de voir de quelle façon, en vue de tromper le public de la monarchie, cette note fut communiquée à la presse austro-hongroise par l'officiel *K. K. Korrespondenz-Bureau*. Nous reproduisons donc ci-dessous cette pièce diplomatique telle qu'on la trouve dans le *Livre rouge* sous le N° 8. Nous mettons entre crochets [] les parties supprimées dans le communiqué à la presse, ou entre parenthèses et en italiques le texte de ce communiqué lorsqu'il diffère de celui du *Livre Rouge*.

« Le 31 mars 1909, le gouvernement [royal] serbe a adressé à l'Autriche-Hongrie la déclaration dont le texte est reproduit ci-dessus.

« Le lendemain même (*Presque au lendemain*) de cette déclaration, la Serbie s'est engagée dans une politique tendant à inspirer des idées subversives aux ressortissants serbes de la monarchie [austro-hongroise] et à préparer ainsi la séparation des territoires austro-hongrois (*de l'Autriche*), limitrophes à la Serbie.

« La Serbie devint le foyer d'une agitation criminelle.

« Des sociétés et affiliations ne tardèrent pas à se former (*se formèrent*) qui, soit ouvertement (*publiquement*), soit clandestinement, étaient destinées à créer des désordres sur le territoire austro-hongrois. Ces sociétés et affiliations comptent parmi leurs membres des généraux et des diplomates, des fonctionnaires d'État et des juges, bref, les sommités du monde officiel et inofficiel (*les personnalités dirigeantes*) du royaume.

« Le journalisme serbe est presque entièrement au service de cette propagande, [dirigée contre l'Autriche-Hongrie,] et pas un jour ne passe sans que les organes de la presse serbe excitent leurs lecteurs à la haine et au mépris de la Monarchie voisine ou à des attentats [dirigés plus ou moins ouvertement contre sa sûreté et son intégrité].

« Un grand nombre d'agents sont appelés à soutenir par tous les moyens l'agitation contre l'Autriche-Hongrie et à corrompre [dans les provinces limitrophes] la jeunesse [de ces pays].

« L'esprit conspirateur des politiciens serbes (*qui domine les milieux politiques de la Serbie*), esprit dont les annales du royaume portent les sanglantes empreintes, a subi une recrudescence depuis la dernière crise balkanique ; des individus ayant fait partie des bandes jusque-là occupées en Macédoine sont venus se mettre à la disposition de la propagande terroriste [contre l'Autriche-Hongrie].

« En présence de ces agissements [auxquels l'Autriche-Hongrie est exposée depuis des années], le gouvernement de la Serbie n'a pas cru devoir prendre la moindre mesure. C'est ainsi que le gouvernement serbe a manqué au devoir que lui imposait (*n'a pas respecté*) la déclaration solennelle du 31 mars 1909, et c'est ainsi qu'il s'est mis en contradiction avec la volonté de l'Europe [et de l'Autriche (dit le communiqué)] et avec l'engagement pris [vis-à-vis de l'Autriche-Hongrie].

« La longanimité du gouvernement impérial et royal à l'égard de l'attitude provocatrice de la Serbie était inspirée du désintéressement territorial de la monarchie austro-hongroise et de l'espoir que le gouvernement serbe finirait tout de même par apprécier à sa juste valeur l'amitié de l'Autriche-Hongrie. En observant une attitude bienveillante pour les intérêts politiques de la Serbie, le gouvernement impérial et royal espérait que le royaume se déciderait finalement à suivre de son côté une ligne de conduite analogue. L'Autriche-Hongrie s'attendait surtout à une pareille évolution dans les idées politiques en Serbie, lorsque, après les événements de l'année 1912, le gouvernement impérial et royal rendit possible, par une attitude désintéressée et sans rancune, l'agrandissement si considérable de la Serbie.

« Cette bienveillance manifestée par l'Autriche-Hongrie [à l'égard de l'État voisin] n'a cependant aucunement modifié les procédés du royaume, qui a continué à tolérer sur son territoire une propagande dont les funestes conséquences se sont manifestées au monde entier le 28 juin dernier jour où l'héritier présomptif de la Monarchie et son illustre épouse devinrent les victimes d'un complot tramé à Belgrade.

« En présence de cet état de choses, le gouvernement impérial et royal a dû se décider à entreprendre de nouvelles et pressantes démarches à Belgrade afin d'amener le gouvernement serbe à arrêter le mouvement [incendiaire] menaçant la sûreté et l'intégrité de la Monarchie austro-hongroise.

« Le gouvernement impérial et royal est persuadé qu'en entreprenant cette démarche, il se trouve en plein accord avec les sentiments de toutes les nations civilisées, qui ne sauraient admettre que le régicide devînt une arme dont on puisse se servir impunément dans la lutte politique, et que la paix européenne fût continuellement troublée par les agissements partant de Belgrade.

« C'est à l'appui de ce qui précède que le gouvernement impérial et royal tient à la disposition du gouvernement auprès duquel vous êtes accrédité un dossier (*mémoire*) élucidant les menées serbes (*qui explique la propagande serbe*) et les rapports existant entre ces menées et le meurtre du 28 juin (*et ses rapports avec le meurtre de 28 juin*). »

Ce communiqué, qui semble laisser croire que le gouvernement austro-hongrois allait faire à Belgrade une démarche semblable à celle de l'Europe en Chine en 1900, ou, récemment, de la France et de l'Espagne au Maroc, se passe de tout commentaire.

VII

LA LANGUE ALLEMANDE OFFICIELLE

I. GERMANISATION DES CHEMINS DE FER

Le conseiller aulique, Dr Strzizek, directeur pour Plzen (Pilsen) des chemins de fer imp.-roy. de l'État vient de publier dans le bulletin officiel de la direction de Pilsen des chemins de fer imp.-roy. de l'État, une circulaire relative à l'emploi de la langue de service. Il y rappelle le récent décret du ministère des chemins de fer

touchant l'emploi exclusif de la langue allemande comme langue
de service des chemins de fer imp.-roy. de l'État. Après avoir
annoncé que beaucoup d'employés ne respectent pas ce décret et
avoir assuré que, dans les cas déterminés, les coupables seront
sévèrement poursuivis, il ajoute qu'il profite de l'occasion pour
attirer l'attention de tout le personnel subalterne sur la gravité du
décret ministériel et l'importance qu'il y a à obéir en ce qui concerne l'emploi de la langue de service dans l'intérêt général de
l'État et l'unification des transports par voie ferrée en temps de
guerre comme en temps de paix. Le conseiller aulique Dr Strzizek
met particulièrement en garde les employés des chemins de fer
contre la propagande ou l'agitation, d'où qu'elle vienne, visant à
les détourner de la langue de service. « Si, dit en terminant cette
circulaire, cet avertissement suprême reste sans effet, je le ferai
observer, dans l'esprit des intentions du ministère imp.-roy. des
chemins de fer, par tous les moyens qui sont en mon pouvoir : par
des peines disciplinaires, d'une part, d'autre part par des déplace-
ments ou d'autres mesures administratives. Dans ce but j'enjoins
à tous les chefs de service et de contrôle, sous leur propre responsabilité, d'user de leur influence personnelle pour que, en vertu des
prescriptions et intentions du ministère imp.-roy. des chemins de
fer, la langue allemande soit employée dans tous les entretiens relatifs au service ; et, d'autre part, de signaler sans aucun égard
toutes les infractions. En cas de besoin, je m'assurerai par d'autres
moyens que les contrôles permanents, de l'exécution des ordon-
nances, et j'espère que, dorénavant, je n'aurai plus à faire de démarches de cette sorte. »

Narodni Listy, du 24 janvier 1916.

2. GERMANISATION D'ADMINISTRATIONS AUTONOMES

« La langue officielle pour le service intérieur des administrations
politiques et policières du pays et pour les relations avec les autres
administrations ou agences de l'État, est la langue allemande. Les
circonstances créées actuellement par la guerre montrent la nécessité absolue d'observer sans condition cette décision et cela dans le
pur intérêt de l'État sans qu'il soit possible de voir dans cette mesure une atteinte portée à une autre langue. Je rappelle donc, pour
les voir observer strictement, les règlements en vigueur dans ce
but, et je rends Messieurs les chefs de bureau personnellement res-

ponsables de la stricte observation de ces mesures. J'enjoins aux
fonctionnaires chargés du contrôle d'apporter, lors de leurs inspec-
tions, une attention particulière à l'emploi de cette langue par les
bureaux subalternes, et de me signaler immédiatement toutes les
infractions qu'ils auront constatées.

Prague, 18 janvier 1916.

Le lieutenant général du Royaume de Bohême,

(Signé) : COUDENHOVE. »

3. LE PROCÈS KRAMARZ

ET LE RÔLE DES TCHÈQUES DANS LA GUERRE

Notre ouvrage était déjà écrit lorsque le *K. K. Korrespondenz-Bureau* lança, le 5 janvier 1917, dans la
presse austro-hongroise une *note officielle* que nous
nous en voudrions de ne pas enregistrer. Ce document
témoigne d'abord de la justesse de nos considérations. Il jette ensuite une lumière si vive sur l'action
des Tchèques pendant cette guerre, où se joue leur
avenir, qu'il ne peut qu'appuyer notre appel en leur
faveur et montrer que l'Entente a raison en demandant leur libération.

Nous traduisons donc, très fidèlement, ce communiqué officiel en le faisant suivre des commentaires
qu'il appelle.

« On communique, de source officielle, la note suivante :

« Comme il a été déjà annoncé, le Dʳ Charles Kramarz et le
Dʳ Aloïs Raszin, pour crime de haute trahison, en vertu de
l'art. 58c) du Code pénal, et pour attentat contre la force militaire de l'État, en vertu de l'article 32 du Code militaire ; ainsi que
Vincent Czervinka, secrétaire du journal *Narodni Listy* et Joseph
Zamazal pour crime d'espionnage, en vertu de l'article 32 du Code
militaire, ont été, par le tribunal de division de la *Landwehr*, con-

damnés à mort. Kramarz et Raszin ont été, en outre, privés de leur grade universitaire de docteurs en droit.

Les accusés ont fait appel devant la Cour suprême de la *Landwehr* ; celle-ci, après huit jours de débats publics, rejeta leur pourvoi le 20 novembre 1916. La sentence est donc devenue exécutoire.

Sa Majesté vient de faire bienveillamment grâce aux condamnés de la peine de mort. Cette peine (en vertu du décret additionnel du Code pénal en date du 15 novembre 1867) est commuée en celle de détention applicable comme suit :

Charles Kramarz 15 ans, Aloïs Raszin, 10 ans, Vincent Czervinka et Joseph Zamazal, chacun 6 ans.

De la longue sentence, il convient de relater ce qui suit :

Propagande révolutionnaire avant et pendant la guerre

Le jugement du tribunal de première instance a établi que le Dʳ Kramarz, en tant que chef de la propagande panslaviste en Bohême et du mouvement russophile tchèque, a, par sa collaboration consciente aux entreprises qui visaient au démembrement de la Monarchie, agi, avant et après la guerre, contre son propre État. Dans les pays étrangers aussi bien que neutres a eu lieu une propagande révolutionnaire largement étendue et organisée. Elle avait pour but le démembrement de notre monarchie, la séparation de la Bohême, de la Moravie, de la Silésie et de la Slovaquie hongroise ainsi que d'autres régions peuplées de Slaves. Elle devait également provoquer ou augmenter les dangers intérieurs de la monarchie austro-hongroise ; préparer à l'intérieur des soulèvements et la guerre civile ; en outre et particulièrement, elle travaillait par tous les moyens à la constitution d'un État tchèque indépendant de l'Autriche-Hongrie. Cette propagande fut pratiquée, d'une part, par des Tchèques établis à l'étranger ou ayant fui après la guerre, parmi lesquels on peut citer les députés Masaryk et Dürich ainsi que l'ancien rédacteur des *Narodni Listy* Pavlu qui, porte-fanion au front, est passé à l'ennemi ; d'autre part, par des étrangers qui, avant la guerre, dans un esprit hostile à la monarchie s'intéressaient à la soi-disant question tchèque, et qui, après la déclaration de guerre, se montrèrent ennemis acharnés de l'Empire (Denis, Léger, Chéradame, comte Bobrinski, lieutenant-général Volodimirov, etc.).

Les moyens de propagande furent : l'édition de journaux qui

servent exclusivement l'idée du démembrement (*la Nation Tchèque,
l'Indépendance Tchécoslovaque, Czechoslovan, Czechoslovak*), la publication de manifestes, proclamations, programmes et articles
dans d'autres journaux étrangers même, la fondation d'associations et de comités d'action en vue de préparer et d'atteindre les
buts susdits, l'organisation d'assemblées et de congrès (Prague,
1908 et 1912, Petrograd, 1909, etc.), et enfin l'organisation et l'armement de légions de volontaires tchèques en Russie, en France
et en Angleterre, ainsi que leur utilisation dans les armées ennemies.

En outre on a constaté depuis le début de la guerre, dans différentes régions et dans certains éléments de la population tchèque
de l'intérieur, un grand nombre de faits qui non seulement témoi-
gnaient ouvertement d'un état d'esprit défavorable à l'État, mais
encore étaient susceptibles de nuire considérablement à la conduite victorieuse de la guerre aussi bien dans le domaine économique que dans le domaine militaire (1).

Kramarz principal coupable. Preuves.

La sentence considère en outre comme démontré que, longtemps avant la guerre, des hommes politiques tchèques, notamment Kramarz, aux congrès slaves et lors d'autres circonstances,
ont, sous le masque du néo-slavisme, donné naissance et permis
d'exister à un mouvement qui prit au début, avec la devise « solidarité slave », des apparences civilisatrices nationales, mais se
transforma en conjuration préparant en réalité la séparation des
régions tchécoslovaques de la monarchie. Selon la conviction du
Conseil de guerre, tous les faits militaires de haute trahison de
l'intérieur et de l'étranger, de l'arrière et même du front, ont pour
cause et pour origine première ce mouvement auquel l'accusé
Kramarz, comme « créateur, organisateur et chef », et l'accusé
Raszin, d'une façon plus éloignée, ont pris part. (2)

Comme relation, non interrompue par la guerre, de cause à effet
entre ces faits et les accusés, il convient de citer les circonstances
suivantes :

Fréquentations d'avant la guerre.

1. En ce qui concerne la propagande révolutionnaire à l'étranger, il est établi que l'accusé Kramarz a entretenu des relations avec

les éditeurs, propagateurs et rédacteurs des journaux et publications *traîtresses* de l'étranger, particulièrement avec Brancianinov,
Bobrinski, Denis, Masaryk, Pavlu, Propper, etc. ; qu'il était en
outre un des collaborateurs du journal *Novoje Zveno* dans lequel,
avant la guerre et depuis la guerre on réclamait ouvertement le
démembrement de la monarchie, réclamation qu'exprimait
d'ailleurs la feuille de garde. Il convient de remarquer particulièrement la coïncidence frappante qu'il y a entre les idées, les tendances et les expressions des accusés et de ces journaux *traîtres*, et
celles des *Narodni Listy*. (3)

« Narodni Listy. »

2. Comme porte-parole de sa politique, le Dr Kramarz se servait
des *Narodni Listy* sur lesquelles il exerçait une influence prépondérante ; Raszin, comme co-rédacteur, y collabora également dans
le même esprit que Kramarz, encore que son activité, bornée aux
rubriques économiques et financières, eût été loin derrière celle de
Kramarz.

Les preuves de l'activité de Kramarz dans les *Narodni Listy* sont
tout d'abord trois articles en date des 4 août 1914, 1er janvier 1915
et 6 avril 1915. Dans ces articles Kramarz s'enthousiasme pour la
libération des petites nations, attendue de la victoire des puissances
de l'Entente dans la guerre universelle, et la résurrection de la
nation, qui sortira des ténèbres et de l'abaissement pour entrer
dans une vie nouvelle. Grâce à sa force, à son union et à son organisation, la nation tchèque se développera après la catastrophe à
laquelle la guerre doit conduire.

Quelque temps après le début de la guerre, la façon dont ce
journal était rédigé affirmait encore par d'autres moyens son
inimitié pour la monarchie. Le choix des informations courantes,
favorables à nos ennemis, mais défavorables pour nous, l'éloge de
l'état politique et économique, la critique de la situation de la monarchie, l'invitation cachée à une résistance passive en ce qui
touche aux besoins de la guerre et surtout en ce qui concerne les
deux premiers emprunts de guerre, montraient le caractère des
informations d'alors. (4)

« La Nation Tchèque. »

3. Un numéro du journal *La Nation Tchèque*, paraissant en
France, contient de nombreux articles, dans lesquels, longuement

et de la façon la plus tranchante, on s'occupe des idées et des buts
de la propagande *traîtresse* dont nous avons parlé. Ce journal, qui
illustre clairement le programme de Kramarz et de ses compagnons
d'opinion, a été trouvé dans une des poches de Kramarz lorsqu'il
fut arrêté, et l'argument par lequel il prétendait que ce journal
n'avait pas été même coupé et qu'il n'en connaissait pas le contenu,
a été controuvé. L'éditeur de *la Nation Tchèque* est un ami de
Kramarz, le professeur Denis, naguère collaborateur aux *Narodni
Listy* ; le secrétaire de ce journal est Kepl, naguère correspondant
parisien des *Narodni Listy*.

On a également trouvé chez Kramarz d'autres journaux étrangers
de contenance analogue. Parmi ses écrits se trouvait en outre un
texte tchèque aux tendances analogues à celles de deux articles du
Times de Londres. (5)

Conversation secrète avec le consul d'Italie.

4. Une des causes graves de suspicion à l'égard des agissements
criminels de Kramarz est également l'entretien secret qu'il a eu avec
le consul d'Italie, dans un hôtel de Prague, en avril 1915, peu de
temps avant la déclaration de guerre de l'Italie. (6)

5. Dans le brouillon d'une lettre au lieutenant-général, prince
Thun, trouvé chez Kramarz, Kramarz reconnaissait expressément
que, fidèle à la politique qu'il avait toujours représentée, il se gar-
dait de tout ce qui pouvait ressembler à une approbation de la
guerre actuelle, et que sa conduite et celle des *Narodni Listy* à
l'égard de l'emprunt de guerre, étaient déterminées par ce principe. (7)

Tout ce qu'ont causé les condamnés.

Il faut, selon la conviction du tribunal, rapporter à cette action
des accusés les faits qui, dans le cours de la guerre, se sont produits
dans certaines parties de la population tchèque et qui ont opposé
d'importants obstacles à la fin victorieuse de la guerre.

On fait remarquer à ce propos la propagation en Bohême et en
Moravie des proclamations *traîtresses* de la Russie, les expressions
de sympathie pour l'ennemi qui se sont produites, les nombreuses
poursuites pénales pour délits politiques, malheureusement nécessaires, puis, l'abandon au début de la guerre du projet de manifeste
loyaliste formé par les députés tchèques, abandon dont on attribue

la culpabilité à Kramarz lui-même comme chef des représentants du peuple tchèque, et enfin la faible participation de la population tchèque aux deux premiers emprunts de guerre, à la collecte des métaux pour la guerre et à la souscription en faveur de la Croix-Rouge.

Des faits réels, tels que l'organisation de corps de volontaires en pays ennemis, dont nous avons déjà parlé ; l'engagement dans les services de ces corps ; la conduite en pays ennemis de quelques prisonniers de guerre tchèques, qui négligent leur devoir et déshonorent toute confraternité ; l'insécurité des hommes de différentes parties de l'armée qui, eux aussi, se sont, sans nécessité, fait faire prisonniers ; la rébellion, dangereuse pour l'État et grossièrement contraire à la discipline militaire, qui s'est produite dans différents régiments tchèques à l'arrière et dans la région des étapes, rébellion qui a eu les plus nuisibles conséquences pour nos opérations militaires et a causé le succès des forces armées de l'adversaire, provoquant la démoralisation ; sont, selon la conviction du tribunal, des circonstances aggravantes, car ils sont le fait des nombreuses années de l'agitation aussi bien de Kramarz que de Raszin. Comme l'action exposée ci-dessus de Kramarz et de Raszin constitue non seulement un acte visant à changer par la force la situation territoriale de l'Empire, à augmenter le danger intérieur et à fomenter une révolte à l'intérieur (délits prévus par les articles 58c et 59b du Code pénal), mais comme encore leurs travaux en sous-main ont causé, vu les opérations contre l'ennemi, de très importants dommages à la force armée, les tribunaux ont considéré également ces faits, tombant sous le coup de l'article 32 du Code militaire, comme prouvés. (8)

Quant aux deux accusés Zamazal et Czervinka, il est établi par la sentence que Zamazal, qui s'est, depuis des années, montré russophile et ennemi de l'État, a, dès le début de la guerre, agi de façon à espionner les importantes affaires militaires de l'État touchant la défense de l'État et les entreprises de l'armée. Dans ce but, il a assemblé, avec des connaissances techniques suffisantes, des informations et des observations relatives à d'importants événements militaires et stratégiques, et les a communiquées non seulement à des particuliers, mais encore à la rédaction des journaux, notamment des *Narodni Listy*. Dans ce but il a entrepris également deux voyages sur le terrain des opérations jusqu'au jour où il fut arrêté sous la prévention d'espionnage.

Zamazal était en relation avec les *Narodni Listy* par l'intermédiaire du secrétaire de la rédaction, Vincent Czervinka qui,
comme il a été prouvé, correspondait par la Roumanie et sous une
adresse spéciale, avec des traîtres qui se trouvaient à l'étranger
(Pavlu, etc.). Selon l'opinion des experts militaires, les diverses circonstances de l'enquête, et aussi le fait que Czervinka avait con-
seillé à Zamazal d'écrire avec prudence, montrent que cette
action devait servir à l'ennemi contre leur propre État. (9)

Toute la nation est-elle coupable ?

Ces faits, extraits des attendus du jugement, constituent dans
ses grandes lignes, le tableau que les débats ont tracé du développement et des effets de toute cette organisation ennemie de l'État.
Encore que ce tableau soit peu réjouissant, il a été démontré par
les débats qu'une partie relativement petite de la nation tchèque
et de ses chefs s'est laissée aller à cette agitation criminelle. Il serait
donc mal de rendre responsable de l'état de choses profondément
regrettable que nous venons d'exposer la partie patriotique de la
nation tchèque qui, elle aussi, condamne énergiquement ces agissements ; d'autant plus que maintenant une administration juste
s'efforce sérieusement de ramener toute la population à l'idée de
l'État autrichien.

Il faut assurer également que la grande majorité des régiments
tchèques se sont, comme toujours, distingués, se battant courageusement, ce que prouvent leurs pertes sanglantes et beaucoup de
hautes distinctions bien méritées.

Que celui qui est coupable subisse son juste châtiment, mais
qu'on ne porte pas de soupçons ou de condamnations sur la géné-
ralité. »

Commentaires.

1. S'il en était encore besoin ce document nous éclairerait sur
les beautés de la justice autrichienne. Il constitue un résumé de la
sentence prononcée contre le Dr Kramarz et ses co-accusés, et il
est certain que, dans l'acte d'accusation, les scribes de Vienne ont
choisi les faits qu'ils ont jugés les plus graves, les preuves qu'ils ont
crues les plus convaincantes. Or, quels sont ces faits que l'on
reproche aux accusés ?

a) Le Dr Kramarz était, avant la guerre, panslaviste et russophile.

19

Si vraiment il avait de telles opinions et si elles étaient subversives, que ne l'a-t-on poursuivi avant la guerre ? Pourquoi si ces opinions sont si dangereuses pour l'État autrichien a-t-on laissé, pendant la guerre, les accusés jouir si longtemps d'une liberté dont ils pouvaient abuser ? Si les congrès tenus avant les hostilités constituaient des réunions subversives nous ne comprenons pas qu'on les ait tolérés deux fois à Prague, en 1908 et en 1912, et que la police autrichienne, si susceptible d'ailleurs, n'ait rien trouvé à redire.

b) Mais ce n'est pas tout. Le Dr Kramarz et ses co-accusés ont d'autres crimes sur la conscience, paraît-il. Avant la guerre, des étrangers détestaient l'Autriche. Depuis la guerre des Tchèques fixés à l'étranger ont organisé une propagande hostile à la monarchie habsbourgeoise ; d'autres ont constitué au profit de l'Entente des corps de volontaires. Ne sont-ce pas là des crimes impardonnables imputables non pas à l'atroce régime austro-hongrois mais au Dr Kramarz ? Belle justice que celle qui consiste à punir des hommes pour les fautes commises par d'autres !

c) A l'intérieur, des Tchèques se sont également livrés à des actes nuisibles à la monarchie. C'est, en définitive, encore l'œuvre du Dr Kramarz et de ses co-accusés qui deviennent les boucs émissaires de l'Empire pourri des Habsbourgs.

2. La « conviction » du Conseil de guerre autrichien est, en effet, que tout ce qui a été fait, à l'extérieur et à l'intérieur, contre l'Autriche est le fruit des idées du Dr Kramarz sur « la solidarité slave ». Voyons donc sur quels arguments probants le conseil étaye sa « conviction ».

3. Remarquons tout d'abord un terme qui reviendra plusieurs fois pour qualifier les publications étrangères hostiles à l'Autriche-Hongrie. Elles sont « traîtresses », comme si des étrangers pouvaient « trahir » la monarchie. Mais revenons aux arguments. Le Dr Kramarz avait été, avant la guerre, en relation avec ceux qui mènent campagne contre l'Autriche-Hongrie ; il avait collaboré à des journaux étrangers qui demandaient le démembrement de l'Empire et qui exposent des idées semblables à celles des *Narodni Listy*.

4. Les *Narodni Listy* semblent peu prisées par les justiciers austro-hongrois. On reproche au Dr Kramarz d'y avoir publié trois articles subversifs. Étaient-ils réellement ce que nous expose le communiqué ? Si oui, la sévère censure autrichienne est bien bonne de les avoir laissés passer ; sinon, en quoi prouvent-ils la culpabilité des accusés ?

5. On a trouvé sur le Dr Kramarz un numéro de *la Nation Tchèque*, revue publiée à Paris par M. Ernest Denis, professeur à la Sorbonne. Or, il paraît que M. Ernest Denis est un ami du Dr Kramarz et que M. Kepl, secrétaire de la revue, a été le correspondant parisien des *Narodni Listy*. Vous voyez donc que le Dr Kramarz est responsable des articles de ses amis. M. Ernest Denis, dans *la Nation Tchèque* du 1er février 1916, écrit à ce sujet : « Je n'ai jamais été son ami. Dans ma vie, je l'ai vu exactement trois fois, lors de son voyage à Paris en 1913 ; il a passé une après-midi chez moi ; nous n'y avons pas parlé politique, mais écouté de la musique tchèque. Je n'ai jamais été le collaborateur des *Narodni Listy*, pour la bonne raison que je n'approuvais pas la politique de Kramarz... » Nous savons, d'autre part, que M. Kepl n'était pas le correspondant parisien des *Narodni Listy*, mais celui de la *Narodni Politika*. Le correspondant à Paris des *Narodni Listy*, que nous connaissons personnellement, signait d'ailleurs « Crk », ce qui ne ressemble pas du tout à Kepl. Nous avons, du reste, collaboré nous-même aux *Narodni Listy* ainsi qu'à l'*Indépendance tchécoslovaque* et à *la Nation Tchèque*, nous nous honorons de faire partie des « etc. » qui figurent dans le communiqué à côté des noms de MM. Louis Léger, Ernest Denis et Chéradame. Nous affirmons pourtant ne pas même connaître personnellement le Dr Kramarz qui, par conséquent, n'a pu avoir la moindre influence sur ce que nous pensons du gouvernement austro-hongrois ou faisons contre lui.

6. Le Dr Kramarz a eu, dans un hôtel, un entretien avec le consul d'Italie à Prague. Cette conversation, tenue dans un lieu public, a été, paraît-il, secrète, et c'est un crime. Fallait-il donc que le Dr Kramarz appelât un agent de police pour être témoin des propos qui allaient être échangés ?

7. Nous avons déjà parlé de la lettre au prince de Thun. Il est curieux que le Dr Kramarz ait choisi pour confident de ses projets criminels le gouverneur de la Bohême, c'est-à-dire le représentant à Prague des autorités viennoises.

8. En toute occasion le gouvernement austro-hongrois, par la plume de ses agents diplomatiques et des journalistes à sa solde, a fait proclamer *urbi et orbi* l'indéfectible fidélité de tous les peuples de la Monarchie. Naguère encore, lorsque le président Wilson eut, devant le Sénat américain, réclamé la libération des petites nationalités, la presse de Vienne et de Budapest fit retentir ce même refrain. « Un plébiscite, affirmait audacieusement l'officieux

Fremdenblatt, aurait vite fait de démontrer au président Wilson qu'une majorité écrasante parmi les petites nationalités de la monarchie ne veut pas autre chose que rester parmi nous ? » Le non moins officieux *Pester Lloyd* était tout aussi catégorique : « Si M. Wilson a voulu parler de nos nationalités, nous nous contenterons de faire remarquer comment celles-ci ont manifesté leurs sentiments de bons citoyens au front comme à l'arrière. » Avec une franchise qui ne manque pas de piquant le communiqué du 5 janvier nous apprend comment, en effet, au front comme à l'arrière, les populations tchécoslovaques « ont manifesté leurs sentiments » en favorisant les victoires de l'ennemi. Il est vrai que, comme conclusion, il laisse entendre que toute la nation n'a pas participé à ces actes antiautrichiens. Nous savons à quoi nous en tenir sur ses réticences.

Quant à rendre le Dr Kramarz responsable de tout ce que d'autres ont fait en arguant de sa haute autorité sur les milieux politiques, c'est aller un peu loin. Les élections qui ont eu lieu quelques mois avant la guerre ont montré qu'au contraire le parti « jeune tchèque » du Dr Kramarz avait beaucoup perdu. Les procès politiques (affaires Szviha et Szimek) dont nous avons parlé, entrepris sur l'initiative des *Narodni Listy*, montrent d'autre part le peu de solidarité qui régnait parmi les hommes politiques tchèques.

9. Les griefs invoqués contre MM. Zamazal et Czervinka semblent peu fondés. On reconnaîtra, en lisant attentivement le texte, que l'un faisait au profit de l'autre du reportage. S'il a pu le faire au front, il est probable que ce n'est pas sans un laisser-passer spécial. S'il n'avait pas de laisser-passer la police autrichienne aux armées doit être bien mal faite pour qu'il ait pu accomplir impunément deux voyages. Enfin on ne nous dit pas comment il est prouvé que M. Czervinka ait communiqué les renseignements ainsi obtenus à des traîtres fixés à l'étranger.

Inutile donc d'insister sur ces piteux arguments.

VIII

L'AUTRICHE ET L'ÉQUILIBRE EUROPÉEN

« Si l'Autriche n'existait pas, il faudrait l'inventer. » Cet axiome, que l'historien tchèque Palacky formula en parodiant un mot célèbre de Voltaire, sert depuis fort longtemps de base à toute la politique européenne. Sous prétexte d'empêcher, au centre de l'Europe, la formation d'un immense empire trop puissant, on inventa l'Autriche. On oublia cependant d'inventer les Autrichiens. Demandez à un habitant de Vienne ce qu'il est, il vous répondra qu'il est Allemand. Un habitant de Prague est Tchèque ; un habitant de Léopol (Lemberg) ou de Cracovie est Polonais ou Ruthène ; un habitant de Trieste est Italien, et nulle part, enfin, personne ne se dit Autrichien. A l'exception des membres de la famille impériale ([1]), il n'y a pas d'Autrichiens en Autriche. Là est le danger.

La population, en effet, se compose d'un groupe disparate de nationalités de races, de caractère et d'intérêts tout à fait différents et souvent même opposés. Il n'y a d'unité apparente que dans la prédominance d'une race. Présentement, forte de l'appui du gouvernement, la nation allemande tient le pouvoir. Qu'en résulte-t-il ? A l'intérieur des luttes sans fin conduisant à la plus flagrante anarchie administrative, à la plus désastreuse désorganisation financière. A l'extérieur, le pangermanisme, exacerbé par les conflits intérieurs, a conduit tout droit à cette alliance austro-allemande qui compromet si gravement l'équilibre européen. La soi-disant nécessité de l'Autriche a donc justement causé le péril que l'on craignait si l'Autriche n'eût pas existé.

Le péril ne serait pas moindre, du reste, si, en Autriche, le germanisme était moins fort. Deux races seules peuvent, en effet, prétendre au pouvoir : la race germanique et la race slave. Cette dernière, qui constitue la majorité de la population, devrait, en toute justice, régner sur l'Empire. Mais alors qu'arriverait-il ? Les Slaves ne manqueraient sûrement pas de se tourner vers le grand empire slave, vers la Russie, comme le font dès à présent la Bulgarie, le Monténégro et la Serbie. Plus gravement encore que l'alliance austro-allemande, une telle alliance austro-russe compromettrait l'équilibre européen.

Certains politiciens, Palacky entre autres, semblent avoir compris le danger. Ils réclamaient donc, non plus l'invention d'un empire unitaire, mais la création d'une confédération où chaque province, chaque nation, bien que soumise à un même pouvoir central, aurait son autonomie relative. Ce n'est qu'une demi-mesure qui ne chan-

---

([1]) Remarquons pourtant qu'en 1870, sollicité d'aider la France, l'empereur actuel refusa en disant : *Ich bin ein deutscher Fürst* (je suis un prince allemand).

gerait rien à la situation. A cause de ses éléments constitutifs, une
telle confédération serait toujours ce qu'est l'empire actuel : ou une
puissance soumise au pouvoir germanique et orientée vers l'Allemagne, ou bien un État fédéral aux mains des Slaves et forcément
attiré par la Russie.

Il nous semble donc que, pour parer au danger sans cesse menaçant, pour empêcher ce double jeu d'alliances qui rompent le
fameux équilibre européen, le seul remède serait la suppression de
l'Autriche. Aussi bien cet empire est-il fatalement appelé à disparaître comme tout pays hétérogène, comme la Turquie est en train
de le faire. Les divers éléments qui le composent se désagrégeront
forcément puisque déjà (voyez la Hongrie) les nations diverses
réclament leur indépendance. A la place de cet édifice vétuste et
délabré, on verrait alors s'élever modestement de petits États ho-
mogènes, libres et indépendants : la Bohême, l'Autriche (Haute et
Basse), la Galicie, la Dalmatie, etc. Chacun d'eux, fort d'un passé
dont il est déjà fier, vivrait sa propre vie. Son peuple aurait ce qui
manque aux populations actuelles d'un pays factice : le patriotisme,
cet enthousiasme qui est la force des faibles.

Cette idée me conduit justement à l'objection qu'on ne manquera
pas de soulever : ces petits États seront, c'est inévitable, la proie des
grandes puissances voisines. Il est fort probable que les gloutons
d'alentour ne manqueront pas d'appétit. L'Autriche n'a-t-elle pas,
deux fois déjà, voulu s'attaquer à la petite Serbie ? Mais de même
que les petits États balkaniques ont pu subsister par leurs propres
moyens, de même pourraient subsister les États de l'ancienne Autriche. On les verrait alors, comme l'ont fait la Bulgarie, le Monténégro la Grèce et la Serbie, se grouper en un bloc compact auquel
leur ennemi risquerait de se briser les dents. Leurs alliances seraient
d'autant plus fortes qu'elles seraient naturelles, basées sur une
communauté d'intérêts et qu'elles auraient à défendre cette chose
sacrée qu'est l'intégrité de la Patrie. Palacky lui-même, qui réclamait l'invention de l'Autriche, a bien compris que cette Autriche
artificielle disparaîtrait plus facilement que de tels États. « Nous
avons, a-t-il un jour déclaré, existé avant l'Autriche, nous pourrons
bien exister après. »

JULES CHOPIN.

La Vie, 2ᵉ année, Nᵒ 4. — 25 janvier 1913, p. 401.

ANNEXE

―――

I. L'OPINION D'UN DÉPUTÉ ALLEMAND SUR LE DRAME DE SARAJEVO

RÉPONDANT à une campagne de la *Chemnitzer Volksstimme* contre la Serbie, M. Hermann Wendel, député socialiste au Reichstag, publiait dans le numéro du 5 février 1917 de ce même journal, un long article où il montrait la culpabilité du gouvernement austro-hongrois. L'article tout entier mériterait d'être cité. Il est malheureusement trop long. Nous nous contentons donc d'en extraire un passage essentiel où M. Wendel expose son opinion sur l'affaire de Sarajevo et la responsabilité de la Serbie.

« Si la complicité des milieux gouvernementaux serbes était prouvée, il n'est pas un seul socialiste qui pourrait faire grief au Ballplatz d'être intervenu, même avec la dernière énergie. Mais cette preuve n'a jamais été faite. Le rapport du Conseil de guerre de Sarajevo, communiqué par le comte Berchtold le 25 juillet 1914, ne contient que des affirmations non prouvées ; la procédure eut lieu à huis-clos et n'apporta sûrement pas la preuve de la compli-

cité du gouvernement serbe. On en aurait fait état, comme bien
l'on pense. Même les bruits qui ont couru dans la presse, après
la prise de Belgrade et de Nisch, relatifs à de mystérieuses notes
trouvées dans les caisses des Archives du ministère des Affaires
étrangères, n'ont jamais été confirmés. Lorsque le rédacteur de la
Volksstimme parle, dans son embarras, de la bonne foi qu'il faut
accorder au gouvernement austro-hongrois, nous ne rappellerons
qu'une histoire qui date de 1909. L'historiographe Dr Friedjung
avait alors accusé publiquement les chefs de la coalition serbo-
croate de haute trahison en vue de la formation de l'Empire de
Grande Serbie, et cela, sur la foi de documents à lui remis par le
ministère des Affaires étrangères. Mais les accusés portèrent
plainte à leur tour et le tribunal constata avec surprise que ces
fameux documents étaient des faux grossiers fabriqués à la légation austro-hongroise de Belgrade. Il me semble que de tels souvenirs pourraient bien ébranler la confiance en la bonne foi des
gouvernants qui firent ou laissèrent faire de telles choses. »

2. UN NOUVEAU DOCUMENT SUR LE DRAME DE SARAJEVO

« Le gouvernement austro-hongrois ne veut pas
actuellement s'engager dans une nouvelle polémique
sur les origines de la guerre », affirmait le *Ballplatz*
dans la note que, le 11 janvier 1917, il adressait
aux neutres. Autant en emporte le vent. Un mois
après exactement le *K. K. Korrespondenz-Bureau*
rouvrait le débat — ou permettait de le rouvrir, —
en communiquant à la presse austro-allemande et à
la presse neutre de nouvelles considérations sur l'attentat de Sarajevo, cause initiale de la guerre. Les
astucieux diplomates de Vienne, dont l'astuce est
souvent maladroite, ont été bien mal inspirés en lan-
çant ce communiqué. Ils donnent une fois de plus
l'occasion d'étudier l'affaire de près et d'y découvrir

de nouveaux mensonges, de nouveaux sujets de suspicion. Mais n'anticipons pas et donnons tout de suite ce morceau de littérature viennoise tel que la *Neue Freie Presse* du 11 février, N° 18848, le publiait sous le titre de : *Un épilogue du procès relatif à l'attentat de Sarajevo*. Le voici donc fidèlement traduit. Nous nous contentons, comme seule modification, d'en numéroter les paragraphes pour faciliter ensuite la discussion (¹).

1. « *Sarajevo*, 10 février. — Le procès en haute trahison qui a eu lieu les 6 et 7 de ce mois contre Rade *Banjac*, président serbe de la municipalité (Gemeindevorsteher) de Ljesnica, a fourni de nouvelles preuves de la participation des milieux officiels serbes à la tentative de *meurtre contre les époux héritiers du trône*. Il a pu être nettement établi que la fameuse institution politique serbe *Narodna Odbrana*, qui avait pour but de préparer une révolution en Bosnie et en Herzégovine ainsi que la séparation de ces provinces de l'Autriche-Hongrie et, par suite de la guerre qui s'en suivrait, de provoquer leur réunion au royaume de Serbie, était sans aucun doute une *institution de l'État serbe*.

2. Le président de cette association était le général serbe Bozo *Jankovitch* ; les fonctions de secrétaire étaient exercées par le commandant *Pribitchevitch*. Parmi les autres membres de la *Narodna Odbrana*, qui comprenait également beaucoup d'autres hauts fonctionnaires et officiers serbes, le commandant Vojin Tankositch s'est acquis une réputation toute particulière. C'est Tankositch qui a procuré aux auteurs de l'attentat des bombes, des revolvers, des munitions et de l'argent, et qui les a envoyés à l'employé serbe des chemins de fer Ciganovitch, lequel a enseigné aux meurtriers le tir au revolver. Un autre des principaux agitateurs, membre de la *Narodna Odbrana*, était également Zivojin Dakitch, directeur de l'Imprimerie nationale serbe. Dakitch a employé dans son imprimerie le meurtrier Cabrinovitch et lui a ménagé une entrevue avec le *prince héritier Alexandre*.

(¹) Nous mettons en italiques les passages imprimés en caractères espacés dans l'original.

3. Il est en outre démontré que le *prince héritier Alexandre* avait lui-même auparavant pris une part active à cette agitation contre la monarchie austro-hongroise. Il osa même envoyer, par l'intermédiaire du professeur *Pavlovitch*, ses salutations à l'étudiant *Jukitch*, qui avait entrepris un attentat contre la vie de l'ancien ban de Croatie *Cuvaj*, et qui était alors en état d'arrestation.

4. La *Narodna Odbrana* a également, d'ailleurs, fait entrer la *Bosnie-Herzégovine orientale* dans son organisation et toutes les associations serbes de cette région, même celles qui semblaient avoir un but humanitaire, poursuivaient un but de haute trahison. D'un rapport original adressé par le préfet de la ville de Belgrade au ministère de l'Intérieur, et qui a été retrouvé, il ressort que le lendemain de l'attentat de Sarajevo trois individus sont apparus chez le rédacteur d'un journal de Belgrade et, au nom du commandant Tankositch et de ses acolytes, lui ont défendu d'écrire quoi que ce soit au sujet des rapports de Tankositch avec les meurtriers.

5. De la déposition du témoin Dr Bojislav *Belimarkovitch*, ancien ministre serbe, dans le procès en haute trahison intenté à Svetozar Radakovitch, il faut retenir que le commandant *Tankositch fut arrêté à Belgrade immédiatement après l'attentat, mais que, sur l'intervention de la légation de Russie, il fut relâché 24 heures après*.

6. Finalement on possède un acte original du *Ministère serbe des Affaires étrangères* adressé au ministère de la Guerre, et d'où il apparaît que la *Narodna Odbrana* était conduite par les autorités centrales. Le ministère serbe des Affaires étrangères notifie, en effet, par cet acte au ministère de la Guerre le projet de *Pribitchevitch* de quitter son poste de secrétaire de la *Narodna Odbrana*, et demande que l'on désigne un remplaçant convenable.

7. D'après la conviction de la Cour, l'accusé Rade *Banjac* a été également au service de la *Narodna Odbrana*. Il a été prouvé contre lui qu'il a donné asile chez lui à Ljesnica, aux meurtriers Princip, Cabrinovitch et Grabesz, qu'il les a accompagnés jusqu'au bord de la Drina et qu'il a facilité leur voyage et leur entrée en Bosnie, bien qu'il eût su que les susdits étaient secrètement envoyés en Bosnie dans un but de haute trahison et qu'ils étaient munis d'armes meurtrières.

Le jugement condamne *Banjac à douze ans de détention* pour complicité à un crime de haute trahison. »

Ce document filandreux et confus montre bien l'embarras du Ballplatz et son impuissance à se dégager
des responsabilités qu'il a encourues. Si la cause était
défendable, elle devrait être entendue et jugée après
la publication du *Livre rouge*. Pourquoi y revenir?
N'est-ce pas avouer que ce livre diplomatique n'a
fourni que des arguments insuffisants? N'est-ce pas,
par conséquent, reconnaître que l'on a engagé une
guerre à la légère? Les arguments, d'ailleurs, n'ont
pas varié. On peut les résumer en un raisonnement
qui se dégage aussi bien des pièces du *Livre rouge*
que du nouveau communiqué : « La *Narodna Odbrana* est une organisation de l'État serbe ; or les
meurtriers de Sarajevo ont été armés et stipendiés par
des membres de la *Narodna Odbrana*, donc l'État
serbe est responsable du crime de Sarajevo et nous
avons eu raison de lui déclarer la guerre ».

1. Les prémisses de ce raisonnement avaient déjà
été posées par le *Livre rouge* (N° 19, Mémoire aux
puissances) où il est dit que la *Narodna Odbrana* est
une organisation « dépendant du département des
Affaires étrangères de Belgrade ». Il est plus facile de
les poser que de les bien établir, ces prémisses, et il
faut sans cesse de « nouvelles preuves » ou des sem-
blants de preuve ; et sans cesse aussi des procès plus
ou moins louches destinés à fournir ces preuves man-
quantes.

2. Les « nouvelles preuves » soi-disant fournies
par le procès Banjac ne sont pas neuves. Elles consis-
tent à répéter après le *Livre rouge* que le président de

la *Narodna Odbrana* était le général Jankovitch ; son
secrétaire, le commandant Pribitchevitch, et ses
membres influents des fonctionnaires ou officiers
serbes. Mais le général Jankovitch était un général
en retraite, donc un simple particulier. D'autre part,
et c'est le *Livre rouge* qui l'avoue (Nᵒ 19, annexe 7),
« les fonctions de secrétaire ont toujours été remplies
par un officier en congé » redevenu par conséquent
simple particulier.

Il faudrait cependant retenir une affirmation relative à l'entrevue que M. Dakitch, directeur de l'Imprimerie nationale serbe, aurait provoquée entre le
prince Alexandre de Serbie et Cabrinovitch le lanceur
de bombes ; il faudrait, disons-nous, retenir cette
affirmation si elle n'était autre chose qu'une affirmation gratuite que rien n'étaye. Le document de la *Neue
Freie Presse* ne dit ni quand, ni où, ni comment cette
entrevue a eu lieu, ni qui en a été témoin, ni ce qui
peut en prouver la réalité. C'est là, du reste, un argument pour l'usage interne seulement. Le *K. K. Korrespondenz-Bureau*, qui sait fort bien à quoi s'en tenir
sur son peu de valeur l'a supprimé dans le document
pour l'usage externe. Le communiqué tel que l'a
reproduit la presse suisse ne contient pas cette affirmation hasardeuse, ce qui suffit à en prouver l'inanité. (¹)

3. Comment, d'autre part, est-il démontré que le
prince Alexandre a lui-même pris part à l'agitation

_____

(¹) Voir plus loin, Nᵒ 3, le texte publié par le *Journal de Genève*,
du 13 février 1917 « à titre de curiosité » mais avec indication de
source.

contre la monarchie austro-hongroise? Le document serait vraisemblablement embarrassé pour le dire, aussi se contente-t-il de l'affirmer péremptoirement. L'affaire Jukitch ayant eu lieu le 8 juin 1912, à qui fera-t-on croire que les autorités austro-hongroises soient restées pendant cinq ans sans savoir que le prince Alexandre avait adressé ses salutations au meurtrier alors en prison et soumis au contrôle de ses geôliers? Comment croire surtout que, connaissant ce fait compromettant, la diplomatie austro-hongroise ne l'ait pas révélé, lorsqu'elle raconte l'affaire dans son *Livre rouge* (No 19, Mémoire aux puissances)? Si elle avait des preuves sérieuses, son intérêt était de s'en servir dans un ouvrage destiné, plus que tout autre, à présenter au monde sa cause sous un jour favorable. Nous refusons donc de croire à la culpabilité du prince Alexandre. Nous le refusons d'autant plus énergiquement que cette histoire des relations du prince serbe et du meurtrier Jukitch a reçu un démenti catégorique dans le *Journal de Genève* du 20 février 1917. Le voici : « Le professeur Pavlovitch, à Genève, nous écrit que le fait est absolument inexact. S. A. le prince Alexandre n'a jamais transmis par son intermédiaire ses salutations au nommé Jukitch. Personnellement, M. Pavlovitch n'a jamais connu Jukitch. Il ne l'a même jamais vu. » (¹)

4. Démontre-t-on davantage, dans le nouveau

(¹) Signalons également, dans ce même numéro du *Journal de Genève*, une véhémente réponse (signée L. M.) du professeur L. Marcovitch au communiqué que nous commentons ici.

communiqué que la *Narodna Odbrana* ait poussé les
associations de Bosnie-Herzégovine à une action
subversive contre la monarchie des Habsbourgs ? Le
Livre rouge (Nº 19, Mémoire) formulait déjà ce grief
lorsqu'il montrait comme très dangereuses « les relations entretenues par les associations imbues de
l'esprit de la *Narodna*, sous le manteau de la communauté des intérêts et de la culture, avec les associations dans (*sic*) la monarchie ». Mais il ajoutait que
ces soi-disant menées « échappent à tout contrôle », ce
qui veut dire que le Ballplatz eût été bien en peine
pour prouver ses dires. Cette fois, il prétend avoir
une pièce compromettante qui démontrerait l'intérêt
que prenait le gouvernement serbe à suivre les péri-
péties du drame de Sarajevo. C'est un « rapport » du
préfet de Belgrade au ministère de l'Intérieur. Le
gouvernement serbe, en admettant l'existence et la
véracité de cette pièce, a été bien imprévoyant. Comment ! Il a quitté Belgrade dès avant la guerre. Il a
emmené toutes ses archives et il a laissé à portée de
l'ennemi des documents d'une si grande importance
et si dangereux. C'est vraiment incroyable, aussi refu-
sons-nous de le croire. Si, d'ailleurs, le gouvernement
austro-hongrois possédait un acte vraiment authentique, il aurait intérêt à le montrer, à le publier *in
extenso* au lieu de nous dire ce qu'il « ressort » de
cette pièce. Nous sommes si habitués aux faux, sortis
des officines du Ballplatz, que nous considérons
comme faux un « rapport » où trois individus *ano-
nymes* se présentent chez le rédacteur *anonyme* d'un
journal *anonyme* de Belgrade. C'est trop d'anonymat.

5. Mais voici qui est plus grave. Dans un procès — dont on avait peu parlé jusqu'ici, d'ailleurs (¹) — un certain Dʳ Vojislav Belimarkovitch, *ancien ministre serbe*, appelé comme témoin, révèle un fait qui, s'il était prouvé, établirait définitivement que le gouvernement serbe reconnaissait lui-même la culpabilité du commandant Tankositch, et que le gouvernement russe, par l'intermédiaire de son représentant à Belgrade, a trempé dans l'affaire. Pourquoi, où et quand a eu lieu le procès contre Svetozar Radakovitch ? Qui est ce Svetozar Radakovitch ? Telles sont les questions que nous pourrions poser si une autre, plus importante, ne s'imposait dès l'abord : qui est ce Dʳ Vojislav Belimarkovitch ? Un ancien ministre serbe, nous dit-on. Les recherches que nous avons faites à ce sujet nous ont conduit à une conclusion édifiante : *il n'y a eu en Serbie aucun ministre du nom de Dʳ Vojislav Belimarkovitch*. Nous voici donc en présence d'un nouveau faux que, d'ailleurs, le *K. K. Korrespondenz-Bureau* a reconnu lui-même implicitement en supprimant tout le paragraphe dans le communiqué aux neutres.

6. « L'acte original du ministère des Affaires étrangères » de Serbie, qui tendrait à prouver que la *Narodna Odbrana* était dirigée d'en haut, nous semble tout aussi sujet à caution que le « rapport » du préfet de Belgrade. Non seulement on ne le publie pas, ce qui serait nécessaire pour notre édification, mais encore, dans la brève analyse qu'on veut bien nous

---

(¹) Cf. *Basler Nachrichten* du 18 juillet 1915.

communiquer, on omet des détails essentiels. On ne
nous dit pas, par exemple, quelle date porte ce document. Pourquoi ? Vraisemblablement parce que nous
pourrions dans ce cas contrôler l'authenticité de la
pièce en question et savoir si, réellement, à cette date
Pribitchevitch avait offert sa démission de secrétaire de
la *Narodna Odbrana*. C'est sans doute la crainte d'un
si dangereux contrôle qui a fait supprimer dans le
communiqué aux neutres l'analyse de cette prétendue
pièce officielle et jusqu'au nom de Pribitchevitch.
Nous sommes donc fondés à considérer cet « acte
original » ou comme un faux ou même comme inexis-
tant.

7. Le dernier paragraphe du communiqué nous
apporte enfin un exemple nouveau de la belle justice
autrichienne. Il nous dit exactement de quoi Rade
Banjac est accusé et sur quoi se base l'accusation.
Rade Banjac, *Serbe de Serbie*, est accusé de haute
trahison envers l'Autriche-Hongrie. Les dictionnaires
allemands — écrits par des Allemands pour des Allemands — que nous avons consultés, depuis le volu-
mineux Meyers *Konversation Lexikon* jusqu'au petit
Hoffmanns *Wœrterbuch*, nous ont donné du mot
« Verrat » une définition semblable à celle du mot
français « trahison ». Nous ne nous trompons donc
point. « Der Verrat », la trahison est l'acte qui consiste
à tromper, à livrer ou abandonner celui ou ceux *à qui
l'on doit fidélité*. Un Serbe de Serbie, Rade Banjac de
Ljesnica, devait-il donc en juin 1914 fidélité à la
monarchie habsbourgeoise ? Tout esprit raisonnable
est forcé de répondre non. Nous ne voyons donc pas

en vertu de quel droit un tribunal autrichien se permet de poursuivre un sujet serbe pour haute trahison. Admettons cependant qu'il existe un droit spécial pour les juges de S. M. apostolique l'empereur-roi d'Autriche-Hongrie. Quels griefs relève-t-on contre Rade Banjac ? Il a abrité sous son toit, à Ljesnica, les « meurtriers Princip, *Cabrinovitch* et Grabesz, il les a accompagnés jusqu'au bord de la Drina et a facilité leur voyage et leur entrée en Bosnie. » Voilà du nouveau, et les scribes du *K. K. Korrespondenz-Bureau* aussi bien, semble-t-il, que les juges à tout faire de S. M. apostolique auraient dû, avant toutes choses, consulter dans le *Livre rouge* austro-hongrois (N° 19, Annexe 8) une pièce importante longuement intitulée : *Extrait des actes du Tribunal de district bosniaco-herzégovinien de Sarajevo concernant l'enquête dont a été saisi ce tribunal contre Gavrilo Princip et consorts, à l'occasion du crime d'assassinat commis le 28 juin 1914 contre S. A. I. et R. M. l'archiduc d'Autriche François-Ferdinand et S. A. Mme la duchesse Sophie de Hohenberg.* Ils auraient ainsi évité une bévue bien fâcheuse pour le gouvernement qui les salarie. Au § 4 (Transport des trois auteurs de l'attentat et des armes de Serbie en Bosnie), ils auraient lu ceci : « Ciganovitch dit à Cabrinovitch, Grabesz et Princip qu'ils devaient se rendre à Tuzla en passant par Chabatz et Loznica. Le 28 mai, les trois complices quittaient Belgrade avec les armes... Princip, Cabrinovitch et Grabesz passèrent la nuit à Chabatz et se rendirent le lendemain matin par chemin de fer à Loznica... Le lendemain, les trois conjurés décidèrent que Cabrinovitch, muni

20

du passeport de Grabesz, prendrait ouvertement la
route de Zvornik, mais que Princip et Grabesz franchiraient secrètement la frontière. Ce plan fut discuté
avec le capitaine des douanes, et il faut arrêté à cette
occasion qu'un douanier de Ljesnica nommé Grbitch,
prendrait Princip et Grabesz dans sa karaula et leur
ferait franchir la frontière. *Cabrinovitch partit à pied*

LA FRONTIÈRE
SERBO-BOSNIAQUE
—
Croquis du voyage
des meurtriers

pour Banja Koviljaca, dans la direction de Zvornik.
Princip et Grabesz allèrent avec le douanier Grbitch
à Ljesnica, où ils déposèrent les bombes et le revolver
dans une chambre d'hôtel... Grbitch et un deuxième
douanier conduisirent Princip et Grabesz en barque
dans une île de la Drina. Arrivé là, Grbitch leur recommanda d'attendre un paysan qui devait venir les
prendre. Ils passèrent la nuit dans l'île, dans une maisonnette de paysan que leur avait indiqué Grbitch.
Le lendemain se présenta un paysan, qui les conduisit,

pendant la nuit, d'abord à travers un marécage, et par la montagne jusqu'aux abords de Priboj, où à son tour il les confia à l'instituteur de l'endroit... » Le *Livre rouge* constate en outre que « les explications de Grabesz furent pour l'essentiel conformes à celles de Princip et que la déposition de Cabrinovitch concorde en général avec celle de ses deux complices, jusqu'au moment où il se sépara de Princip et de Grabesz ». Ce qui signifie que le *Livre rouge* se croit d'autant plus sûr de ce qu'il avance que c'est un acte judiciaire qu'il résume.

Il faut croire cependant que la vérité n'est pas, comme certains l'imaginent, absolument immuable. Ce qui était vrai pour juger à Sarajevo en 1914 les meurtriers de François-Ferdinand, ne l'est plus en 1917 pour juger un Serbe dans une affaire connexe. Cabrinovitch ne s'est plus séparé de ses complices. Il n'est pas allé à pied à Banja Koviljaca, dans la direction de Zvornik. Princip et Grabesz n'ont pas déposé leurs engins de mort dans un hôtel, ils n'ont pas passé la nuit dans la karaula du douanier Grbitch ou dans la cabane d'un paysan d'une île de la Drina. Tout cela était bon en 1914. En 1917, il se trouve « prouvé » que les trois meurtriers Cabrinovitch, Princip et Grabesz ont logé à Ljesnica chez le « président de la municipalité » Rade Banjac. Pour qui nous prend-on à Vienne ? Les diplomates de S. M. apostolique, il est vrai, ont subi des changements. L'Empereur Charles a balayé les ministres et les bureaux de son grand-oncle François-Joseph. Les nouveaux venus ont sans doute oublié ce qu'avaient raconté leurs prédé-

cesseurs. Nous avons la mémoire moins courte et
nous concluons des variantes survenues qu'il est
impossible à des gens honnêtes et raisonnables de
croire aux machinations que relatent aussi bien le
Livre rouge que le communiqué de la *Neue Freie
Presse*.

Mais puisque les bureaux du Ballplatz sont disposés à revenir sur l'affaire de Sarajevo, ils feraient
bien d'éclaircir certains points obscurs au sujet des
organisateurs du complot et au sujet du complot lui-
même. Plus, en effet, on nous présente de documents,
plus se confirme la thèse que nous avons exposée plus
haut, à savoir que le drame de Sarajevo se divise en
deux actes distincts : 1er acte. Cabrinovitch et Grabesz
lancent des bombes (nous mettons le pluriel comme
le second communiqué du *K. K. Korrespondenz-
Bureau* en date du 29 juin 1914, comme Mme Dimovitch dans l'interview publiée par la presse austro-
hongroise, comme la proclamation du maire de Sarajevo et comme la dépêche du conseiller de légation,
chevalier de Storck du 29 juin 1914 au comte Berchtold, *Livre rouge*, No 1). — 2e acte, accompli à un
endroit où le cortège ne devait pas passer : Princip
tue de deux coups de revolver l'Archiduc et sa femme.
Le second acte est sans conteste l'œuvre d'un fanatique. A qui est dû le premier acte ? Qui avait intérêt
à armer Cabrinovitch, fils d'un mouchard autrichien,
mouchard lui-même protégé à Belgrade par le consulat austro-hongrois ? N'est-ce pas celui qui, depuis
plusieurs années cherchait noise à la Serbie, celui qui,
peu de temps avant le crime, annonçait la guerre et

en cherchait le prétexte (¹), c'est-à-dire François-Ferdinand lui-même? Pourquoi a-t-on condamné à mort ou enfermé ceux qui pouvaient révéler la vérité sur le complot? On sait, en effet, que Cabrinovitch et Grabesz, condamnés à mort — encore qu'ils n'eussent pas tué ,— sont morts dans leur prison et que le maréchal Potiorek, gouverneur de Bosnie en 1914 lors du drame, a été interné comme fou. Il restait un témoin, le directeur de la police de Sarajevo, Edmund Gerde. Il a, lui aussi, été mis dans l'impossibilité de parler librement. Les journaux suisses du 2 février 1917, annoncent d'après la *Neue Freie Presse*, que Gerde, nommé pendant la guerre président de la commission de ravitaillement de Sarajevo, a été arrêté et mis en prison pour détournements et abus de pouvoir. Pourquoi, au contraire, conserve-t-on Princip étranger au 1er acte?

Si le gouvernement austro-hongrois a réellement le désir de faire la pleine lumière et de se disculper des soupçons qui pèsent sur lui, voilà les questions auxquelles il doit répondre nettement. Nous avons assez des mensonges qui contredisent d'autres mensonges ; et des Allemands eux-mêmes (¹) font chorus avec nous.

(¹) Voici à ce sujet un fait typique conté par Polybe dans le *Figaro* du 17 février 1917 : « Au printemps de cette même année 1914, l'Archiduc se rencontra avec un roi, ami et parent. Celui-ci, grand amateur des choses de l'armée, s'invite aux manœuvres d'automne, en Hongrie. « Impossible, répond l'Archiduc. — Et pourquoi ?— Parce que les fusils, cette année,seront chargés à balles. Ce sera la guerre ». Le roi ne s'en est pas tu, galant homme qui s'épouvantait de la catastrophe et qui souhaite la conjurer. » Nous croyons savoir que ce monarque n'est autre que le roi d'Espagne.

(²) Voir Annexe Nº 1.

3. NOTE COMMUNIQUÉE A LA PRESSE NEUTRE
PAR LE K. K. KORRESPONDENZ BUREAU

« Les débats du procès en haute trahison, qui se sont déroulés ces jours derniers, contre le président de commune serbe Banjac, de Ljesnica, ont fourni des preuves nouvelles de la participation des cercles officiels serbes à l'attentat contre le prince héritier et son épouse. On a pu établir que la société politique serbe connue *Narodna Odbrana*, qui avait pour but de préparer la révolution en Bosnie et de travailler par tous les moyens à la séparation de la Bosnie et de l'Herzégovine de l'Autriche et leur union à la Serbie, était une institution officielle serbe.

Le président de la société était le général serbe Jankovitch. Comme secrétaire fonctionnait le major Pribitchévitch. Parmi les autres membres de la *Narodna Odbrana*, le major Tankositch s'est surtout distingué. C'est ce Tankositch qui fournissait aux individus chargés de commettre les attentats, les bombes, les revolvers et l'argent.

Il est également prouvé que le prince héritier Alexandre prit lui-même depuis longtemps une part active à l'agitation contre la monarchie. Il alla même jusqu'à faire parvenir ses salutations par le professeur Pavlovitch à l'étudiant Jukitch, qui tenta l'attentat connu contre le ban Cuvaj pendant sa détention (*sic*).

Enfin, nous possédons un acte original du ministère serbe des affaires étrangères adressé au ministère de la guerre serbe et duquel il résulte que la *Narodna Odbrana* était dirigée par des comités serbes. Le tribunal est arrivé également à la conviction que l'accusé Banjac avait été au service de la *Narodna Odbrana*. On a pu lui prouver qu'il avait accueilli chez lui les auteurs de l'attentat Princip, Cabrinovitch et Grabesz et leur avait facilité leur (*sic*) passage en Bosnie, bien qu'il sût parfaitement que ces individus étaient envoyés secrètement en Bosnie dans le but d'y commettre un crime de haute trahison et qu'ils avaient des armes pour commettre ce crime.

Banjac a été condamné à 12 ans de réclusion. »

Journal de Genève du mardi 13 février 1917.

TABLE DES MATIÈRES

APPENDICE

I

II

III et IV

V

VI

VII

VIII

ANNEXE

IMPRIMERIE BUSSIÈRE. — SAINT-AMAND (CHER)

*Imprimé snr les caractères spéciaux
des « Éditions Bossard »*

J.-A. BALFOUR *(Ministre des Affaires Étrangères britannique).* — **L'Idée de Dieu et l'esprit humain**, traduction de « *Theism and humanism* » par Louis Bertrand. 1 vol. de luxe, in-8 carré, 330 p., sur vélin de Rives, 1916. Prix . . . . **9 fr.**

Pierre BERTRAND. — **L'Autriche a voulu la Grande Guerre**, 1 vol., in-16, Petit-Colombier, XVI-487 p., 1916. Prix. . . . **7 fr. 50**

Emile LALOY. — **La Diplomatie de Guillaume II**, *depuis son avènement jusqu'à la déclaration de guerre de l'Angleterre (1888-4 août 1914)*, 1 vol., in-8 carré, 432 p., 1917. Prix . . . . **6 fr.**

Louis DUMUR. — **Les Deux Suisse — 1914-1917** 1 vol. in-8 carré, 320 p. Prix . . . . **5 fr.**

Jules CHOPIN *(J.-E. Pichon, lecteur chargé de cours à l'Université tchèque de Prague).* — **L'Autriche-Hongrie, « brillant second ».** Préface de M. Ernest Denis, professeur à la Sorbonne, 1 vol. in-8 carré, 320 p. Prix. . . . . **5 fr.**

Florian DELHORBE. — **Essai sur le Neutre.** 1 vol. in-16 raisin. Prix. . . . . **1 fr. 50**

Gabriel ARBOUIN. — **La psychologie des peuples d'après leurs journaux.** 1 vol. in-16 raisin. Prix . . . . **2 fr.**

Jean AJALBERT, Conservateur de la Malmaison. — **L'Heure de l'Italie** *(Voyage de guerre, 1916).* — Frontispice de Corot. Sept planches hors-texte de Albert Besnard, Raffaelli, Vallotton, Villani, Van Dongen, 1 vol. in-16 raisin. Prix . . . . **3 fr. 50**

Il a été tiré de cet ouvrage 20 exempl., sur japon, numérotés de 1 à 20 au prix de **15** fr., et 35 exempl., sur hollande, numérotés de 21 à 55 au prix de **10** fr.

Traité de la Guerre en général, comprenant les qualités et les devoirs des Gens de Guerre, depuis le Général jusqu'au Soldat, et des Règles sur les principales opérations militaires par un OFFICIER DE DISTINCTION (1742). — 1 vol. in-16 raisin . . . . **3 fr. 50**

Harold BEGBIE. — **L'Angleterre justifiée** (traduction de l'anglais), 1 vol. in-8 carré. Prix . . . . **3 fr.**

Pour paraître dans le courant du mois de mai :

Eugène PITTARD, professeur à l'Université de Genève. — **La Roumanie** 1 vol. in-8 carré, 40 illustrations hors-texte, d'après des photographies prises par l'auteur. Prix. . . . . **9 fr.**

Auguste GAUVAIN. — **L'Europe au jour le jour.** — Tome I. — *La Crise Bosniaque* (1908-1909), 1 vol. in-8 raisin, 500 p. Prix . . **7 fr. 50**

Fernand ENGERAND, député du Calvados. — **La Frontière de l'Est et du Nord**, 1 vol. in-8 carré, avec cartes. Prix . . . . **4 fr. 50**

Henry BIDOU. — **Verdun**, in-8 carré avec nombreuses cartes Prix . . . . **3 fr.**

Woodrow WILSON, Président des États-Unis d'Amérique. — **L'Histoire du Peuple Américain.** — *Paraître en livraisons.*

P.-N. MILIOUKOF, Ministre des Affaires Étrangères du Gouvernement provisoire russe. — **Le Mouvement intellectuel Russe**, in-8 raisin, 420 p. Prix . . . . **7 fr. 50**

IMPRIMERIE BUSSIÈRE. — SAINT-AMAND (CHER).

www.ingramcontent.com/pod-product-compliance
Lightning Source LLC
Chambersburg PA
CBHW050452270326
41927CB00009B/1708